本项研究得到以下基金资助

教育部人文社会科学研究青年基金"现代农业背景下农民生产技能培训意愿与参训行为研究——以宁波市为例"(10YJC630097)

中国博士后基金"农民参加农业技能培训决策的形成机理研究"(2014M550654)

NONGMIN CANJIA NONGYE JINENG PEIXUN DE
XINGWEI XUANZE JI JIXIAO YANJIU

NAL
宁波学术文库
CB19.201403

农民参加农业技能培训的
行为选择及绩效研究

姜明伦　著

ZHEJIANG UNIVERSITY PRESS
浙江大学出版社

序　言

对农业劳动者进行技能培训,是各个国家在农业现代化进程中都必须实施的重大工程。经济学家阿罗于 1962 年提出了"干中学"(Learning by doing)模型,如果在其学习的过程中引入培训这个外生变量,则对解释改革开放以来中国农业的技术进步更具有说服力。在农业现代化过程中,新技术不断出现,必须通过各种形式的培训活动使广大农民逐步掌握,使其逐渐演变为知识性、专业性农民,这既是我国农业现代化的必由之路,又是题中应有之意。2007 年中央一号文件对现代农业做出了六个方面的概况:"用现代物质条件装备农业,用现代科学技术改造农业,用现代产业体系提升农业,用现代经营形式推进农业,用现代发展理念引领农业,用培养新型农民发展农业"。而培养新型农民,专业培训是极其重要的途径。可见,本书的选题具有重要的理论和现实意义。

应该说,我国政府高度重视农民培训问题,农业部先后启动了新型职业农民培育试点和新型职业农民培育工程。然而,政府部门大力推进似乎并没有达到预期效果,农民参加培训比例并不高,甚至出现了农民参训意向与参训行为的背离。姜明伦博士敏锐地观察到这一现象,并试图从农民的角度来回答这些问题。本书是在作者博士学位论文的基础上修订而成的,在本书中,作者分析了农民参训决策的形成机理,探究了农民参训意向与参训行为出现背离的原因,剥离出了农民将参训意向真正转化为参训行为的决定因素,同时测度了农业技能培训的绩效等。归纳本书的特色,主要体现在以下几个方面:

其一,研究视角新。作者基丁行为经济学理论,研究农民参加农业技能培训的决策形成机理。具体而言,作者在分析农民参加培训的意向、行为时,构建了农民参训决策的分析框架,纳入了心理变量,从而丰富了意向的影响因素,更向前推进了参训意向转化为参训行为的过程及转化条件的研究,是对农民培训理论的丰富。

其二,研究内容新。作者深入分析了农民参加农业技能培训决策的形成机理,注意到参训意向与行为的"一致"和"背离"现象,甄别了农民参与培训的四种行为,同时分离了心理因素和外在因素,拓展了之前研究农民培训问题的范围。在具体分析时,作者注意到农民的异质性,抓住了农民参加农业技能培训决策形成机理的关键和本质,道明了农民培训不能只看行为,而且要研究意向,更为重要的是要深挖促成农民参训意向转化为参训行为的过程及相关转化条件。多层次的论证后,作者所得的结论如"农民对培训的行为态度在农民参训行为意向的形成中起到了决定性作用,动作控制认知和主观规范作用次之,培训经历作用最小"、"心理变量对农民行为决策起着决定性的作用"等是之前的研究没有触及的,非常具有科学价值和政策含义。

其三,研究方法准。作者采用 Poisson 分布计数模型替代之前大多数研究使用的 Logit 模型来验证影响农民参加农业技能培训行为选择的因素,从而将影响农民参训频次的因素及其影响程度区别开来。采用结构方程(SEM)则有效地验证心理变量对农民参加农业技能培训意向的影响路径和影响程度。采用异质性处理效应模型则可以更为准确地研究农业技能培训对农民收入增加的影响。这些方法的娴熟使用,足见作者学术功底扎实,增强了研究结果的可信度。

学无止境。从培训角度切入可以洞悉我国农业农村发展的许多重大问题。姜明伦是我的博士研究生,我本人对农民培训问题从未涉足,明伦的这一研究,不仅可以扩展我的团队对农业现代化问题的探索,也为他自己今后的学术生涯奠定了重要基础。他的成果即将付梓,我是非常高兴的。

孔祥智

2015 年 6 月

前　言

　　发展现代农业,建设社会主义新农村,需要培育一大批"有文化、懂技术、会经营"的新型职业农民。然而,我国新型职业农民数量少,更多的是文化素质和劳动技能双低的农民,如何将这些农民转化为新型职业农民已成为社会各界必须面对的问题。教育培训是提高人力资本的重要途径,也是提高农民生产技能的有效手段。新世纪以来,党和政府都非常重视农民教育培训工作,不仅历年的中央一号文件都有明确规定,而且农业部还制定了《全国农民教育培训"十二五"发展规划》、《中等职业学校新型职业农民培养方案试行》等文件。除了顶层设计外,地方政府也出台了诸多推动农民教育培训的政策法规,如天津市、甘肃省出台了《农民教育培训条例》。这些政策法规的出台实施不仅增加了培训供给,也激发了农民参加农业技能培训的意愿。然而,政府部门大力推进农业技能培训并未达到预期效果,农民参加培训比例并不高,农民的培训需求尚未得到满足,培训中还出现了农民参训意向与参训行为的偏离。农民为什么没有选择参加农业技能培训?农民参训意向与参训行为偏离的原因又是什么?这成为一个亟待解决的现实问题。而目前研究农民培训问题侧重于农民参训意向的影响因素分析,缺乏对农民参训决策机制的研究,对参训意向和参训行为背离方面的研究更是鲜有涉及。因此,剖析农民参加农业技能培训决策的形成过程,揭示其行为选择的制约因素,探讨农民参训意向转化为参训行为的过程及转化条件,在理论上有助于弥补国内相关研究的不足;在实践上有助于化解农民参训意向与参训行为的背离,提高农民培训的效果。

　　本书应用行为经济学和社会心理学的理论,借鉴已有的相关研究成果,构建了农民参加农业技能培训的"意向—行为—绩效"理论分析框架。在此基础上,利用浙江省宁波市、丽水市648份农户问卷、53份村庄问卷和87份培训机构问卷,采用理论与实证、定性与定量的方法,考察了农民参训决策的影响因素,揭示了农民参训行为的形成机制和决策过程,探讨了参训意向与参训行为背离的原因。最后,提出了若干提高农民参训意向和促进意向转化为行为的对策建议。

本书的研究内容涉及三个方面:(1)综述相关文献。首先,从国内外两个角度对农户行为的研究成果进行回顾和评述,为构建本书的理论分析框架提供支撑。其次,从国内外两个角度对农民参训行为的相关文献进行综述。通过文献梳理和归纳,发现已有研究存在的不足,明确本书的研究任务、重点。(2)构建理论分析框架。在相关文献综述的基础上,结合我国农户现实状况,从扩展的计划行为理论出发,构建本研究的理论分析框架并提出研究假说。(3)实证研究。包括四部分:首先,根据实地调查数据,基于概念模型,对样本特征进行统计描述,用交叉表、T检验、方差分析、相关分析等方法初步考察农业技能培训的现状与变量之间的关系。其次,利用结构方程、多元线性回归模型分析农民参加农业技能培训行为意向的形成机制,利用零膨胀负二项式模型对农民参加农业技能培训的行为选择进行实证分析,揭示农民参训决策形成的机理。再次,运用Logit模型分析参训意向与参训行为背离的影响因素,揭示农民参训意向转化为参训行为的条件和机制。最后,运用异质性处理效应模型分析农业技能培训对农业收入的影响,探讨受训对象与培训目标对象的匹配度,以及不可观测变量对农民参加农业技能培训收益的影响程度。

实证研究结果主要包括八个部分:(1)农民参训意愿强烈,但参训比例不高。63.1%的农民愿意参加农业技能培训,但农民近五年参加培训的比例仅为49.1%,年均不到10%;参训农户近五年参训次数为2.06次,年均仅为0.41次。(2)农业培训供求错位,且某些方面错位严重。在培训方式、培训老师、培训地点、培训时间安排等方面存在较为严重的供求错位。其中培训地点和培训时间安排供求错位严重,均为供给小于需求。(3)农民培训机构设施不完善,机制不健全。农民培训机构存在设施老化、设备不足、师资缺乏、培训经费短缺等问题。虽然有培训场地,但面积不大,实践操作基地少。农民培训运行机制不健全,培训项目普遍缺少培训需求调查环节,培训项目管理粗放,培训效果差。(4)心理变量对农民参训行为意向的形成有显著影响。农民参训行为意向的形成主要受农民对培训的行为态度、主观规范、动作控制认知以及主观规范和行为态度交互项的影响。其中,农民对培训的行为态度起到了决定性作用,动作控制认知和主观规范次之。此外,主观规范不仅直接影响农民参加农业技能培训的行为意向,还通过影响行为态度间接影响行为意向。农民参加培训的机会越多,农民对自身能力的认知越强(即农民参加培训的控制认知越强),邻居、朋友的意见对农民参训的积极性影响越大(即农民的主观规范越强),农民参训的行为意向就越强烈。(5)参训意向、农户特征及培训供给特征影响农民参加农业技能培训的行为选择。农民参加培训的行为意向直接作用于农民参训行为,动作控制认知也直接作用于农民参训行为。农户特征、培训供给特征、村庄距乡镇距离、区域变量等对农民参训决策也有直接影响。此外,是否种植粮食、培训获得性、村庄距乡镇距离、区域变量与参训行为意向产生交互作用影响农民参训决策。(6)农民参训意向与参训行为背离既有经济激励不足的原因也有培训供给约束的原因。农户家庭经营规模、农业收入比重、是否合作社成员是影响农民参训意向转化为参训行为的重要经济激励因素。具体而言,农户的种养面积越大、农户专业化水平越高、农业收入比重越高,其参训意向和参训行为越不会背离,这主要是农民参训的收益越大越有动机参训。农民培训供给不足和供求错位是影响农民参训意向转为参训行为的重要培训供给因素。具体而言,村镇举办培训次数越多、农民的培训机会越大、政府对新技术的宣传力度越大,农民的参训意向和参训行为越不会背离。(7)农业技能培训对农业收入有显著影响。农民接受农业技能培训的次数越多、时间越长,其农业收入越高。有参训意向并且参加了农业技能培训的农户,其农业收入显著地高于其他三类农户(有意向无行为、无意向有行为、无意向无行为),并且无意向有行为的农户收入高于有意向无行为和无意向无行为的农户。此外,农业技能培训既有分类收益也有选择偏差,这是农民培训收入差距的根源;不可观测变量影响农民参加农业技能培训的决策。(8)农业技能培训效果评价较高,人口特征和培训供给特征是影响培训效果的因素。农民对培训实施过程和培训的总体效果评价比较高,但农民对培训内容、培训时间安排、培训长度等方面的评价不高。影响农业技能培训效果的因素主要是:年龄、受教育年限、培训次数、培训长度、培训机构、培训内容、培训方式、培训教师、培训时间安排、培训地点等。

基于上述实证分析,本书提出以下对策建议:提高农民的参训意识,促进其参训意向的形成;强化政府在培训中的作用,加大培训供给,增加农民培训的机会;建立培训需求的动态管理机制,化解参训意向与行为的背离;

大力支持农民合作社、家庭农场、农业企业开展培训,化解参训意向与行为的背离;加强对种养农户的培训,提高培训资源的利用效率,促进农业技术在农村的扩散;加强农民培训机构能力建设,提高农民培训质量;尽快出台农民培训的法律法规,将农民培训纳入法制化轨道。

本书在研究内容、模型构建和研究方法方面有一定的创新。一是,研究农民参训行为的形成机制和决策过程,探讨参训意向转化为参训行为的条件及过程。二是,把农户决策的心理因素、培训主体因素、农户禀赋因素、外部环境因素等统一纳入到农民参训决策模型中,丰富了已有模型的构成要素,在一定程度上发展了农户行为决策理论。三是,运用零膨胀负二项式模型研究农民参训频次的影响因素,运用异质性处理效应模型研究农民参加农业技能培训对农业收入的影响,使研究结果更具有稳健性。

作 者

2015 年 5 月

目　　录

图表目录

第 1 章 导 言

1.1 问题提出与研究意义

1.1.1 研究背景

(1)家庭经营是农业现代化的基本经营形式

农业实行家庭经营是由农业自身的特点与家庭的特殊功能决定的。从世界各国农业生产的实际情况来看,尽管经营规模大小差异很大,但基本的经营主体都是农户(陈锡文,2010)。而且,世界上任何一个国家,农业现代化的最基本经营形式也是家庭经营(韩俊,2013)。2013 年中央一号文件也明确提出,要尊重和保障农户生产经营的主体地位。我国农户尚有 2.3 亿,农业人口近 7 亿,尽管城镇化率已达 50%,但是拥有城市户口、享受城市户籍福利待遇的并不多。如果农民外出务工受到冲击,返乡务农是必然选择。此外,随着农民工年龄增长,在城市就业的机会渐少、渐难,进城农民工的大多数最终还是要返回农村(贺雪峰,2012)。因此,稳定农户的经营主体地位,不仅对于稳定农业生产、保障农产品供给意义重大,而且对于农村乃至整个社会的稳定也具有重大的现实意义。

(2)农业家庭经营主体老龄化问题日益突出

随着工业化和城镇化的快速推进,大量农村劳动力向城镇转移,造成农村劳动力减少,尤其是青壮年劳动力、受教育程度相对较高的劳动力、男性劳动力在农村劳动力的比重大幅下降,农村老龄化、妇幼化、低质化进一步加剧。庞丽华等(2003)研究指出,中国农村 50 岁及以上人口参与农业生产的比例高达 80％以上;吴海盛(2008)进一步研究得出,江苏省 60 岁以上的老年人参与农业生产的比例高达 46％;白南生等(2007)认为,成年子女外出务工加重了农村老人的农业劳动负担,而现金转移的间接效应则降低了农村老人农业参与率,两者的综合效果表明子女外出务工提高了农村老人农业参与率。另据调查,我国从事农业生产的劳动力平均年龄在 50 岁以上,其中上海等经济发达地区务农农民平均年龄已接近 60 岁(张红宇,2011)。根据联合国国际劳工组织的划分,劳动年龄人口中 45 岁及以上的劳动力为老年劳动力。我国农业劳动力老龄化已经成为不争的事实,而且随着中国人口老龄化加速和农村青壮年劳动力的持续转移,农业劳动力老龄化的问题将会越来越严重。于是乎"谁来种地、如何种好地"的问题成为大家关注的焦点,特别是在发展现代农业、建设社会主义新农村的大背景下,这一问题更加凸显。一方面,发展现代农业、建设社会主义新农村需要"有文化、懂技术、会经营"的农民与之相匹配;另一方面,却是农业家庭经营主体的日益老龄化。在此背景下,创新农业经营主体,培育新型农民、职业农民成为必然选择,而且任务越来越迫切(韩长赋,2012)。

(3)培养新型职业农民是转变农业发展方式的根本途径

我国目前农业生产粗放、资源消耗过大、环境污染严重等问题还很突出,产生这些问题的一个重要原因是农民科技文化素质不高,吸纳应用现代农业科技能力较差,资源配置使用不科学、低效率。解决这些问题的根本途径在于培育新型农业经营主体,关键在于提高农民科技文化素质和生产经营技能,培养适应现代农业发展需要的新型职业农民(陈晓华,2012)。此外,大力培育新型职业农民是解决"谁来种地、如何种好地"问题的根本途径,是深化农村改革、构建新型农业经营体系的重大举措。发达国家的实践证明,只有职业化的现代农民才能与其产业组织一起促进现代农业的转变。为此,要大力发展农业职业教育,开展多种形式的农业技能培训,加快培育新型职业农民和核心农户,使之成为有较强市场意识、有较高生产能力、有一定管理能力的现代农业经营者(孙中华,2012)。切实把农业发展转移到依靠科技进步、提高劳动者素质和管理创新的轨道上来,充分发挥新型职业农民在转变农业发展方式中的主体作用(《全国农民教育培训"十二五"发展规划》,2012)。

（4）教育培训是培育新型职业农民的重要途径

19 世纪末，马歇尔在其《经济学原理》中指出，所有的投资中，最有价值的是对人本身的投资。人力资本之父西奥多·W.舒尔茨(1961)提出，教育培训是提高人力资本的基本途径。新型职业农民是指具有科学文化素质、掌握现代农业生产技能、具备一定经营管理能力，以农业生产、经营或服务作为主要职业，以农业收入作为主要生活来源，居住在农村或集镇的农业从业人员。"高素质"是新型职业农民的典型特征，也就说新型职业农民具有较高的人力资本。教育培训是提高农民综合素质、促进科技成果转化应用、增强农民自我发展能力的根本途径，在开发农村人力资源、培育现代农业生产经营主体、发展农业农村经济中起着不可替代的基础性作用(《全国农民教育培训"十二五"发展规划》,2012)。对农民开展农业技能培训，提高他们的种养水平和整体素质，是落实以人为本的科学发展观、保障粮食安全、提高农业综合生产能力的重要的基础性工作，同时也为新农村建设提供强有力的智力支撑(陈华宁,2006)。

1.1.2　问题提出

21 世纪以来，党和政府对农民教育培训工作高度重视，每年的中央一号文件都对农民培训工作提出了明确要求。如 2007 年中央一号文件明确提出，"用培养新型农民发展农业，普遍开展农业技能培训"；2012 年中央一号文件明确提出，"以提高科技素质、职业技能、经营能力为核心，大规模开展农村实用人才培训"；2013 年中央一号文件提出，"大力培育新型农民和农村实用人才，着力加强农业职业教育和职业培训"；2014 年中央一号文件提出，"加大对新型职业农民和新型农业经营主体领办人的教育培训力度"。农业部还制定了《全国农民教育培训"十二五"发展规划》《中等职业学校新型职业农民培养方案(试行)》等规范性文件，并先后启动了新型职业农民培育试点和新型职业农民培育工程。农业部对农民教育培训工作提出了具体目标，"'十二五'末农民教育培训将覆盖全国所有乡村，围绕农民生产生活实际开展实用技术培训 5 亿人次，使每个受训农民掌握 1～2 项实用技术"。不但中央政府对农民教育培训工作高度重视，地方各级政府也非常重视农民培训工作。近年来，浙江省委、省政府按照"三化"同步的战略要求，大力实施"千万农民素质提升工程"和"阳光工程"，积极推进农民教育培训工作。政府对农民培训工作的大力推动，不仅增加了培训供给，还激发了农民的参训意向。姜长云(2005)研究指出，农民存在持续而稳定的培训需求，农民参加培训的积极性较高(潘贤春,2006;陈华宁,2007;石火培、成新华,2008;徐金海、蒋乃华,2009;于敏,2010;赵邦宏等,2011;朱启臻,2012;房风文等,2013)。

　　然而,尽管政府积极推动农民培训,农民参训意向也比较强烈,但现实中农民参加培训的比例并不高。朱时建、潘贤春等(2006)调查分析得出,杭州市69.74%的农民愿意参加培训,但每年参加培训的仅有9.82%;黄祖辉、俞宁(2007)研究发现,浙江省一些地方仅有很小一部分农民报名参加了技能培训;王秀华(2010)调查得出,丽水市85.0%的农民愿意参加培训,但仅有34.8%的农民参加过农技知识培训;于敏(2010)基于宁波市511个种养农户的问卷数据得出,93.6%的农民愿意参加农业技能培训,但是实际参加培训的比例仅为46.7%;房风文等(2013)基于浙江省690个种养农户的问卷数据得出,48.26%的农民参加过农业技能培训,参训农民人均参训1.4次,每人每年仅为0.28次。可见,浙江省农民不但参加农业技能培训的比例低,而且参训意向与参训行为存在明显的背离,该问题不仅在浙江省存在,在全国也较为普遍。赵邦宏等(2012)通过对全国3404个农户样本分析得出,77.12%的农民愿意参加培训,但仅有31.62%参加了培训。据农业部统计,每年接受系统培训的只有1000万人,占农业劳动力总数2.46亿的4%(姚桃林,2012)。

　　浙江省正处于转变农业发展方式、加快建设现代农业的攻坚期,面临着诸多矛盾,其中农村青壮年劳力外流与农业从业人员素质亟待提高的矛盾比较突出。为化解这一矛盾,《浙江省现代农业发展"十二五"规划》明确提出:积极实施千万农民素质培训工程、农村劳动力培训"阳光工程",推进农业技能培训和学历教育,2015年,培训绿色证书和新型农民20万名以上。浙江省农民参加农业技能培训的意向和行为如何? 哪些因素影响农民参加农业技能培训的行为选择? 哪些因素制约农民参训意向转化为参训行为? 如何将农民参加农业技能培训的意向顺利转化为参训行为? 这些问题不仅关乎《浙江省现代农业发展"十二五"规划》农民培训目标的实现,也关乎《全国农民教育培训"十二五"发展规划》农民培训目标的实现,更关乎农业发展方式的转变和现代农业的发展。然而,当前文献侧重于研究农民参加农业技能培训意向的影响因素,对农民参加农业技能培训决策的形成机制研究非常缺乏,对农民参训意向转化为参训行为的过程研究更鲜有涉及,而这恰恰是剖析农民参训意向与参训行为背离的核心内容。因此,本研究以浙江省宁波市、丽水市为例(分别代表浙江省农业发展的不同水平),在前人研究成果的基础上深入系统地剖析农民参加农业技能培训决策的形成机理,这不仅有助于弥补当前研究的不足,也有助于揭示农民参训意向与参训行为背离的原因,为政府调整和完善农民培训政策提供决策参考。

1.1.3 研究意义

(1)理论意义

第一,丰富了农民培训理论。本研究将农民参加农业技能培训的意向、行为纳入农民参加农业技能培训的决策分析框架进行系统研究,不但可以剖析心理变量对农民参加农业技能培训意向的影响,而且可以研究参训意向转化为参训行为的过程及转化条件,这恰恰是揭示农民参加农业技能培训决策形成机理的关键。本研究不仅进一步丰富了农民培训理论,也为研究农民参加农业技能培训行为提供了新的视角。

第二,拓展了计划行为理论的应用范围。本研究将计划行为理论运用到农民参加农业技能培训决策行为分析中,进一步拓展了计划行为理论在农业经济学、发展经济学和教育经济学中的运用。同时,为系统研究农民参加农业技能培训的决策行为提供了新的视角。

(2)实践意义

农业现代化是"四化同步"中的短板,要加快实现农业现代化,首先要实现农民的现代化。农业技能培训是提高农民科技文化素质、实现其现代化的主要途径。研究农民参加农业技能培训的行为选择具有重要的现实意义。

第一,本研究分析农民参加农业技能培训决策的行为选择及绩效,不仅有助于政府部门掌握农业技能培训的现状及项目实施绩效,为政府部门进行宏观决策和微观管理提供决策依据,而且有助于提高农业技能培训的针对性,化解培训需求与培训供给不对称的问题;提高农民参加农业技能培训的意愿,化解农民参训意向与参训行为背离的矛盾;提高农民参加农业技能培训的比例,确保《浙江省现代农业发展"十二五"规划》中农民培训目标的实现;提高农民的生产技能和综合素质,推进农业现代化进程。

第二,本研究有助于农业技能培训机构制定科学合理的培训方案,从源头上解决培训供求错位的问题,化解农民参训意向与参训行为相背离的矛盾,进而提高农业技能培训的效率。

1.2 概念界定

1.2.1 农民培训

本研究所指的"农民培训"是指政府、民间机构、合作社和专业协会以及企业等组织对农民进行的农业生产技能和非农业生产技能的一种非学历教育,但是不包括农民工培训。

根据浙江省农民培训开展的实际情况,农民培训主要包括农业专业技术培训、农民创业培训、农村劳动力阳光工程培训和农民科技示范培训四类培训。

(1)农业专业技术培训。该培训主要面向农民和基层农技推广人员开展农业科技知识、农业实用技术等培训,包括普及性和提升性两个层次。普及性培训对象主要是一般种养业从业人员和农民专业合作社成员,以村为单元,紧扣农时,组织教师进村开展农业实用技术培训;提升性培训对象主要是种养大户,农机大户和基层农技推广人员,学员集中开展培训,旨在培养一批职业农民和农业技术推广人才。

(2)农民创业培训。该培训主要面向在农村有创业愿望并有创业基础的农民开展创业理念、创业基本技能、市场营销、农产品质量安全、企业信息化、农民专业合作社建设及相关专业技术等培训。这类培训采取集中授课、市场考察、创业设计、实践学习和跟踪指导服务等形式进行。目的在于培育、造就一批现代农民企业家和创业带头人。

(3)农村劳动力阳光工程培训。该培训主要培训种植业、畜牧业和渔业生产服务人员,农机服务人员,农业经营管理人员,农村社会管理人员,涉农企业人员,休闲农业从业人员,及农业创业人员等七大类。

(4)农民科技示范培训。该培训主要面向国家农技推广示范县的科技示范户和辐射户开展主导品种和主推技术的培训,旨在提高其应用农业科技的能力。

1.2.2 参训意向

需要是指人们没有得到某些基本满足的感受状态,或是指人们生理和心理上的匮乏状态(童晓丽,2006)。动机是引起人们活动并维持已引起的活动,促使活动朝向某一目标进行的内在作用(张春兴,1994)。人们从事任何活动都是由一定的动机所引起。而引起动机的条件有两个：一是需要；二是诱因。"需要"经唤醒会产生驱动力，驱动人们去追求"需要"的满足。动机作为一种内部影响力量，它不但为行为提供动力，而且引导行为的方向（童晓丽，2006）。

本研究所指的参训意向是指农民基于对农业技能培训的需求而产生的参加农业技能培训行为的意愿，是对某人打算执行参加农业技能培训行为的一个测量。本研究将从三个维度（您需要参加农民生产技能培训？您愿意参加农民生产技能培训吗？您会主动寻找农民生产技能培训吗？）测量农民的参训意向。

1.2.3　参训行为

所谓行为，是指行为主体为了满足自身需要而确定一定时期内所要达到的目标后，为了实现特定目标而采取的全部活动的过程（孔祥智，2009）。人的行为是指在一定的社会环境中，在人的意识支配下，按照一定的规范进行并取得一定结果的客观活动（高启杰，2008）。这一概念内涵与外延包括四个层面：第一，发生行为的主体是人；第二，行为是在人的意识支配下发生的活动，该活动具有一定的目的性和预见性；第三，行为总要与一定的客体相联系，作用于一定的对象，所作用的对象是物或者是人；第四，行为总要产生一定的结果，这种结果与行为的动机、目的有一定的内在联系。

本研究所指的参训行为是指农民参加农业技能培训，获取新技术、新知识、新思想和新观念的一种行为，是参训意向的一种表达。它包括积极的参训行为、消极的参训行为、被动的参训行为和主动的参训行为。

1.2.4　行为绩效

本研究所指的培训效果主要是指农民参加农业技能培训后对培训实施过程的满意程度、培训预期效果的主观评价和农民参训行为结果，在本研究中分别称之为培训实施过程评价效果、培训预期效果和农民参训绩效（行为绩效）。

本研究所指的行为绩效是指农户不同参训行为的结果，衡量指标是农民家庭农业收入。本书不仅研究农民参加农业技能培训对农业收入的影响，讨论受训对象与培训目标对象的匹配度，还将进一步探讨"有意愿有行为、有意愿无行为、无意愿有行为、无意愿无行为"四种农户行为的绩效。

1.3   研究方法与数据来源

1.3.1   研究方法

本研究采用的主要研究方法如下。

（1）文献资料法

通过书籍、报刊、网络、统计年鉴等多种渠道搜集和整理与本课题有关的间接文献资料，既借鉴他人研究成果，拓宽研究思路，完善研究方法，获得难以通过调研取得的数据资料；同时，也探寻已有研究成果的缺陷和不足，以期拓展本研究的内容。

（2）问卷调查法

由于本研究拟对农业技能培训的供求错位、参训意向与参训行为不一致、参训绩效等进行实证分析。因此，分别面向农户、村庄和培训机构设计了调查问卷，将研究所需要的信息在其中反映出来，然后由经过专门培训的在校大学生利用暑期社会实践，在宁波市、丽水市农业局科教处以及相关区县农委的协助下进行实地调研。

（3）对比分析法

运用交叉列联表、T 检验、方差分析，对比分析不同类型的农民（种养大户、合作社骨干以及社员、村干部、普通农民；纯农业、兼业农户）在农业技能培训需求、参训意向和参训行为等方面的差异，以及哪类农民的参训意向和参训行为出现偏离以及偏离程度，并分析其偏离的原因。此外，本研究既注重农业技能培训需求、参训意向和参训行为在两市之间的差异，也注重这种差异的原因在区域间的比较。通过对比分析，揭示地方政府的培训政策对参训意向转化为参训行为的影响。

（4）理论分析

借助拓展的计划行为理论和已有研究成果，结合我国农民培训的现实状况，构建农民参加生产技能培训的概念模型，揭示农民参训的决策过程及形成机理。

（5）计量模型

利用结构方程（SEM）验证影响农民参加农业技能培训意愿的心理变

量,揭示农民参加农业技能培训的心理决策机制。

利用基于 Poisson 分布的计数模型对构建的农民参加农业技能培训决策的概念模型进行实证检验,分析整个模型的内部运作机制、各指标间的作用方式以及影响程度,旨在揭示农民参加农业技能培训决策的形成机理。

利用 Logit 模型验证外部因素与农民参训意向的交互项对农民参训意向转化为参训行为的影响,揭示其作用机制。

借助 Heckman 和 Vytlacil(1999,2000),Carneiro 等(2001),Aakvik 等(2005),以及 Heckman 等(2006)等建立的异质性处理效应模型和半参数估计方法,研究农业技能培训对农民农业收入的影响,揭示农民从培训中获益的情况,以及不可观测变量对农民参训决策的影响程度。

1.3.2　数据来源

(1)调查点选择及抽样方法

①调查点选择

为了全面、客观地反映浙江省农业技能培训的总体情况,本研究在选取调查区域的时候,考虑了经济发展水平、地理区位、地形地貌、自然条件、农户耕作习惯、培训政策以及农民培训开展情况等因素。本研究选择经济发达的宁波市与经济欠发达的丽水市作为调研对象,以便尽量使所做调查具有科学性和代表性。

宁波市地貌以平原和丘陵为主,其中平原占陆域总面积 9816 平方公里的 40.3%,耕地 363 万亩,占总陆地面积的 24.7%,人均耕地 0.56 亩,从事一产的农民只占农村人口的 18.0%,农民收入的 85.0%来自二、三产业 。宁波是浙江省乃至全国都比较发达的地区,下辖 6 区 3 市 2 县,其中县市均为全国百强县,前十名有两个,现代农业发展水平比较高。2012 年全市土地流转率和规模经营率分别达到 60.0%和 61.1%,农民人均收入 18475 元[①],但是农业劳动力老龄化严重,农业兼业化突出。尽管农业产值所占 GDP 比重不高,但是农业作为基础性产业仍然占据重要位置。为适应发展现代农业、建设社会主义新农村的新形势,宁波市对农民培训工作非常重视,并且取得了显著成绩。在 2011 年的"百万农民素质培训"工程中,宁波市各级政府投入培训资金 4866 万元,培训各类农村劳动力共计 11.87 万人,发放各

---

① 刘奇同志在宁波市农村工作会议上的讲话摘要,http://www.njlnb.com/njwzt2013/view2013.asp? ID=10,2013-02-28,宁波农村经济综合信息网。

类培训证书 6.1 万本。农民接受培训后,转移就业 2.38 万人,转移就业率达 80.67%①。此外,各地的农民科技教育培训中心在农民科技教育培训中也发挥着十分重要的作用,且成效显著。例如,宁波市鄞州区农民科技教育培训中心,近两年来开展了涉农类培训班 520 期,培训人次达 4.5 万人次。其中,绿色证书培训 5106 人次;农广校中专学历教育招生 1223 名,毕业 579 名;农业专业技术人员教育 520 人次;培训拖拉机驾驶员 283 名②。宁波市农民培训工作能够取得显著成绩,与其完善的农民教育培训体系有着密切的关系。农民教育培训体系和机制的发展完善不但为下一步在更大范围内开展农民教育培训工作提供了坚实的保障,而且其经验做法还辐射到了其他地区,对周边地区的农民培训工作起到了示范带动作用。

丽水市以山、丘陵地貌为主,全市陆域面积 17298 平方公里,其中山地占 88.42%,耕地占 5.52%,人均耕地仅为 0.54 亩③,是个“九山半水半分田”的地区,也是浙江省面积最大而人口最稀少的地区 。丽水市从事一产的农民占农村人口的 35.90%,农民收入的 42.17%来自第一产业。丽水市是浙江省经济欠发达地区,全市下辖 1 区 1 市 7 县,其中庆元、龙泉、景宁、松阳是省级贫困县,占全省贫困县(8 个)的半壁江山,目前没有一个县市进入全国百强县,现代农业发展水平低,农民人均收入低(2011 年为 7809 元),农民老龄化、农业兼业化显现。丽水市虽然属于经济欠发达地区,但是非常重视农民培训工作,近年来组织实施了多项系统性农民培训项目。较为重要的有以下几项:农业部“农村劳动力转移阳光工程”13 个,培训农民 32410 人;农业部“新型农民科技培训工程”9 个,培训新型农民 15115 人④;“农村信息化大篷车”培训,2008 年至 2010 年,下乡进村培训 113 期,有 80 个乡镇 468 个村参加了培训,培训农民 1974 人,体验信息化农民 2530 人⑤;“绿色证书工程”

---

① 朱军备、王德平:《宁波 10 万农民“充电”政府买单》,《宁波日报》2012 年 1 月 27 日(第一版)。

② 《浙江宁波鄞州农民科技教育培训中心打造农民教育培训品牌》,http://www.foods1.com/content/302607/

③ 《丽水概况》,http://www.lishui.gov.cn/xsls/lsgk/jjfz/t20120510_810413.htm,丽水政府网。

④ 王秀华:《浙江欠发达地区新型农民培训模式研究》,《丽水学院学报》2010 年第 1 期,第 60—64 页。

⑤ 黄端祥、廖小丽:《丽水市农村信息化大篷车培训成效与启示》,《农业网络信息》2010 年第 3 期,第 53—55 页。

培训,累计培训绿色证书学员 15.02 万人;学历教育培训,1999 年至 2008 年,全市农广校招生 4168 名,培养大中专毕业生 3345 名。此外,每年县、乡镇两级政府根据农业主导产业发展的需要,以及农民在农业生产过程中遇到的问题和现实需求,还组织实施了大量农业实用技术培训。

因此,本研究选择宁波市、丽水市作为调查地点具有典型性及代表性,能够较为全面地反映浙江省农业技能培训的总体情况,而且通过对宁波市和丽水市农业技能培训的考察与研究,其研究成果能够为浙江省乃至全国不同地区提供借鉴和参考。这不仅拓展了研究成果的应用范围,而且提高了研究成果的应用价值。

②抽样方法

本研究采取多阶段分层抽样。首先,分别将宁波市、丽水市的县市区按其农民人均收入水平分为高、中、低三组,随机在三类中各抽取 1 个县;然后,在样本县再按上述抽样方法各抽取 1 个乡镇,在样本乡镇中随机抽取 3 个村,每个村随机抽取 12 个农户和 1 名村干部。同时,每个样本乡镇选择 6 家农民培训机构。

(2)调查对象和调查内容

①调查对象

本书研究的是农民参训决策的形成机制,由于该问题不仅涉及农民还涉及培训机构和村庄,所以调查对象包括三大类:农民(农户问卷)、主要村干部(村庄问卷)、农民培训机构负责人(农民培训机构问卷)。

②调查内容

调查内容是根据不同的调查对象而进行设计的,包括三类:第一,针对农户的调查内容;第二,针对村庄的调查内容;第三,针对培训机构的调查内容。

A.农业技能培训调查问卷

农户问卷主要包括以下内容:人口学特征、家庭特征、社会资本、培训需求、培训认知以及培训动力。针对参加过培训的农民,还要调查其参加了哪些培训、培训内容、方式、老师、时间和地点等内容,以及受训农民对培训效果的评价等。

值得一提的是,本研究为了准确揭示影响农民参训行为的因素,设置了一个情境题:"最近一次培训您是否参加了?"如果回答参加了,则要具体回答以下培训信息:"您是怎么知道培训信息的? 是培训什么的? 在哪里参加的培训？是哪个单位举办的培训？培训了多长时间？培训收费了吗？培训给予补贴(交通补贴、餐饮补贴、住宿补贴、误工补贴等)了吗?"等情况。

B.村庄调查问卷

村庄问卷主要包括以下内容：村庄类型、村庄距离乡镇的距离、耕地面积、主要种养类型、主要收入来源、村民家庭人均收入、村庄开展培训情况、村民参训的比例、举办了哪些培训、培训有无名额限制和有无补贴以及村庄有无合作社和企业等内容。

C.培训机构调查问卷

培训机构问卷主要包括以下两方面内容：一是培训机构的基本情况，主要包括培训机构的固定资产、培训经费、培训教室面积、培训设施设备、图书音像资料和培训师资等；二是培训项目开展情况，开展了哪些培训项目、培训组织实施、培训人数和培训效果等。

(3)调查实施及问卷回收

①农民培训问卷的调查实施及回收

问卷调查安排在暑假，具体时间为 2012 年 7 月 4 日至 7 月 16 日，调查队伍共由 19 人组成，其中老师两名，队伍分为两支，一支由 11 人组成赴宁波进行调查，另一支由 9 人组成赴丽水进行调查。在调查前，针对问卷内容、如何开展调查以及如何处理应急问题等对调查员进行了培训，以便于调查员准确地把握问卷的内容和调查的重点，提高调查质量。在调查过程中，对于不识字或者文化水平较低的农户，由调查员读题并就农户不理解的问题进行解释，以便于农户对调查问题的理解，提高问卷回答的有效性和准确性；调查问卷中设置了被访农户的联系方式，要求调查员获取农户的联系方式，以便于问卷核实或对典型农户进行回访。在问卷整理过程中，对于调查问卷填写不清楚、不完整或者前后矛盾的，通过电话逐一进行核实。本研究共发放问卷 720 份，回收有效问卷 648 份，有效率 90.0%。其中，宁波市回收有效问卷 365 份，丽水市回收有效问卷 283 份，分别占有效问卷总数的56.4%和43.6%(见表 1-1)。从调查的县市看，既有农业经济发展水平较高的县市，也有农业经济发展水平较低的县市。

此外，2013 年 7 月 15 日至 7 月 21 日，课题组就农民参训意向形成的影响因素问题进行了一次补充调查，回收有效问卷 156 份，该问卷仅用作分析农民参训意向形成的影响因素。

表 1-1　农户调查问卷的行政地域分布情况

项目	宁波市					丽水市			合计
	象山县	慈溪市	余姚市	奉化市	宁海县	云和县	龙泉市	松阳县	
问卷(份)	16	92	95	79	83	106	87	90	648
比例(%)	2.5	14.2	14.7	12.2	12.8	16.3	13.4	13.9	100.0

②村庄问卷的调查实施及回收

村庄问卷调查与农户问卷调查是依次进行的。调查顺序是:先调查村庄问卷,然后开展农户问卷调查。这样安排的目的是得到村干部的配合,以便于开展农民培训问卷调查。本次共调查村庄 53 个,回收有效问卷 53 份,其中,山区村 15 个,占样本村的 28.3%;丘陵村 16 个,占样本村的 30.2%;平原村 22 个,占样本村的 41.5%(见表 1-2)。问卷回收后针对一些遗漏问题,通过电话调查已将其补齐。本次调查将调查对象的电话列为必填项,这为问卷的回访和补漏提供了极大方便。

表 1-2　村庄调查问卷的村庄类型分布情况

村庄类型	频数	百分比(%)	有效百分比(%)	累计百分比(%)
山区村	15	28.3	28.3	28.3
丘陵村	16	30.2	30.2	58.5
平原村	22	41.5	41.5	100.0
合计	53	100.0	100.0	

③农民培训机构问卷的调查实施及回收

本次调查共发放问卷 120 份,回收问卷 107 份。有效问卷 87 份,有效问卷回收率为 72.5%。问卷调查由宁波市农业局和浙江万里学院联合进行,农业局负责联系培训机构,浙江万里学院的师生负责具体调查。调查样本点包含慈溪、余姚、奉化、江北、北仑、宁海和象山等 7 个县市区(见表 1-3)。

表 1-3　宁波市各个区县农民培训机构抽样情况

区县　　数量	慈溪市	余姚市	奉化市	宁海县	象山县	北仑区	江北区	合计
数量(个)	25	3	13	14	20	6	6	87
比例(%)	28.7	3.4	14.9	16.1	23.0	6.9	6.9	100

1.4　研究思路、研究目标与研究内容

1.4.1　研究思路

本书的技术路线如图 1-1 所示。本书以农民生产技能相关概念的界定

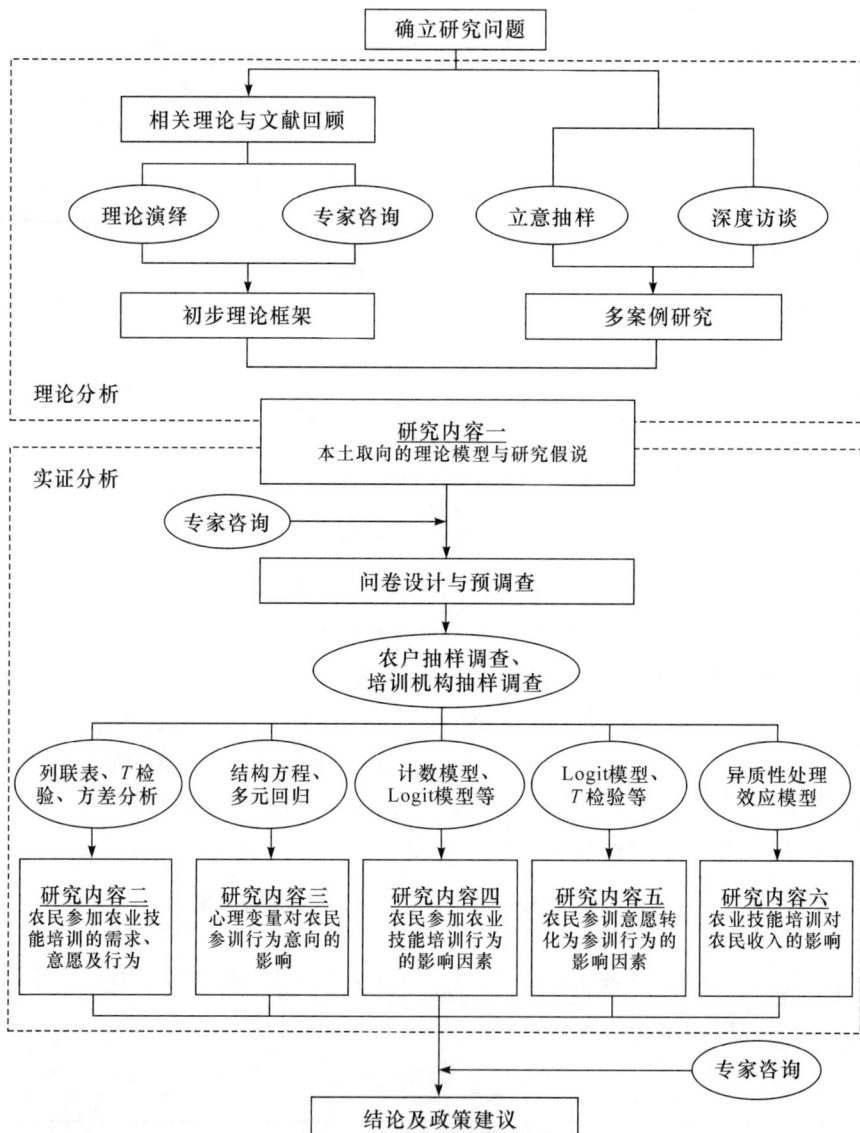

图 1-1　本书的技术路线

为研究的逻辑起点;以农民参加农业技能培训的决策机制为研究的逻辑重点,重点研究农民参训意向和参训行为的形成机制及影响因素,剖析农民参训意向与参训行为背离的原因,揭示参训意向与参训行为背离的制约因素;以创新农业技能培训体系和建立农业技能培训的长效机制为研究的逻辑终点。

1.4.2 研究目标

本研究的总目标是:借助计划行为理论构建农民参加农业技能培训"意向—行为—绩效"概念模型,揭示农民参训决策的形成机理及影响因素;通过计量模型验证影响农民参训意向和参训行为的因素以及作用机理,揭示农民参训意向转化为参训行为的制约因素及作用机理;分析农业技能培训对农民家庭经营收入的影响,以及不可观测变量对参训决策的影响。最后根据上述研究提出相关政策建议,提高浙江省农民参加农业技能培训的意愿和参训比例,推动农业技能培训工作顺利开展。同时,为政府制定科学、合理的培训政策提供决策依据。

1.4.3 研究内容

(1)农民参加农业技能培训的"意向—行为—绩效"理论模型研究

本部分属于理论研究,遵循"理论基础—提出假说—验证假说—理论拓展"的演绎方法。根据拓展的计划行为理论和前人相关研究,结合农民参加农业技能培训的实际情况,初步构建农民参加农业技能培训的"意向—行为—绩效"理论模型。然后,通过实证研究,再对初步构建的理论框架与假说进行适当修正,建立科学合理的农民参加农业技能培训决策的理论框架。

(2)农民对农业技能培训的需求(意向、行为)与供给分析

首先,采用描述性统计方法对浙江省农民参加农业技能培训的现状进行分析,从农民对农业技能培训的需求、参训意向、参训行为以及参训绩效等方面进行描述性统计,揭示浙江省农业技能培训的现状。然后,运用交叉列联表、T检验和方差分析等统计方法,对比分析不同类型的农户在农业技能培训需求、参训意向和参训行为方面的差异,以及哪类农民的参训意向与参训行为出现背离以及背离程度。最后,运用描述性统计方法从供给和需求的角度对比分析浙江省农业技能培训供求错位及其原因。通过上述研究,从农民需求和培训机构供给两个角度把握农业技能培训的现状,为后面研究农民参训行为决策的形成机理做好铺垫。

（3）心理变量对农民参加农业技能培训行为意向的影响分析

根据计划行为理论和拓展的计划行为理论，心理因素会影响农民参加农业技能培训的行为意向。这些心理因素包括：农民对农业技能培训的态度（简称行为态度）、外界对农民参加培训的影响（简称主观规范）、农民对参加培训的机会以及可能性的把握程度（简称控制认知）。此外，心理因素之间也有作用机制。重要人员（村干部、合作社社长、种养殖能手、邻居和家人等）对农民参加农业技能培训的支持和评价将影响其参加培训的态度，也会影响其对参加农业技能培训行为的控制与把握。因此，主观规范会影响行为态度和动作控制认知，而农民对参加农业技能培训行为是否可行及难易的判断，即动作控制认知也会影响行为态度和参训行为。

为准确地刻画心理变量对农民参加农业技能培训行为意向的影响，本研究将从三个层面展开研究：

第一，心理变量对样本中"农民"参加农业技能培训行为意向的影响分析。

第二，心理变量对样本中"未参训农民"的参训行为意向的影响分析。

第三，心理变量对样本中"已参训农民"的参训行为意向的影响分析。

（4）农民参加农业技能培训的行为选择及影响因素分析

农民参加农业技能培训的行为不仅受到农民参训意向和动作控制认知等因素的影响，还受到培训供给（培训内容、培训地点、培训时间等）、家庭禀赋（个体文化水平、年龄、农户耕地面积、种植作物类型等）以及农民培训政策制度（培训补贴、参训奖励、培训发动等）等其他因素的影响。因此，本研究将从农民参训行为意向、农户禀赋、培训供给及政策制度等方面研究农民参加农业技能培训行为选择的影响因素，揭示农民参加农业技能培训决策的形成过程及作用机制。值得一提的是，计量模型中的因变量是"农民参加培训频次"和"是否参加培训"，分别考察影响"农民参训频次"和"是否参加培训"的因素。

（5）农民参加农业技能培训意向转化为参训行为的影响因素及作用机制研究

虽然农民参训意向在很大程度上决定着农民参训行为，但在参训意向转化为参训行为的过程中还受到其他外部因素的影响，哪些因素影响了农民参训意向转化为参训行为，影响程度多大，作用机制是什么。本研究将从两个方面展开：一是农民有参训意愿无参训行为的原因分析；二是农民无参训意愿有参训行为的原因分析。

（6）农民参加农业技能培训的绩效研究

①农民参训行为绩效分析

基于调查数据，运用异质性处理效应模型（heterogeneous treatment model）研究三个问题：一是农业技能培训对农民农业收入的增加在总体上有多大帮助；二是哪些农民从培训中获益最多，哪些农民从培训中获益较少，哪些农民没有获益；三是在农民参加农业技能培训决策中，可观测变量和不可观测变量各自发挥了何种作用。

②农业技能培训效果评价分析

基于培训评价理论和前人文献，本研究从培训组织实施过程、受训者培训预期以及受训者结果评价三个维度进行构建，其指标测量采用李克特量表。根据调查数据计算每个指标的数值，然后对指标加权平均得出受训农民的农业技能培训效果指数并对其进行分析。

③影响农业技能培训效果的因素分析

基于调查数据，运用多元线性回归模型和有序 Probit 模型研究影响农业技能培训效果的因素，揭示影响农民培训效果的主要因素。

（7）结论与政策建议

立足浙江省农业技能培训的现状，借鉴发达国家农民培训的主要经验，针对浙江省农业技能培训存在的问题，就农业技能培训体系在制度建设、组织管理、师资队伍建设、资金投入等方面如何进行改革，如何构建农民主导型的农业技能培训体系和运行机制等方面提出相关政策和建议，以期解决农民培训供求错位，化解参训意向和参训行为不一致等问题，切实提高培训资源的利用效率和农业技能培训的绩效。

1.5 可能创新与研究不足

1.5.1 可能创新

（1）研究内容

本研究有别于以往有关农民参加农业技能培训的研究，借助于拓展的计划行为理论构建了农民参加农业技能培训的"意向—行为—绩效"分析框架,结合农民参训和培训组织实施情况,探索性地分别对农民参加农业技能培训的行为态度、主观规范、动作控制认知、行为意向、培训绩效进行细化和测量,并在模型中纳入交互项等变量,实证分析农民参加农业技能培训的行为及其心理决策机制,使得研究更为深入且更符合现实情况。此外,本研究还借助异质性处理效应模型研究了农业技能培训对农业收入的影响,实证了农业技能培训的选择偏差和分类收益。这些是本研究不同于其他研究的独特之处。

(2)研究方法

运用结构方程(SEM)验证心理变量对农民参加农业技能培训意向的影响;运用零膨胀负二项式模型研究影响农民参训次数的因素;运用异质性处理效应模型研究农业技能培训对农业收入的影响。

1.5.2 研究不足

(1)本研究所采用的数据为截面数据,其基本假设建立在农民参加农业技能培训静态决策之上,研究只能作相对静态的分析。分析框架只是一个静态的情况分析,没有扩展到多阶段的动态模型,需要在今后的工作中进一步完善。

(2)农民参加农业技能培训决策的形成机制是一个复杂的问题,某些变量的设置还存在疑义。例如农民参训的行为意向变量如何更准确地度量,农民参训的主观规范、动作控制认知涉及的具体变量如何更好地量化等仍有改进的空间,需要进一步深入研究。

(3)样本选择的是经济发达的浙江省,其研究成果具有明显的区域局限性,对于中西部地区农民培训工作不一定适用。

第 2 章 文献综述

　　农民参加培训行为研究既是整个农民培训理论体系中的一个微观视角,也是农户经济行为研究的一个微观领域。在进行农民参训意向、参训行为具体内涵以及影响因素相关文献研究之前,有必要对农户经济行为研究进行理论回顾,以便为研究农民参训行为提供坚实的理论指导。本章首先梳理归纳农户经济行为理论流派以及目前研究农户经济行为的主要理论,为本书构建理论分析框架提供理论指导;其次,主要从参训意向、参训行为、意向与行为背离、培训绩效等角度对前人的研究成果进行梳理和归纳,为本书的研究问题提供现实基础;最后,对已有文献进行评价,总结已经取得的研究成果,找出文献缺口,明确本书的研究问题。

2.1　农户行为理论相关研究

2.1.1　国外农户行为理论研究

　　经济学研究领域的农户行为称为“农户经济行为”(钟菲,2010),农户经济行为主要分为生产行为和消费行为两大类,其中生产行为包括种植选择行为、经营投资行为、技术采纳行为和资源利用行为等。本书所研究的农民参加培训的行为既是一种消费行为(花钱购买培训),也是一种人力资本投资行为,但是更偏重于投资行为。农民作为农民培训工作的参与客体,其参训意向、参训行为直接影响着农民培训工作的顺利开展,更决定着农民培训资源的利用效率。所以,在研究农民参训行为是否理性以及影响农民行为理性的因素时,前人关于农民的理性假说为我们提供了有益的理论基础。目前关于农户经济行为的研究主要分为四大学派,如表 2-1 所示。

表 2-1　农户经济行为研究的四大学派

类型	主要观点	代表人物
形式主义学派	传统小农与资本主义企业一样都是根据利润最大化原则配置资源做出决策。传统农业的停滞不前不是因为传统小农不努力、缺乏进取心,也不是因为市场经济制度缺失,而是因为传统因素投资边际收益的递减。欠发达国家农业落后的根源是国家实施的"工业优先发展战略",这些国家不仅对农业投入严重不足,还将农业部门的剩余源源不断地输送到工业部门,农业发展仅仅靠劳动力和其他传统要素的投入,这是传统农业停滞的根源之所在。波普金指出,传统小农是一个追求利润最大化的理性人,即"理性的小农",这是对舒尔茨理论的丰富和完善。贝克尔(1975)提出农户模型并从数学角度精确地说明了农户行为是理性的。	西奥多·舒尔茨、波普金、贝克尔
实体学派	小农决策行为与资本主义企业行为不同,小农不是追求利润最大化的"理性人",而是追求在既定收益下付出最小化或者是一定辛劳程度下的产品最大化的"社会人",也就是说小农的行为是非理性的。詹姆斯·斯科特(1976)进一步指出,农民经济行为的动机是"回避风险,安全第一",农户经济行为的目的不是追求"效益"而是为了"效用"。Sen(1966)用劳动消费均衡构建的效用框架分析了农户的经济行为,指出农户经济行为的非理性。Chihiro Nakajima(1986)构建了以劳动投入和收入为变量的效用函数,并用数理方法解释了恰亚诺夫的理论。	恰亚诺夫、詹姆斯·斯科特、Sen、Chihiro Nakajima
历史学派	"中国农民在人口与土地的压力下不是遵循追求利润最大化的经济理性原则,而是为了维持整个家庭的生存而投入到哪怕是边际报酬递减的过密化农业生产活动中去"。该学派认为由于农户缺乏外出就业的机会,劳动的机会成本几乎为零,他们也没有边际报酬概念。黄宗智认为,一方面农户行为遵循恰亚诺夫的观点,因为小农家庭没有雇佣劳动,在生存压力下小农往往在边际报酬非常低的情况下继续投入劳动,具有非理性的一面;另一方面,小农也具有理性的一面,当有了一定的外部激励,农民就会走出支配他们的"过密化"生存逻辑。	黄宗智

续表

类型	主要观点	代表人物
社会心理学派	西蒙认为,由于人的知识、计算能力、时间和精力、想象和设计能力是有限的,人的价值取向和目标是变化的,现实环境也具有不确定性,因此,人的理性是有限的。据此,他提出:"满意决策理论,人们并不一定追求最优化决策,而是有可能追求一种满意的社会内在或更为丰富内涵的目标,主张运用效用模式对农户进行分析"。这为人们怀疑农民单纯追求一种经济理性行为决策的观点提供了坚实的基础(Burton Rob,2004)。Gasson(1973)推动了农户和农民非经济目标行为决策理论的发展,他将农民行为决策中的目标、价值和非经济因素进行了分类,并把它们作为理性模型的一个补充部分。Fishbein 和 Ajzen(1975)提出了理性行动理论,该理论首次可靠地验证了行为态度与行为之间的关系,该理论也被迅速地应用到农户经济行为研究之中。但是,该理论也受到批评和质疑,主要是因为该理论仅从行为态度和行为主观规范两个维度解释和预测行为发生,没有考虑到人们在行为决策时还要受到客观因素的制约。为了弥补理性行动理论的不足,Ajzen 和 Fishbein(1991)在理性行动理论基础上提出"计划行为理论"(Theory of Planned Behavior,TPB)。该理论认为行为意向是最接近行为的一个中介变量,并且受到行为态度、行为主观规范和动作控制认知三个内生变量的影响,通过研究这些变量人们可以对行为进行预测。计划行为理论(TPB)在农户和农民行为研究方面得到了广泛的应用,并取得了一大批研究成果(E. J. Austin et al. ,1998;R. H. M. Bergevoet et al. ,2004;Illukpitiya & Gopalakrishnan,2004;Toma & Mathijs, 2007;Bayard & Jolly, 2007)。	西蒙、Gasson、Ajzen 和 Fishbein

2.1.2　国内农户行为理论研究

我国对于农户经济行为的研究始于 20 世纪 80 年代中后期,针对我国农户社会程度高、经营规模超小化的特点,我国学者进行了大量的富有探索意义的研究。马鸿运(1993)是较早关注农户经济行为并对其进行界定的学者,他指出:"农户经济行为是指农户个体或群体为了满足自身的物质或精神需要,以达到一定目标而表现出来的一系列经济活动过程。"郑风田(2000)在分析了"理性小农"与"道义小农"不足基础上,借鉴和吸收有限理性假说和制度变迁理论,提出了小农经济行为的制度理性假说。他认为:"不同制度下农民的理性有异质性,在完全商品经济的市场制度下,小农行为追求利润最大化,是理性的'经济人'行为;在完全自给自足的制度下,农民的理性行为是家庭效用最高;而在半自给自足的制度下,小农既为家庭生产又为社会生产,此时的农民理性行为具有双重性。"这也就是说,小农的理性行为在不同的制度下会发生变化,这可能恰恰说明了农户行为的理性,农户在不同制度下选择在当时条件、资源、能力配置下最优的行为。徐勇、邓大才(2006)在总结分析了我国小农"社会化程度高、经营规模小、生产形态独立化"等特征后,结合前人理论,从小农动机与行为两个维度建构了新的小农理论分析范式——"社会化小农"理论,并运用该理论分析范式解释了市场非完全竞争、非完全社会化背景下,农户劳动力大规模的社会化配置和社会化、内卷化现象。

宋洪远(1994)系统梳理了改革开放以来至 20 世纪 90 年代中期农户行为研究的成果,主要从研究方法、农户行为状况、农户行为决定因素和农村经济体制改革对农户经济行为目标、行为选择影响等方面进行了归纳和梳理。同时,他还对未来我国农户行为目标进行了预测,他认为随着社会主义市场经济的建立健全,市场观念渐入人心,农户行为目标将是"追求收入最大化"。韩耀(1995)从"理性人"的基本假设出发,认为我国农户行为具有多重属性:不但存在商品性生产还存在自给性生产,不仅存在经济目标还存在非经济目标,不仅具有理性还具有非理性。据此,他提出分析农户行为要从经济因素与非经济因素两个维度展开。

孔祥智(1999)对现阶段我国农户经济行为发展方向作出了总体性判断——农户行为总的发展方向是理性的。运用理性小农学派的判断似乎更能恰当地解释中国农村改革前后农业与农村经济增长实际的变化(史清华,1999)。总体来看,我国大多数学者认同农户行为是一种有限理性行为(郭红东,2005;钟菲,2010),这种理性是效用最大化而非物质利益最大化,不仅是单一地追求收入最大化、付出最小化的经济理性,而且还包括人文环境、社会风俗、心理等的多种因素在内的多种理性(林毅夫,1998;宋圭武,2002)。因此,本书在研究农民参训意向和参训行为时也是基于农户是有限理性的这一根本前提。

2.1.3 国内农户行为实证研究

自 20 世纪 90 年代中后期以来,一些学者开始运用定量的方法对农户经济行为进行实证研究。这些文献主要是从农户生产行为和消费行为两个方面展开研究。

(1)关于农户生产行为的研究

投资行为。张林秀、徐晓明(1996)通过对张家港市和兴化市两地农户在不同政策环境下生产行为的对比分析,发现政府的农业政策(土地政策、限购政策等)是制约农户生产和生产效率提高的重要因素,不利于农民增收。孔祥智、孙陶生(1998)基于对山东、河南、陕西三省的调查资料和相关统计数据,对比分析了不同发展水平农户的投资行为。研究发现,不同发展水平的农户其投资取向呈现出不同特点,而且农户的生产性固定资产投资受制于所在地区农业基础条件和社会化服务完善程度的影响。曲艳、郭艳芳(2002)利用1987—2000年的统计资料,运用单要素回归方法对我国农户投资行为进行了较为全面的研究。研究发现,影响农户投资行为的因素主要有:农户收入、农地收益、农业贷款、农地规模以及承包期,而且除农地规模对农户投资行为有负向影响外,其他因素都是正向影响的。陈铭恩、温思美(2004)又对其作了进一步的补充,发现非农产业替代、土地产权强度对农户投资行为有负向影响,而投资边际收益对农户投资行为是正向影响。辛翔飞、秦富(2005)又将这一研究进一步推进,他们基于1998—2002年全国各省的面板数据,运用双对数多元回归模型分析了影响农户投资行为的因素。研究发现,税费支出、家庭经营非农产业支出、农户总收入、工资性收入以及地区差异是影响农户投资行为的主要因素,土地规模对农户投资行为的影响不显著。

于法展、钮福祥等(2007)基于安徽省泗县顾庄、大张两村40户农业经营主体的问卷数据,分析了影响农户兼业经营行为(农业劳动力时间投入)的因素,发现社区自然区位、耕地、税费、农产品价格、农户劳动力数、人口负担系数、户主文化程度、新技术采纳、借贷来源以及投资风险等因素是影响农户兼业行为的因素,其中农产品价格起主导作用。而陈梦华、杨钢桥(2010)却得出了相反结论,他们认为农产品价格对农户投入等生产决策行为影响较小,这可能与近年来农产品价格一直处于低位有关。刘克春(2010)进一步研究指出,农业生产资料价格对农户种粮决策行为有重要影响且是负向关系。胡荣华(2010)根据南京市农户兼业行为的调查数据分析得出,农户投资、劳动力配置等生产决策倾向于非农业的根本原因是产业间比较利益的差距悬殊。

种植行为。姚增福、郑少锋(2010)基于TPB理论和黑龙江省460份农户调查数据,运用因子分析和结构方程模型分析了影响种粮大户生产决策的因素,发现资源禀赋对种粮大户的行为态度影响较大,资源禀赋对主观规范认知影响较大,资源禀赋对行为控制认知影响较小,而且表现出种植规模与控制认知强度呈"倒U形"趋势;行为态度、主观规范、行为控制对行为意向有显著正向影响。李文才(2011)基于西藏某县数据分析了影响农户种粮面积的影响因素,发现家庭劳动力数量、年末拥有生产性固定资产原值、外出打工人员数量、是否拥有农业机械与总播种面积具有显著的正向关系,"粮食均价"与"是否出售"交互项也对其有显著的影响作用。刘珉(2011)根据 Elinor Ostrom 的 IAD 延伸模型,利用河南省平原地区的调查数据,运用 Logit 模型探讨了林农户与非林农户种树意愿的影响因素,发现改革变量与林农和非林农种树意愿都有显著的相关关系,家庭收支变量、生产经营、市场及服务变量对林农和非林农种树意愿也有显著影响,但对林农、非林农的影响存在差异。

农业技术、品种采纳行为。刘宇、黄季焜等(2009)基于中国 10 个省的调查数据,运用 Logit 模型分析了影响农民采用节水技术的因素,发现政府政策、水资源的稀缺是影响农民采用农业节水技术的关键因素。王海军、李艳军(2012)基于湖北荆州地区油菜种植农户的调查数据,运用 Logit 回归分析了农户采用新技术品种行为的影响因素,发现年龄、文化程度、劳动人口、种植面积和种植目的是影响农户新技术采纳行为的重要因素;农户社会活动参与频度是影响农户新技术品种采用行为的因素;农户社会资本网络质量是影响农户新技术品种采用行为的因素。唐博文、罗小锋等(2010)基于我国 9 省 2110 份农户调查数据,运用 Logit 模型探讨了农户采用不同属性技术的影响因素,发现参加技术培训、技术作用认知以及信息可获得性对不同属性技术采用都有显著影响;专业技能、外出务工人员比例、社会公职以及农户年收入对不同属性技术采用均没有显著影响;年龄、受教育程度、耕地面积、是否参加合作组织以及借款难易对部分技术采用有显著影响,对其他技术采用则影响不显著。

(2)关于消费行为的研究

史清华、顾海英(2004)基于全国农村固定跟踪观察资料,研究了 20 世纪 80 年代中期以来我国农户家庭医疗服务消费行为的变化及差异,发现农户经济收入与其消费水平的变化是一致的,而且农户的经济收入影响着消费行为决策。王志刚(2003)运用 Probit 模型分析了影响消费者食品安全认知和购买行为的因素。研究发现,学历、居住环境、是否吸烟以及现在的食品安全关心度与绿色食品认知度呈正相关关系。居住在城市、不吸烟、摄取维生素以及绿色食品认知度对买过绿色食品的行为有正向影响。钟甫宁等(2004)通过对南京消费者的调查得出,年龄、性别和受教育程度均会对消费者的消费决策产生影响,男性、年长的和受教育程度低的消费者更愿意接受转基因食品。周洁红(2004)用 Logit 模型分析了浙江省城镇居民消费者对蔬菜安全的态度认知和购买行为影响因素。研究发现,学历、家庭结构及对蔬菜按标准执行的信任程度、对蔬菜安全的忧患程度和对蔬菜安全卫生状况的关注程度对消费者的蔬菜认知有较大影响。杨万江等(2005)运用多元 Logit 模型分析了浙江省城镇居民安全农产品购买行为的影响因素,发现学历、家庭人均月收入、农产品安全关心程度以及安全农产品指标知晓性这几个因素是影响消费者安全农产品购买的主要因素。童晓丽(2006)运用二元 Logit 模型分析了浙江省温州市城镇居民安全农产品购买意愿和购买行为的影响因素。研究发现,风险认知、应对型风险意识、保健型风险意识、医学预防型风险意识、他人意见以及购买氛围对消费者的购买意愿有较大影响;应对型风险意识、风险认知、医学预防型风险意识、购买氛围、他人意见和年龄对消费者安全农产品购买行为有较大影响。尹世久、吴林海(2008)利用山东省 562 个消费者调查数据,基于 TPB 理论构建了消费者网上购物意愿的 Logit 模型。研究发现,文化程度、网络应用技能以及网上购物的安全性等因素对消费者的网上购物意愿有显著影响,而年龄、收入状况和便利性评价等因素影响不显著。王军、徐晓红等(2010)基于吉林省消费者调查数据,运用 Logit 模型分析了消费者购买优质安全猪肉的行为及其影响因素,发现消费者对猪肉质量安全认知能力还比较低,消费者对优质安全猪肉支付溢价幅度不高。购买经历、猪肉质量安全关注度、消费者受教育程度和家庭结构对消费者购买优质安全猪肉行为有显著的正向影响。

(3)其他方面研究

郭红东、蒋文华(2004)基于浙江省农户调查数据分析了影响农民参加农民专业合作社的因素,发现文化程度、农产品的销售比例、农产品卖难问题等与农民参加合作组织的意愿有显著的正相关关系。巩前文、穆向丽等(2010)基于江汉平原 284 份农户的调查数据,利用 Probit 模型分析了影响农户过量施肥风险认知及规避能力的因素,发现性别、文化程度、非农就业人数、土地是否租用、种植年限、是否参加过施肥技术培训等对农户过量施肥风险认知及规避能力有显著影响。王舒娟、张兵(2012)基于江苏省 381 份农户调查问卷,运用 Logit 模型分析了影响农户出售秸秆行为的因素,发现市场条件、农户当前处置秸秆的方式、政府政策以及同伴行为对农户出售秸秆的决策有显著影响。

上述文献主要从生产行为和消费行为两个大的方面对影响农户行为的

因素进行了分析,农户行为的影响因素主要包括农户目标、农户能力、产品因素、兼业因素、资产因素、土地因素、市场因素以及政策制度因素等外部经济环境。其分析的理论基础一般是成本收益理论、效用最大化理论或者计划行为理论。而且,计划行为理论在分析消费者行为意向和行为时,一般而言,农户都在追求基于自身价值观的"效用最大化",而此处农户的价值观又与特定的因素有关(宋圭武,2002)。本书所研究的农户也基于这样的假设:第一,农户是一个"理性人"。农户在农民培训过程中的参与行为,具体说就是参与到什么程度,都会以自身或者家庭组织的利益最大化为目标;第二,农户决策时所考虑的因素不会局限于培训主体的因素,还包含培训主体之外的因素。

2.2　农民参加培训决策行为研究

2.2.1　农民参加培训意愿及其影响因素

(1)农业技能培训

卫龙宝、阮建青(2007)利用浙江省1343份农户调查数据,运用 Logit 模型研究了影响农民参加素质培训意愿的因素,发现家庭劳动力人数、有过培训经历以及对未来的期望收入等因素对农民参训意向有显著的正向影响,土地被征用情况对农民参训意向有显著的负向影响,家庭人均年收入、性别、婚姻状况和文化程度对农民参加培训的愿意没有显著影响。石火培、成新华(2008)根据苏中地区265份农户数据,运用 Logit 模型分析了影响农民接受"新型农民培训"意愿的因素。研究发现,学历、平均收入以及政府负担费用对农民参加培训有显著的正向影响,而年龄、配偶学历、期望培训时间以及家庭成员有没有从事非农工作对农民接受培训的愿意没有显著影响。马文忠(2008)利用南宁市延安镇120份农户调查数据,运用 Logit 模型分析了影响农民参加培训意愿的因素,发现有培训经历、目前月均收入、期望月收入、对培训效果的看法、培训时间的选择与农民培训意愿有显著的正相关关系。年龄、性别、受教育年限、家庭劳动力人数、家庭收入的主要来源、家庭总人数、家庭人均年收入、培训地点、培训是否收费与农民培训意愿无显著的相关关系。柳菲、杨锦绣(2010)基于四川省240份农户调查数据,运用 Logit 模型分析了影响农民培训意愿的因素,发现培训经历、劳动力人数、耕地面积、农民对培训信息的需求,对培训地点、时间的选择等因素对农民培训意愿有显著的正向影响;年龄、培训费用承担比例对农民培训意愿有显著的负向影响。柳菲(2010)基于四川省 240 份农户调查数据,运用 Logit 模型分析了影响农民参加培训意愿的因素,发现年龄、培训经历、劳动力人数、土地经营规模、农民对培训信息的需求、农民对培训地点的选择、农民对培训时间的选择、培训费用承担比例与农民培训意愿有显著的正向影响;性别、婚姻状况、受教育年限、是否村干部、家庭人数、家庭人均年收入与农民培训意愿没有显著的相关关系。赵邦宏、张亮等(2010)利用河北省 415 份农户调查数据,运用 Logit 模型分析了影响农民参加培训意愿的因素,发现年龄、男性、文化程度、村干部、培训内容征求意见、培训通知时间、对培训时间安排合理程度、培训满意度等与农民参训意向有显著的正相关关系。魏树珍(2011)基于四川省 287 户参加过农村实用人才培训的调查数据,运用 Logit 模型分析了影响农民再参训意向和偏好的影响因素,发现年龄对农民再参训的意愿以及参训偏好具有影响;性别、健康状况、学历、务工经历、务农形式、培训经历对农民再参训的偏好有影响。农民家庭劳动力比重对农民再参训的意愿有正向影响;农民家庭人均耕地面积、外出务工人数比重对农民再参训的偏好有影响;农民对培训内容的重视程度对农民再参训的意愿有负向影响;农民认为培训对工作的帮助大小对农民的参训意愿有正向影响;农民认为培训对收入增加的程度以及自身能力提高的程度对农民参训意向和参训偏好都有正向影响。徐金海、蒋乃华等(2011)基于江苏省 800 份农户调查问卷,运用 Logit 模型分析了影响农民参加培训意愿的因素,发现培训经历、农业收入占总收入的比例、农民对农业技术态度、周围农民采用新技术比例、政府对新技术的宣传程度、农业科普开展好、农业科技推广站服务好以及农民对新技术信息的风险承受度与农民参训意向有显著的正向影响;年龄和农业劳动力占家庭人口的比重与农民参加培训的意愿呈显著的正相关关系;性别、文化程度、耕地面积以及地区等因素对农民参训意向没有显著影响。田兴国、陈敏慧等(2012)根据珠三角地区农村农民现代远程教育培训需求的调查问卷,运用 Logit 模型研究了影响农民参加培训意愿的因素,发现文化程度、培训时间、加入合作社、培训费用以及农村远程教育设施数量对农民参训意愿有正向影响,电脑和网络水平、授课时间对农民参训意向有负向影响。

(2)农民工技能培训

黄祖辉、俞宁(2007)基于 674 份农户调查数据,运用 Logit 模型分析了影响农民工技能培训意愿的因素,发现技能培训经历、雇佣关系以及对培训效果的看法等变量对失地农民的培训意愿有显著的正向影响,培训时间对农民培训意愿有显著的负向影响;而性别、年龄、婚姻状况、非农业户籍、劳动力数量、家庭人均年收入以及从事行业等因素对农民培训意愿没有显著影响。杨晓军、陈浩(2008)基于武汉市 492 名农民工的调研数据,运用 Logit 模型分析了影响农民工技能培训意愿的因素,发现女性农民工较男性农民工更倾向于参加培训,年纪较轻的农民工相比年纪较大的农民工更倾向于参加培训,打工年限与培训意愿之间呈现出"倒 U 形"关系,拥有培训经历的农民工相比没有培训经历的农民工而言更愿意参加培训。王玉霞、周曙东(2010)基于江苏省 398 名农村外出务工人员的调研数据,运用 Logit 模型分析了农民参加农村转移劳动力培训意愿的影响因素,发现年龄对农民培训意愿有显著的负向影响,培训效果、培训经历、6 岁以下儿童数量和资质要求对农村转移劳动力培训意愿有显著的正向影响;性别、受教育年限、婚姻状况、家庭人口、60 岁以上人数、现期收入、期望收入、打工年限、相对社会地位、培训费用以及政府补贴等因素对农民参训意向没有显著影响。陈娜菲(2011)根据福建省农民培训的调查数据,运用 Logit 模型研究了影响农民参加培训意愿的因素,发现未婚、文化程度、收入水平、培训对提高工资的帮助程度、培训经历、家乡政府对培训信息的宣传力度、培训内容认可程度以及对培训时间认可程度与农民工参加培训的意愿成正比,年龄与其成反比。汪传艳(2012)利用东莞市农民工调查数据,运用 Logit 模型分析了农民工参与教育培训意愿的影响因素,发现年龄、初次外出务工的年龄、性别、婚姻以及收入状况对农民工参训意向有显著影响;受教育程度、务工年限、换工作次数、所处行业、是否拥有责任田以及对农业的熟悉程度对农民参训意向没有显著影响。

从上述文献来看,研究农民参训意向影响因素的方法普遍是 Logit 模型,影响农民参训意向的因素一般可以归纳为以下几个方面:个体特征、家庭特征、培训经历、培训因素(培训是否收费、培训时间、培训地点等)以及政策制度等。但是在不同研究中影响农民参训意向的因素其影响方向却存在显著差异,有的研究者得出男性相比于女性更倾向于参加培训(赵邦宏、张亮等,2010),而多数研究者认为性别对于参训意向没有影响(卫龙宝、阮建青,2007;黄祖辉、俞宁,2008;徐金海、蒋乃华,2011);年龄、文化程度、家庭劳动力等因素均有这种情况,这可能缘于区域差异,不同区域由于种植传统、基础设施、培训资源等方面存在差异,而使得相同的因素在影响农民参训意向时表现出区域差异。

2.2.2　农民参加培训行为及其影响因素

林毅夫(1998)研究指出,影响农民决策行为的因素包括两个方面:一是自身的主观认知能力;二是外部经济条件。肖欢(2007)从理论上分析得出,制约农民参加培训的因素有农民自身因素、培训主体因素以及制度因素等。曹建民、胡瑞法和黄季焜(2005)基于 753 份农户调查数据,运用 Probit 模型分析了影响农民参加培训的因素,发现是否知道培训、村干部、种植面积、非农劳动力比例对农民参加培训有显著的正向影响,富裕程度与农民参加培训有显著的负向影响,年龄与农民参加培训呈"倒 U 形"关系,户主、性别、受教育程度以及家庭劳动力与农民参加培训没有显著的相关性。高珊、周春芳(2009)的定性研究表明,农民参与实用人才培训的积极性较高,影响参训行为的因素有年龄、文化程度和经营模式等。于敏(2010)基于宁波市 511 份农户调查数据,利用 Tobit 模型研究了影响农民参训行为的因素,发现女性、是否村干部、种植面积以及是否以农业收入为主与农民参加培训有显著的正向影响,受教育年限和年龄对农民参加培训无显著影响。马春林等(2010)基于计划行为理论视角,以湖北省 265 份农户调查数据为例,利用 Logit 模型分析了影响农户科技学习行为的因素,研究得出农民的行为态度、他人影响和文化程度对农民的科技学习行为有显著的正向影响;年龄、土地规模、组织化程度以及销售难易与农民培训意愿没有显著关系。值得一提的是,根据计划行为理论,农民参训认知影响农民参训意向,参训意向影响参训行为,作者没有考虑中间变量,也没有将影响参训意向的其他因素(行为规范、控制认知、过去行为)进行考虑。刘芳、王琛、何忠伟(2010)基于北京市 280 份农户调查数据,运用 Logit 模型分析了农户参加培训决策行为的影响因素,研究得出男性相对于女性、村干部相对于普通农民、山区村相对于平原村而言的农民,以及从事农业的农民相对于其他产业农民而言更倾向于参加农民科技培训;年龄、受教育程度、农业收入水平、经营规模及对培训证书的重视度与参加培训决策呈正相关关系。值得一提的是,这篇论文在处理分类变量时方法不太妥当,例如文化程度、农业收入水平和从事产业是多类别变量,应该转变为虚拟变量进行回归,直接代入方程可能不妥,尤其是对于分类变量"从事产业"而言,这将会造成计量结果的错误解读。高升(2011)依据湖南省 1040 份农户调查数据,运用 Logit 模型分析了农户参加培训决策行为的影响因素,发现农户年龄、家庭收入以及耕地面积与参与培训决策呈负相关关系;农户受教育程度、对培训实用性的评价,以及农户获取培训信息渠道数与参与培训决策呈正相关关系。李恩、张志坚等(2012)基于长春市郊区 290 份农户调查数据,运用 Logit 模型分析了影响农民参加培训的因素,发现年龄对农民参训行为有显著的负向影响,务农收入占家庭总收入的份额、受教育程度、农民对新技术的认知程度、政府支持程度、对农业技术给自身帮助的认知程度、家庭承包耕地面积以及家庭人口数量等对农民参加农业技术培训有显著的正向影响。

从上述文献可以看出,研究农民参训行为的影响因素时一般采用 Logit 模型,也有研究者使用 Tobit 模型,例如于敏(2010)采用 Tobit 模型分析农民培训参训行为。但是 Tobit 模型要求因变量是连续变量,而该文的因变量是有序变量,这可能会影响研究的准确性。影响农民参训行为的因素一般包括以下几个方面:个人特征、农户特征、培训因素、农民对培训认知以及政策支持等。但是,同一因素在不同文献中其影响却有很大差异,以"性别"而言,有的学者研究得出不影响参训行为(曹建民、胡瑞法、黄季焜,2005;高珊、周春芳,2009;马春林,2010),于敏(2010)研究得出女性相比于男性更倾向于参加培训,刘芳、王琛、何忠伟(2010)研究得出男性相比于女性更倾向于参加培训;又如"种养殖面积",高升(2011)研究得出农户经营规模越大越不倾向于参加培训,而多数研究者却得出相反结论(曹建民、胡瑞法、黄季焜,2005;于敏,2010;李恩、张志坚,2012)。

2.2.3 农民培训意愿与行为背离的影响因素

根据已有文献,国内外关于意愿和行为背离的研究比较丰富,既有理论探讨也有实证研究。下面将近些年来主要文献进行梳理和归纳,其目的是了解前人主要在哪些方面研究农户意愿和行为的背离,用什么方法研究,哪些因素影响二者的背离。以便为本书研究农民参训意向与参训行为的背离提供借鉴。

(1)行为意向与行为背离的研究

①理论研究

Ajzen(1991,2001)从理论和经验上分别证实了行为倾向与行为之间具有高度的相关性。行为倾向反映了行为主体愿意付出多大代价(努力、时间、物力和财力等)去执行某种行为,行为主体的行为意向越强,实施行动的可能性就越大,反之亦然。一些学者在研究消费行为倾向与消费行为关系时也得出了相似的结论。Lien 等(2002)运用计划行为理论(TPB)分析了年轻人水果蔬菜消费意愿和消费行为,研究发现消费意愿与消费行为存在显著的正向关系。Blanchard 等(2009)研究也发现,消费意愿与消费行为之间具有很强的正向关系。但是,Conner 和 Armitage(1998)研究发现,一些个体虽然对某项行为持有积极态度并且个体行为的主观规范为正向,但是依然可能不会执行该行为。这主要缘于行为主体在执行某项行为时,不仅受到行为意向的引导和支持,还会受到其他客观因素的影响,例如时间、个体知识和技能等。Hensher 和 Bradley(1993)在研究人们对交通工具的选择时发现,消费者的行为意向与行为之间存在互补性。Verhoef 和 Franses (2003)在研究荷兰消费者有关金融产品的购买意向与现实选择时发现,消费者的行为意向与现实选择之间存在背离,如果将影响消费者行为意向与行为的因素结合在一起来预测消费者行为将会更有效。柯水发(2007)研究指出,态度与行为之间经常会出现背离的现象,其原因主要有两个方面:一是态度量表和调查方法问题;二是态度到行为的转变过程中受到中介变量的影响,中介因素主要包括个体心理因素、人格因素以及社会环境因素。并进一步指出,如果态度是强烈的、明确的;如果态度体系中不存在矛盾的或冲突的态度;如果个体能力越强,自我实现抱负越高,这三种情况下态度与行为一致性较高。如果强有力的群体舆论压力与个体态度不一致;如果个体为表现某种态度所付出的代价高于行为目标的价值;如果几种态度与一种特定的行为相联系,或者几种行为与一种特定的态度相联系,而且在若干态度或行为之间又存在冲突,这三种情况都会引发态度与行为的背离,而且有可能出现态度与行为的严重背离。

上述文献表明,行为者的行为是行为者在行为意向的指引下,通过对心理因素、主体性因素和客观因素的综合考量而做出的一种社会行动。从行为者行为的形成(行动准备)到行为的发生并不是一种简单的因果关系,中间还受到一些外部客观因素的影响,不同的影响因素以及影响程度造就了行为意向与行为关系的多样性。

②实证研究

生产领域,农民种植意愿与种植行为背离的研究。周洁红、姜励卿(2007)研究发现,被调查农户参与追溯意愿与参与追溯制度行为存在一定程度的背离,而且这种背离也体现在二者影响因素上的差异。出现二者背离的原因主要是农产品质量安全追溯制度激励不足所致。吕美晔(2009)利用 412 份江苏省的有效调查问卷,借助 Logit 模型分析了菜农的种植意愿转化为种植行为的影响因素,研究发现菜农土地资源越丰富、菜农资金获取能力越强、菜农种植技术获取能力越强、销售渠道越稳定与便捷、政策支持力度越大则有助于菜农种植意愿转化为行为,而菜农水资源约束越强则会阻碍意愿转化为行为。傅新红、宋汉庭(2010)通过分析四川省 406 份农户调查数据,发现生物农药的购买意愿和购买行为具有一定差异,并且运用 Logit 模型分别研究了影响农户购买生物农药意愿和行为的因素,发现性别和受教育程度均对购买意愿和购买行为有显著影响,其余在购买意愿模型中的显著变量在购买行为模型中均无显著影响。

投资领域,农户参保意愿与参保行为背离的研究。樊桦(2003)利用 6 省 20455 份农户调查数据分析了农民支付能力和支付意愿,研究发现农民的支付能力与支付意愿存在差异,支付能力越强的农户参加农村合作医疗的意愿并不强,这主要缘于这部分农户从非农业获得的收入占家庭收入的比重非常高,具有较强经济实力的家庭通过家庭内部消化疾病风险能力也大大增强,同时农村合作医疗的交易费用高,这两方面的原因抑制了他们对农村合作医疗的需求。李慧敏(2009)基于山东潍坊市 256 份农户问卷数据,运用交叉列联表等分析工具研究了农民参保意愿与参保行为的关系,发现农民的参保意愿与参保行为总体上是一致的,但存在意愿与行为背离现象,这主要因为农民参与方式的差异、新型农村合作医疗的低筹资水平不同以及农民对医疗保障模式的偏好不同所致。并将农民参保意愿和参保行为的关系分为四种类型:主动参与型、被动参与型、积极观望型和消极规避型。林本喜、王永礼(2012)基于福建省 600 多份农户调查数据,采用二元 Logit 模型分别对影响农民参保意愿和参保行为的因素进行回归,然后对比分析影响参保意愿和参保行为显著的因素,找出导致二者差异的原因。研究发现,对农民参保意愿和参保行为都有影响的因素有:对新农保的认识、区域及其他因素;仅影响农民参保意愿的因素有:婚姻和家庭收入;仅影响农民参保行为的因素有:性别、文化程度,以及家庭人均耕地和老人养老模式。

消费领域,消费者消费意愿与消费行为背离的研究。陈志颖(2006)根据北京市 366 份消费者消费无公害农产品意愿和行为问卷数据,分析得出消费者消费无公害农产品的意愿和行为存在较大差距。并运用 Logit 模型对比研究了影响消费者购买无公害农产品意愿和行为的因素,发现购买能力、购买地点、对无公害农产品标签的信任以及对产品了解等因素对购买意愿有显著影响,但是对购买行为没有显著影响,这些因素可能导致意愿与行为的差异。靳明、赵昶(2008)根据浙江省绿色农产品消费调查数据,运用结构方程分析了绿色农产品消费意愿和消费行为的影响因素及二者关系,发现绿色农产品消费意愿较高但未有效地转化为实际消费行为,二者存在较高程度的背离,这主要是因为绿色农产品供求中质量信息不对称导致市场失灵所致。消费者意愿溢价在不同年龄、地区、职业和收入水平的消费者之间存在显著差异;消费者的绿色农产品消费支出比例受文化程度、收入等因素影响。何吉多(2009)基于武汉市洪山区 198 份公众问卷数据,分析了公众参与转基因食品安全管理的意愿和行为,发现不同特征的公众参与转基因食品安全管理的意愿和行为存在明显差异,运用多元线性模型分别分析了影响公众参与意愿和参与行为的因素,发现年龄和受教育程度对参与意愿有显著的负向影响,生物知识、政策法规、参与渠道以及信息对参与意愿有显著的正向影响。受教育程度、参与渠道、政策法规、生物知识以及信息对公众的参与行为有显著的正向影响。影响意愿与行为背离的原因可能是受教育程度和年龄。唐学玉等(2010)以南京市场消费者为样本,运用 Logit 模型分析了安全农产品的消费动机对消费行为的影响,发现消费行为意向对安全农产品消费行为有显著的正向关系,二者存在高度的一致性,有消费意愿者的安全农产品消费行为要远高于没有消费意愿者,安全农产品的感知质量越高,消费越积极。韩青(2011)基于北京市 614 份消费者调查问卷数据,运用 Logit 模型分析了影响消费者对生鲜认证猪肉消费意向与消费行为一致性的因素,发现消费者消费意向与消费行为之间存在显著背离。消费者受教育程度、家中是否有 18 岁以下的孩子、消费者家庭月收入和家庭人口规模等是影响其自述偏好与现实选择一致性的因素。意愿支付价格、认证农产品的了解程度以及质量安全认证知识对消费意向与消费行为的一致性存在显著的正向关系。此外,消费者的食品质量安全意识和其所感知到的质量安全隐患等变量也会较显著地影响自述偏好与现实选择的一致性。万松钱、鞠芳辉(2012)基于 368 份在校大学生的调查问卷,运用交叉列联表和单因素方差分析等方法,研究发现消费者的卷入程度、感知效力以及确定性与购买绿色产品的态度呈正相关,并依次与购买意向有显著的正向关系;低水平的感知可获性则解释了有积极的购买绿色产品的态度却没有购买意向;而社会规则解释了没有积极购买态度的消费者为什么有购买意向。

生育领域,育龄妇女生育意愿与生育行为背离的研究。宋健、陈芳(2010)利用 2009 年 4 个城市的调查数据,运用交叉列联表从时间、数量和性别三个方面分析了生育意愿与生育行为的背离,城市青年中确实存在生育意愿与行为背离的现象,行为未达意愿是主导;运用 Logit 模型分析了影响意愿与行为背离的因素,发现初育年龄、流动状况及性别因素对生育意愿与行为的背离有显著影响。关于生育意愿与生育水平之间关系的研究中,一些学者发现二者存在背离现象(顾宝昌,2007;杨菊华,2008;茅倬彦,2009;宋健、陈芳,2010;郑真真,2011;杨菊花,2011)。杨菊花(2011)指出,背离主要缘于社会、个体生理、制度和环境等方面互动的结果。

其他领域,例如土地流转中农户流转意愿和流转行为的背离、农户参与农民合作社的意愿和行为背离、群体性事件中公民参与意愿和参与行为的背离等。钟菲(2010)依据重庆市北碚区静观镇 193 份农户调查数据,分析了农户农地使用权流转的意愿和行为,研究发现意愿和行为存在差异,其中主要原因在于政府的干预。马彦丽、施轶坤(2012)利用 13 个合作社 340 份农户数据,使用因子分析和 Logit 模型分析了农户加入合作社的意愿和行为及其影响因素,发现农户入社行为与入社意愿存在差异,这主要因为农户对合作社的态度认知和外部环境因素的影响,加强合作社知识宣传对农户的入社意愿和行为有显著正向影响;受教育程度低且兼业特征明显的弱势农户更愿意加入合作社。刘传江等(2012)通过对 2010 年湖北省流动人口动态监测数据的分析,发现农民工参与群体性事件的意愿和行动存在不一致性,农民工个体因素差异是影响其意愿选择的重要原因,而参与意愿能否转化为行动主要受政府行为选择的影响。

上述文献表明,目前研究意愿与行为背离的文献主要集中于生产领域、投资领域、消费领域以及生育领域等,在这些领域中意愿和行为的背离是一种常见问题,其影响因素大致可以归纳为个体特征、家庭禀赋、行为对象以及外部环境等。

③研究方法

已有文献在研究行为意愿和行为背离的原因时,一般采用以下三种方法:一是,分别对意愿和行为的影响因素进行 Logistic 回归(陈志颖,2006;周洁红、姜励卿,2007;傅新红、宋汉庭,2010;林本喜、王永礼,2012;马彦丽、施轶坤,2012),通过对比分析影响意愿和行为自变量的差异,寻找意愿和行为背离的原因。这种研究方法不够严谨、科学,甚至可能造成谬误。因为意愿和行为本身就是两个不同的因变量,所以影响二者的因素本身就有可能存在差异,不能用由于两个因变量自身的差异而引发的自变量差异来解释意愿和行为的差异。二是,将意愿与行为背离与否作为一个因变量,背离=0,不背离=1,因变量(意愿和行为背离与否)则是一个两分类变量(有时可能将意愿和行为划分为四类:有意愿有行为、有意愿无行为、无意愿有行为、无意愿无行为)(宋健、陈芳,2010),然后运用分类计量模型(Logit 或 Probit 或者多分类模型)分析影响意愿和行为背离的原因(吕美晔,2009;韩青,2011)。三是,运用交叉列联表以及 T 检验等方法对比分析,得出意愿与行为差异的原因(李慧敏,2009;万松钱、鞠芳辉,2012)。第二种方法比较科学、严谨,本书将采用这种方法。

(2)农民参训意向与参训行为背离的研究

刘平青、姜长云(2005)调查发现,尽管农民工培训愿望强烈,但付诸行动的较少,最后实现意愿的更少,培训费用是影响农民工最后是否参加培训的主要原因。朱时建、潘贤春等(2006)基于杭州市农民培训调查得出,69.74%的农民愿意参加培训,但每年参加培训的仅有 9.82%,主要原因是供给不足和供求错位,42.11%的农民认为当地没有自己需要的培训。张翠莲(2008)也指出,农民工在足够理性的情况下是愿意参加培训的,对于安全生产培训、城市文明培训和职业技能培训意愿较强。虽然培训意愿强烈,但是没有承担能力,主要表现在:人力资本存量低,接受新知识的能力比较低;培训费用高昂,缺乏承担培训费的实力。王秀华(2010)通过对丽水市农民培训的调查发现,85.0%的农民愿意参加培训,34.8%的农民参加过农技知识培训,出现意愿和行为背离的原因主要是供给不足;赵邦宏等(2012)通过对全国 3404 份农户样本分析得出,77.12%的农民愿意参加培训,但仅有31.62%参加了培训,导致参训意向与参训行为背离的原因是培训供给错位。

上面的文献梳理和归纳表明,已有文献对农民参训意向和参训行为的影响因素进行了较为丰富的研究,但是在具体影响因素方面存在较大争议;以往研究没有将农民参训意向和参训行为纳入统一的理论分析框架进行分析,因而也没有研究参训意向对参训行为的影响,更没有研究参训意向转化为参训行为的制约因素,这恰恰是农民参训意向和参训行为背离的原因;已有文献对农民参训意向和参训行为背离的研究还仅仅停留在现状描述,对其背离原因的研究缺乏经济计量分析,这使得无法准确找出影响农民参训意向和行为背离的因素,也不清楚到底哪些因素真正影响培训意愿与参训行为的背离以及影响方向和程度。因此,本书借助计划行为理论,结合我国农民培训的实际情况,构建农民参加农业技能培训的决策模型,剖析农民参训决策的形成机理,揭示参训意向转化为参训行为的制约因素,为化解参训意向与参训行为的背离提供政策建议。

2.3　农民培训绩效研究

2.3.1　关于农民培训绩效总体分析

农民教育培训的绩效评价是农民教育培训工作中的重要一环,是衡量农民教育培训工作成功与否的一把尺子,也是政府和有关部门对农民教育培训工作进行宏观决策和微观管理的重要依据(张社梅,2003)。国内学者针对农民教育培训绩效进行了相关研究,并取得了一批具有影响力的研究成果。但是,目前的研究成果对农民培训的绩效还存在一定争议。一些专家学者研究认为,农民培训对农民增收的效果比较显著。例如,周逸先、崔玉平(2001)研究发现,农民教育培训无论是对增加农户的人均收入还是对提高劳动者的个人收入都有显著的正向影响。姜长云(2005)进一步指出,农民培训不仅能够解决农民技术的缺乏问题还可以增加农民的创业技能,而且农民教育培训对农村经济发展和农民收入都具有显著的正向影响。陈华宁(2007)通过对参与培训和未参与培训两组农民收入的对比分析,得出培训对农户采用新技术能力、农作物产量和家庭收入增加有显著影响的结论。辛岭(2007)研究指出,培训作为人力资本的重要形式对农民收入产生很大的影响。另一些学者则认为,目前农民培训对农民增收的作用很小。徐金海、蒋乃华等(2009)研究发现,培训能够使农民掌握农业种养新品种、新技术,但真正能在生产实际中加以应用的比例还不高,农民培训对农民增收虽然有作用,但是作用非常小。甘俊祎等(2009)指出,目前农民培训工程依然以政府主导为主,乡镇政府安排农民参加培训,而不是农民自愿报名参加培训,这使得一些培训并不是农民所需要的,导致农民培训的效果并不理想。王秀华(2010)研究指出,有些培训机构条件简陋、师资短缺、教学管理不规范、课程设置随意、重形式轻实效,致使培训效果不理想,有的农民虽然参加了培训,甚至拿到了绿色证书和职业技能等级证书,但并未学到实用的技能。赵邦宏、张亮(2011)根据问卷调查也得出,由于培训供给错位致使农民培训的效果并不理想。赵树凯(2011)通过实地调研指出,"政府主导开展的农民培训项目绩效较差",他将农民工培训绩效存在的问题概括为:培训时间短、形式主义严重、培训内容偏离农民需求(想学的内容不教,不想学的内容强行教)、课程教学实用性差。他用"演戏"来形容目前农民培训的实施过程,也就是"农民工表演农民工培训"。这样的农民培训不仅浪费资源、滋生腐败,更为重要的是戏剧化培训破坏了农民工对基层政府的信任与依赖,一旦农民不信任培训工作,以后再开展农民培训工作就会更加困难。从上述文献来看,目前学术界对农民培训绩效(农民培训对农民增收、发展现代农业和建设社会主义新农村的作用)还存在争议,这可能是调查样本、培训项目等差异所致,也可能是研究方法的差异所致。目前农民培训项目多且形式多样,既有"阳光工程"、"新型农民科技培训工程"、"绿色证书工程"、"学历教育"等系统性培训,也有"一事一训"等短期培训;研究培训绩效的方法多侧重于描述性统计分析,缺乏科学有效的计量方法,这些都影响了农民培训绩效研究的科学性和准确性。农民培训绩效不仅关系着农民培训政策的制定和调整,更关系着农民生产技能水平的高低,影响农民从事农业生产的水平和效率。因此,有必要对农民培训绩效进行更为深入和细致的研究,以便为相关政府部门制定政策、法规提供决策依据。可以从培训项目和研究方法两个方面进行突破,对不同培训项目采取与之相适宜的研究方法进行研究,以便得出科学准确的结论。

2.3.2　农民培训绩效测量指标的研究

已有文献主要利用一组评价指标、评价指标体系和单一评价指标三种方法对农民培训绩效进行评价。

(1)利用一组评价指标衡量或者评价农民培训效果

其中具有代表性的是张景林(2005)、徐金海等(2011)和李彬(2011)。张景林(2005)评价跨世纪青年农民科技培训项目的效果时,从农业收入、农户应用技术能力和农民组织化程度等三个维度进行评价,研究得出农民科技培训对农业收入、农户应用技术能力和农民组织化程度都有显著影响。丁林(2008)在对四川新型农民科技培训绩效及其影响因素研究时,从农户家庭农业收入、农民应用技术能力、农民经营管理水平以及农民思想文化素质等四个方面评估农民科技培训的效果,并对影响培训效果的因素进行了分析。徐金海、蒋乃华、秦伟伟(2011)研究江苏省农业科技培训的绩效时,选择了技术掌握程度、经营能力提升、新技术采用项数、产量增加幅度以及农业收入提高等五个指标作为测量指标。王子珍(2008)在研究云南农民科技培训的效率时,采用培训前后的农民人均收入、农业种植业结构调整程度(粮食作物、经济作物以及其他作物种植面积的变化)、培训人数和农民文化程度等指标。需要指出的是,对于培训前后农民文化程度的变化并不能归为受训农民的培训效果,农民受教育程度的提高不是培训与否能左右的,尤其是在短期内更不可能。张扬(2009)从农户种植规模、文化程度、职业变化程度和农业收入等四个方面对河南省参加农业科技培训的农民进行评估,并进一步研究了影响农民培训效果的因素及今后的政策取向。李彬(2011)在研究潍坊市农民科技培训效果时,从两个维度进行测量:一是测量培训对提高农户收入的作用,采用培训前后农户年均收入、农户年均收入总增长率、逐年增长率作为测量指标;二是测量培训对农民在农业生产中的作用,采用参训农民对培训作用的认知度、参加农民合作经济组织人数和比例作为测量指标。

(2)采用评价指标体系

其中具有代表性的是高翠玲(2006)。她通过建立农民培训效果评价指标体系评价农民培训效果,该评价指标体系包括 3 个一级指标、9 个二级指标,其中人才效益指标包括知识理解度和行为改变率两个测量指标,经济效益指标包括单位产量增长率、单位收入增长率、劳均产量增长率、单位产量增长率差异和单位收入增长率差异等五个测量指标,社会效益包括组织化程度和参与度两个指标。

(3)采用单一评价指标

其中具有代表性的是王海港、黄少安等(2009)、周亚虹、许玲丽等(2010)和李静、谢丽君等(2013)。周亚虹、许玲丽、夏正青(2010)在研究农村职业教育对农村家庭收入的影响时,采用家庭净收入作为衡量指标,研究发现农村职业教育对于农村家庭收入有着显著的作用,平均回报率约为27%,与国际上 10%的年平均回报率基本一致。王海港、黄少安等(2009)在研究广州市职业技能培训对非农收入的影响时,采用农民年工资作为衡量培训绩效的指标。研究发现,农民的不可观察变量在农民参训决策和收入获得中起了非常重要的作用;不可观察变量使得那些最有可能参加培训的农民从培训中获得的边际收益最低,反而那些不太可能参加培训的农民其参训的边际收益最高;参训者的处理效应低于平均处理效应,平均处理效应又低于未参训者的处理效应(也就是说,参训者的平均收入低于所有调查者的平均收入,所有调查者的平均收入低于未参训者的平均收入)。程萍、李兴绪等(2012)在研究红河州劳动力培训的效应时,采用农户人均收入单一指标作为测量指标。研究得出,劳动力培训能够提高农户的收入水平,但效果并不显著,农户从培训中获得的收益仅为 2.5%,说明目前的培训效果有待加强。赵海(2013)在研究教育和培训的回报时,采用"平均小时工资"作为测量指标,然后运用明瑟收入方程研究人力资本回报率。研究发现,农村劳动力非农工资的教育回报率为2.3%,与未参加培训的农民相比,参训农民的收入要高21.0%。但是,该研究在分析教育和培训的回报率时,没有同时将二者纳入模型,而是分别纳入模型,这样可能会导致无法准确比较教育和培训的回报率。

根据上面的文献分析,从主观指标和客观指标两个方面对农民培训绩效的测量指标进行归纳,如表2-2所示。

表 2-2　农民培训绩效的测量指标

类型	测量指标	相关学者
客观指标1	培训前后的农户收入、农户收入增长率和逐年增长率、单位产量增长率、产量增加幅度、单位收入增长率、劳均产量增长率、单位产量增长率差异和单位收入增长率差异	王海港等(2009),周亚虹等(2010),程萍(2012),丁林(2008),张扬(2009),高翠玲(2006),赵海(2013)
客观指标2	应用技术能力、经营管理水平、思想文化素质、组织化程度和参与度、农作物种植面积、知识理解度、行为改变率、文化程度、职业变化程度、技术掌握程度、经营能力提升、新技术采用项数	张景林、刘永功(2005),高翠玲(2006),李彬(2011),王子珍(2007),徐金海等(2011)
主观指标1	培训内容、培训方式、培训老师、培训时间、培训地点、培训长度、培训组织实施、培训设施适合程度、培训效果满意度、培训预期目标实现、培训受益程度(采用李克特量表进行测度)	张景林、刘永功(2005),于敏(2010),徐金海等(2010),李彬(2011),戴烽(2009)
主观指标2	培训效果预期评价指标:生产技能提高、生活满意度、提高工作地位提升	戴烽(2009),张景林、刘永功(2005)

2.3.3　农民培训效果影响因素的研究

张景林(2005)通过对不同区域、不同产业的农民培训效果及其影响因素的研究发现,受教育程度、年龄等个人因素,培训方式方法等培训主体因素,以及地方产业政策等外部环境条件是影响培训效果的重要因素。张扬(2009)进一步指出,农民的文化水平、接受能力等个人因素影响农民培训效果且与培训需求存在显著的正向关系;培训内容、培训方式和教师水平等培训主体因素也在不同程度上影响培训效果,而且培训内容是影响培训效果最为主要的因素;配套的扶持政策也是影响培训效果的因素。

高翠玲(2006)以河北藁城市无公害番茄栽培技术培训项目为对象分析

了影响培训效果的因素,发现农民对培训的认知程度、培训方式、培训内容、培训教师以及培训的计划管理等都会直接影响培训的效果。丁林(2008)通过对四川新型农民科技培训绩效分析得出,影响培训绩效的因素是多方面的,既有农民个人因素也有培训项目因素,既有外部环境因素也有评价制度因素。在这些因素中,农民受教育程度关系根本,培训项目中的教师水平、组织效率和设施状况的重要地位和满意度低的矛盾十分突出。这些研究均是从农民自我评价的角度研究影响农民培训效果的因素,没有进行经济计量分析,使得研究结果不仅缺乏严谨性和科学性,更为重要的是不知道哪些因素真正影响培训效果以及影响程度,无法据此对农民培训的政策和制度进行调整,难以优化培训方案的设计和培训组织实施。

李玉高、邵长芹(2006)研究指出,培训内容直接影响培训效果;受教育程度、生产经验、经营规模和素质状况等各方面差别较大会对培训效果产生影响;由于农业生产周期较长,生产中容易发生风雹、洪涝、干旱及病虫害等,环境因素往往也会影响培训效果在生产实践中的作用。因此,评估农业生产技术培训的效果应该从受训农民、培训内容、培训方式和环境因素四方面进行评估。

李冬青(2009)分析了性别、年龄、文化程度对学习满意度的差异性,得出女性的满意度高于男性,文化程度越低、学习满意度越低的结论。于敏(2010)基于宁波市 511 份农户问卷,利用多元线性回归模型分析了农民培训满意度的影响因素,发现固定培训场所、培训内容是农业生产技术、培训前征询被培训者的意见、培训教师是专家等因素与农民培训满意度呈正向关系。

徐金海、蒋乃华等(2011)通过建立结构方程指出培训机构供给服务对培训绩效有显著的正向影响,而培训机构提供足够培训时间、提升培训软硬件服务水平、选择合适的培训方式、遴选优质培训师资以及优化培训内容等供给服务有利于提高培训的效果。

池善聚、殷晓蓉等(2011)通过对南京市六合区实施农民科技培训工程分析发现,在培训过程中存在培训师资匮乏、培训对象知识水平不高、培训内容面窄和培训投入不足等问题,这些问题在不同程度上影响了农民科技培训工程的效果。

根据上面的文献分析,现将农民培训绩效的影响因素归纳为以下四个方面,如表 2-3 所示。

表 2-3　影响农民培训绩效的因素及测量指标

影响因素	相关指标	相关学者
个人因素	性别、年龄、受教育年限、接受能力、资金条件、是否村干部、是否党员、培训经历等	李冬青（2009），丁林（2008），张扬（2009），徐敏（2010），张景林、刘永功（2005）
外部因素	培训技术涉及的产品市场前景、政府对培训重视程度、政府的配套政策、政府对培训的宣传力度、培训资金	丁林（2008），张扬（2009），徐敏（2010），李彬（2011），张景林、刘永功（2005）
培训本身	培训内容、培训方式、师资水平、培训设备、培训时间安排、培训时间长度、培训地点、培训机构	李冬青（2009），丁林（2008），张扬（2009），徐敏（2010），李彬（2011），陈友斌、姜顺权、彭放（2009），张景林、刘永功（2005）
农户特征	种养类型、种养规模、种养年限、是否加入合作社	李彬（2011），张景林、刘永功（2005）

2.4　文献评述

上述文献研究表明：

第一，拓展的计划行为理论能够有效地解释农户的决策行为，由于农民参加农业技能培训的决策，从本质上讲也是研究人的意愿和行为。因此，可以借助计划行为理论工具对农民的参训决策进行研究。

第二，影响农民参训意向的因素主要有以下几个方面：个体特征（性别、年龄、受教育年限、是否村干部、培训经历等）、家庭特征（耕地面积、人口数量、劳动力数量、作物种类、是否参加合作社等）、培训因素（培训内容、培训时间、培训地点等）以及政策制度等。但是，在不同研究中影响农民参训意向的因素其影响方向却存在显著差异，为了提高政策的针对性，有必要对浙江省不同区域农民参训意向的影响因素进行研究。此外，目前鲜有研究心理变量对农民参训意向的影响。行为经济学研究表明，心理变量对行为意愿的形成起着至关重要的作用，研究心理变量对农民参训意向形成的影响，有助于揭示农民参训决策形成的内在机理。因此，本研究将重点从心理变量考察农民参训决策形成的内在机理。

第三，前人研究农民的参训行为往往将其简化为"是否参加培训"，这虽然便于计量分析但却使得研究结果不能准确揭示影响农民参训行为的因素,因为简化的参训行为(是否参加培训)与真实的参训行为(参训频率)存在本质性差异,前者刻画的是影响参训决策的因素,后者刻画的是影响参训次数的因素。在培育新型农民的背景下,持续性地参加培训更有助于提高农民的科技文化素质,有助于培育新型职业农民。因此,本研究更为关注影响农民参训频次的因素。

第四,影响农民参训行为的因素一般包括以下几个方面:个人特征、农户特征、培训因素、农民对培训认知以及政策支持等。但是,同一因素在不同文献中其影响方向却有很大差异。此外,根据行为经济学,行为者的行为是行为者在行为意愿的指引下,通过对心理因素、主体性因素、客观因素的综合考量而作出的一种社会行动。因此,农民的参训意向对农民的参训行为有着重要影响,但是,已有研究缺乏对参训意向影响参训行为的分析。

第五,行为者行为的形成(行动准备)到行为的发生并不是一种简单的因果关系,中间还受到一些外部客观因素的影响,不同的影响因素以及影响程度造就了行为意愿与行为关系的多样性。文献研究表明,在生产、投资、消费以及生育等领域普遍存在参训意向与参训行为的偏离,导致行为意愿与行为偏离的因素大致可以归纳为个体特征、家庭禀赋、行为对象和外部环境等。目前,农民参训意向与参训行为呈现出显著的背离,但对二者背离的原因分析尚处于现状描述阶段,缺乏深入系统的研究,尤其是经济计量分析,这使得无法准确找出制约农民参训意向转化为参训行为的因素,更不清楚影响因素的方向和强度。

第六,前人对农民参训意向和参训行为影响因素的研究主要采用 Logit 模型和 Probit 模型,也有学者采用 Tobit 模型(于敏,2010),这些方法在一定程度上刻画了影响农民参训意向和参训行为的因素。但是,上述研究影响参训意向的方法不能揭示变量对农民参训意向的影响路径。本研究拟采用结构方程(SEM)研究心理变量对农民参训意向的影响,力图揭示心理变量对农民参训意向影响的路径、方向及程度。此外,以往研究农民的参训行为往往将其简化为"是否参加培训",并采用 Logit 模型和 Probit 模型研究影响农民是否参加培训的因素。而对于研究影响农民参训频次的因素,有的学者(于敏,2010)采用 Tobit 模型,但是该模型要求其因变量是连续变量,而农民参训频次是离散的计数变量,应该选择计数模型更为准确。因此,本研究拟采用计数模型研究影响农民参训行为的因素。

第七,农民农业技能培训绩效研究。国内学者针对农民教育培训绩效进行了相关研究,并取得了一系列具有影响力的研究成果。但是,关于农民培训对农民收入的影响还存在一定争议,今后应对不同培训项目采取与之相适宜的研究方法进行研究,以便得出科学准确的结论。此外,现有研究侧重于培训结果评价,而对培训组织实施的过程成效研究不足,而科学、合理、有效的培训组织实施过程是取得良好培训效果的基础和保障。因此,非常有必要对农业技能培训的组织实施过程进行评价。现有文献鲜有涉及参训意向以及参训意向与行为背离对培训绩效的影响。

总之,已有文献对农民参训意向和参训行为的影响因素进行了较为丰富的研究,但是在具体影响因素方面存在较大争议,而且没有研究心理变量对农民参训意向的影响;以往研究没有将农民参训意向和参训行为纳入统一的理论分析框架进行分析,也没有研究参训意向对参训行为的影响方向及影响程度,更没有研究制约参训意向转化为参训行为的因素及其作用机制,这恰恰是揭示农民参训决策形成机理的核心内容;以往研究鲜有将参训意向与参训绩效联系起来进行研究,也没有考察农业技能培训是否存在选择偏差和分类收益。因此,本研究借助计划行为理论,结合我国农民培训的实际情况,构建农民参加农业技能培训的决策模型,剖析农民参训决策的形成机理,揭示参训意向转化为参训行为过程及转化机制,研究可观测变量与不可观测变量对农民参加农业技能培训决策的影响,为促进浙江省农民将参训意向转化为参训行为、提高农民参加农业技能培训比例提供政策建议。

第3章 理论基础与分析框架

为了全面系统地分析农民参加农业技能培训的过程以及影响因素,揭示农民参训决策的形成机理,本章借助计划行为理论、拓展的计划行为理论、信息不对称理论等,并结合第 2 章的相关文献研究以及我国农民参加培训的实际情况,构建农民参加农业技能培训的决策模型,将农民参训意向、参训行为纳入统一的分析框架下进行研究,以便分析农民参训决策的形成机理和影响参训决策的因素。本章首先介绍农民参训决策模型构建的理论基础;然后,提出农民参训决策模型构建的目标,进而提出农民参训决策的概念模型;最后,基于概念模型提出研究假说。

3.1 理论基础

3.1.1 计划行为理论

探究人类行为的决定因素一直是社会科学和行为科学领域中一个极为重要的研究主题。由于计划行为理论考虑了非完全意志控制的情形,而成为研究该问题的最为重要和广泛使用的理论模型。实证研究表明,该理论能有效预测实际环境中的各种行为(Ajzen,1991,2001;Lien,2002;Blanchard,2009;唐学玉等,2010;罗丞,2010;陈雨生、房瑞景,2011)。计划行为理论(Theory of Planned Behavior,TBP)由多属性态度理论和理性行为理论(Fishbein & Ajzen,1975;Ajzen & Fishbein,1980)结合发展而来。计划行为理论认为,人的行为被三种信念引导:行为信念、标准信念和控制信念。(1)行为信念产生了行为态度,并且引导出各种可能性的行为;行为态度是指行为个体对执行某种特定行为喜爱或不喜爱程度的评估。(2)标准信念源于社会压力和个人标准,标准信念产生主观规范;主观规范是指个人采取某种特定行为时所感知到的社会压力。影响行为意向形成的社会因素主要包含了两种主观规范:一是指令性规范,指的是对个体重要的人认为个体应该执行某种行为;二是示范性规范,指的是对个体重要的人自己就是这样做的(Rhodes et al.,2006)。(3)控制信念引起动作控制的感知,也就是认识到行为实现的难易程度;动作控制感知是指个人预期采取某一行为时自己感受到可以控制的程度,通常反映个人过去经验或预期的阻碍,包括内在控制因素(例如个人缺点、技术和能力等)和外在控制因素(例如机会、障碍等)(段文婷、江光荣,2008;余莉,2008;陈雨生、房瑞景,2011)。而行为态度、主观标准和动作控制感知三者决定了行为的意向。行为意向是指行为个体执行某种行为的动机(Ajzen,1991)。Gollwitzer(2001)指出,人的行为发生之前有两个阶段:一是运筹阶段,行为人主要思考行为目标,进而形成目标意向;二是执行阶段,行为人将根据目标意向决定何时、何地、怎样执行计划,即执行意向。执行意向是目标意向与行为之间的中介变量。当时机到来时,行为意向直接决定个人行为。因此,通过对行为信念、主观信念和控制信念的分析,可以解释和预测行为意向,当时机到来的时候可以采用控制手段调整个人行为。但这个控制手段是有成本的,所以相似的态度产生的行为可能是不同的。计划行为理论主要的基本假设为:个人的某种行为意向是当时该行为发生的立即决定因子,性别、年龄、职业、人格和个性等变量对行为意向没有直接影响,这些变量都是经由行为态度、主观规范和动作控制认知才会对行为意向产生间接的影响(Ajzen & Fishbein,1980)。该理论(TPB)可以用结构模型图 3-1 来表示。

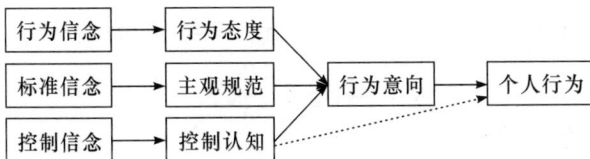

图 3-1 计划行为理论结构模型

3.1.2 拓展的计划行为理论

尽管计划行为理论(TPB)在预测人的行为意向和行为方面得到了大量的实证支持(Sutton,1998;Beedell & Rehman,1999),并且被用来研究不同的人类行为,但是计划行为理论也遭到许多学者的质疑。Plight 和 Vries(1995)认为,行为意向和行为之间因为一些障碍因素或个体技能的缺失而变得复杂,农户行为不仅受到行为意向的影响,还受到其他障碍因素和个体技能的影响。因此,他们建议在计划行为模型中加入障碍因素和个体技能因素。此外,过去行为也会影响行为意向的形成和行为的发生,而且过去行为对行为意向的影响是直接的,无需通过行为控制认知这一中介变量,因此应将过去行为作为独立变量引入行为决策模型(Bagozzi & Kimmel,1995;Plight & Vries,1995;Conner & Armitage ,1998)。经过修正后的计划行为理论结构如图 3-2 所示。

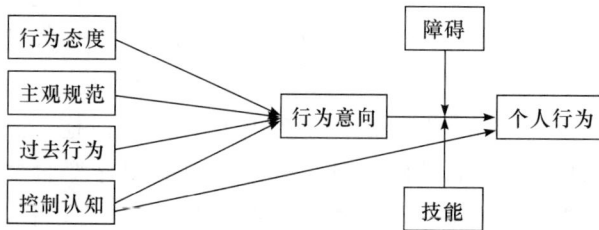

图 3-2 拓展的计划行为理论结构模型

Lynne 和 Roal(1988)研究指出,以往的农户行为研究没有将农户的心理过程和经济决策过程结合起来纳入一个系统的理论分析框架,他们建议在社会心理变量和经济变量之间建立一种联系。Willock,Deary 和 McGregor 等(1999)指出,研究农户决策行为不但要考虑社会心理因素,而且应该将更广范围内影响农户行为的因素纳入研究范畴,他们构建了更具有实际应用价值的农户决策模型,如图 3-3 所示。

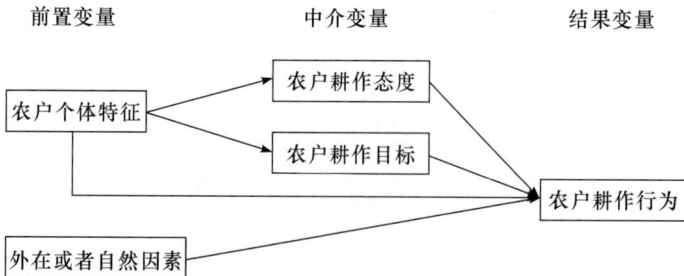

图 3-3 基于计划行为理论的农户决策模型

不断修正和拓展的计划行为理论通过对个体行为态度、行为意图与行为关系的研究,揭示了个体行为产生的机理。该理论为人们解释特别是预见行为提供了具体的分析模型和范式,并在实践中得到了很好的验证,因而得到了广泛的应用。由于农户决策和社会心理学之间存在着紧密的联系,所以该分析模型和分析范式迅速被农业经济学和社会心理学研究者运用到农业研究领域(Burton Rob,2004)。国外实证研究表明,拓展的计划行为理论能够有效地解释农户的决策行为。而且,Bontempo 和 Rivero(1992)研究表明,计划行为理论具有良好的跨文化适用性。Bagozzi 等(2000)研究发现,计划行为理论在美国、意大利、中国和日本都普遍适用,只不过预测能力存在差异而已。Lee 和 Green(1991)基于美国与韩国消费者消费行为的对比研究发现,美国消费者更容易受到态度的影响,而韩国消费者更容易受到主观规范的影响。而张黎(2007)的实证研究验证了计划行为模型在中国的适用性。

基于上述理论分析和计划行为理论适用性研究,本研究拟采用拓展的计划行为理论作为分析农民参训行为的理论工具和分析范式。因此,根据拓展的计划行为理论,在研究农民参加培训决策行为时,不仅要分析农民追求其利润最大化目标,还要分析其追求效用最大化、情感和社会地位等其他目标;不但要分析农民参加培训事件及其影响因素,而且还要分析决策行为的形成机制和过程。同时,我们还可以用农民的行为倾向预见农民的参训行为。

3.2 农民参加农业技能培训的决策模型构建

3.2.1 模型构建的目标

农业技能培训是提高农民科技文化素质、培育新型职业农民、创新农业经营主体的根本途径,也是转变农业发展方式、突破资源环境约束的人才保障。如果没有"有文化、懂技术、会经营"的新型农民,发展现代农业、建设社会主义新农村都无从谈起。进入 21 世纪以来,党中央对农民培训工作非常重视,出台了一系列农民培训相关的文件和规定,有些地方政府还专门出台了农民培训法规,并且给予了大量的财政资金支持。但是,农民参加培训的积极性并不高,并且出现了参训意向与参训行为背离的情况,有些无参训意向的农民实际上却多次参加培训,有些农民有强烈的参训意向却没有参加过培训,如何解决农民参训意向与参训行为背离的问题,关键在于深入理解和把握农民参训决策的基本特点和规律。农民参加农业技能培训行为的规律具体体现为农民参训行为的形成机理。在农民参训决策机制研究中,农民参训决策模型是所要研究问题的核心。

为实现研究目标,本书以拓展的计划行为理论为基础,并借鉴国外学者关于农户行为的研究成果,结合中国的实际情况对原有模型进行拓展,从而构建农民参加农业技能培训的决策模型。在农民参训决策的概念模型中,将农民参训行为意向(简称农民参训意向)作为农民参训行为的中介变量,将农民的行为态度、主观规范和控制认知作为前置变量,将农户禀赋、制度变量和经济变量作为解释变量,考察在农民参训意向到参训行为的转化过程中各变量如何影响参训意向和参训行为,一方面揭示哪些因素影响了农民参训意向到参训行为的转化以及影响程度,另一方面揭示具有哪些特征的农民会出现参训意向与参训行为的背离。此外,本书还将针对农民参训意向和参训行为背离的问题作进一步研究,主要是分析农民的不同参训行为对农户的家庭经营收入有何影响,实质是考察农民的行为绩效,目的在于揭示哪些农民(具有哪些特征的农民)应该参加培训,哪些农民不应该参加培训。

3.2.2 农民参加农业技能培训的理论模型

根据拓展的计划行为理论,农民的参训意向直接决定了农民的参训行为,同时参训行为又受农户禀赋、经济因素、制度因素、培训因素和其他因素的影响;而农民的参训意向受农民的行为态度、主观规范、动作控制感知和过去行为的影响。具体而言,农民参加培训的意愿受农民对生产技能培训认知的影响,一方面是农民对培训作用的评价,另一方面是农民对参加培训是否可行的评价(是否有机会,是否有时间参加以及是否听得懂等),农民对培训的认知直接影响农民的行为态度。农民参加培训还受社会压力的影响(主观规范),受自身对参加培训这种行为是否可行或实施难易的判断(动作控制感知)的影响。农户过去是否参加培训也会影响参训意向。本书借助计划行为理论,结合相关研究文献,分析影响农民参加农业技能培训决策的因素及作用机理,构建农民参加农业技能培训的"意向—行为—绩效"理论模型。下面是初步构建的概念模型,如图 3-4 所示。

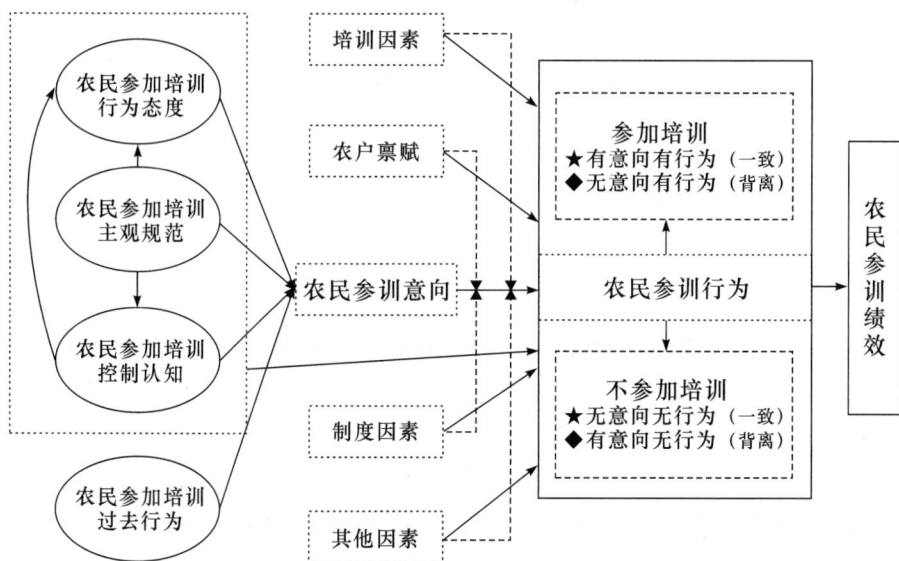

图 3-4　农民参加农业技能培训的"意向—行为—绩效"理论分析框架

根据上述理论分析框架,研究内容主要有以下几个方面:

第一,研究农民参加农业技能培训的意愿、行为、绩效及农业技能培训的供给现状。

第二,从农民行为态度、主观规范和行为控制认知三个方面,研究心理因素对农民参训意向的影响,揭示农民参加农业技能培训决策的心理形成机制。

第三,研究农民参训意向、农户禀赋、培训主体以及政策制度等其他因素对农民参加农业技能培训行为的影响,揭示农民参加农业技能培训的决策过程和形成机制。

第四,研究农户禀赋、培训主体以及政策制度等其他因素与农民参训意向的交互项对农民参训行为的影响,揭示农民参训意向转化为参训行为的过程及制约因素。

第五,研究农业技能培训对农民收入的影响,分析哪些农民从培训中获益最多,哪些农民从培训中获益较小,哪些农民没有获益;揭示"不可观测变量"在农民参训决策中发挥的作用。

最后,把各个因素纳入到农民参训行为决策的总模型中并进行验证,揭示农民参加农业技能培训决策的形成机制。

3.3 变量设置与研究假说

3.3.1 变量设置的途径

(1)查阅文献

第 2 章文献综述部分对农户行为理论以及相关实证研究进行了梳理和归纳,这些理论和实证研究成果对于经验研究具有指导意义,借鉴前人文献设置调查变量是本书设置变量的主要途径。本书将所研究的主要变量归纳为:农民心理学变量、农户资源禀赋变量、培训主体变量、政策制度变量等四大类。农户心理学变量的设置主要参考了 Ajzen(1981,1985,1986)的计划行为理论分析框架,具体变量设置参考了 Willock、Decry 和 McGregor 等(1999),Bergevoet Ondersteijn 和 Saatkamp 等(2004),戴烽(2010)和马春林等(2011)的研究成果;农户资源禀赋变量的设置借鉴了孔祥智、方松海等(2004),黄祖辉、俞宁(2005),卫龙宝、阮建清(2007)和赵建欣(2009)等的研究成果;培训主体变量的设置参考了张景林(2005),张亮、赵邦宏等(2009),于敏(2010)和何忠伟等(2010)等的研究成果;政策制度变量的设置参考了高升(2011)等的研究成果。

(2)实地调查

为了准确地反映我国农民的参训意向和参训行为,有必要对设置的变量进行实地调查,在经验观察的基础上进一步修正变量,以便准确地反映我国农民的参训行为。经过理论和实证检验后的变量更加贴近现实,更能反映农民参训行为的客观规律,更能使研究成果具有针对性和现实意义。模型中的个别变量的设置主要来自调研发现,如农民参加培训的主动性和农民参加培训的机会等。

3.3.2 变量选择与研究假说的提出

(1)心理变量对农民参加农业技能培训行为意向的影响分析

根据计划行为理论和拓展的计划行为理论,心理因素会影响农民参加农业技能培训的行为意向。这些心理因素包括:农民对农业技能培训的态度(简称行为态度)、外界对农民参加培训的影响(简称主观规范)、农民对参加培训的机会和可能性的把握程度(简称控制认知)。此外,心理因素之间也有作用机制。重要人员(村干部、合作社社长、种养殖能手、邻居及家人等)对农民参加农业技能培训的支持和评价将影响其参加培训的态度,也会影响其对参加农业技能培训行为的控制与把握。因此,主观规范会影响行为态度和动作控制认知,而农民对参加农业技能培训行为是否可行及难易的判断,即动作控制认知也会影响行为态度和参训行为。农民参加农业技能培训的行为意向模型如图 3-5 所示。

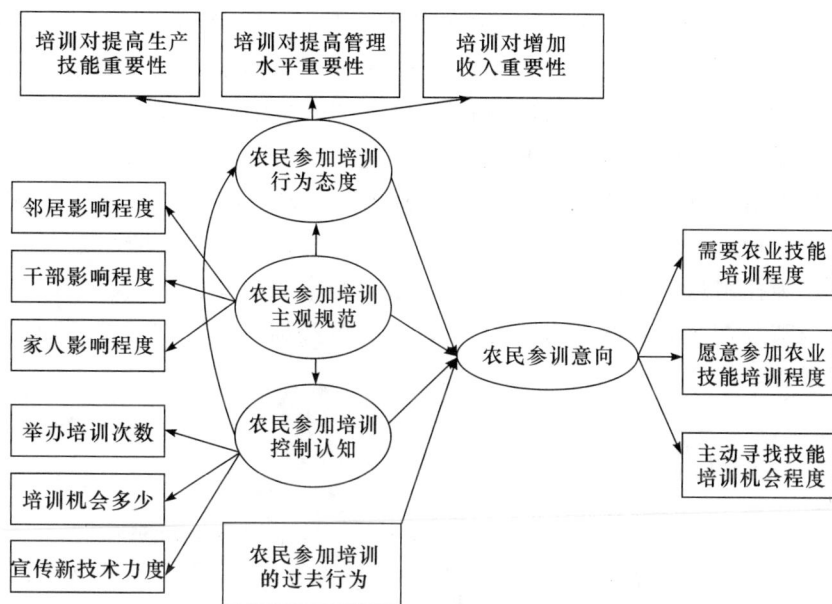

图 3-5 农民参加农业技能培训的行为意向模型

根据农民参加农业技能培训的行为意向模型,我们提出以下研究假说:

H1a:农民参加农业技能培训的行为态度对农民参训意向具有正向影响。

H1b:农民参加农业技能培训的主观规范对农民参训意向具有正向影响。

H1c:农民参加农业技能培训的控制认知对农民参训意向具有正向影响。

H1d:农民参加农业技能培训的主观规范对农民参训行为态度具有正向影响。

H1e:农民参加农业技能培训的主观规范对农民参训控制认知具有正向影响。

H1f:农民参加农业技能培训的控制认知对农民参训行为态度具有正向影响。

H1g：农民参加农业技能培训的过去行为对农民参训意向具有正向影响。

验证假说的方法：本研究将采用结构方程和案例研究进行检验，并根据实证结果对农民参加农业技能培训行为意向模型进行修正。

（2）农民参加农业技能培训的行为选择及影响因素分析

农民参加农业技能培训的行为不仅受到农民参训意向、动作控制认知等因素的影响，还受到培训供给（培训内容、培训地点和培训时间等）、家庭禀赋（个体文化水平、年龄、农户耕地面积及种植作物类型等）、农民培训政策制度（培训补贴、参训奖励和培训发动等）等其他因素的影响，如图 3-6 所示。因此，本研究将从农民参训行为意向、农户禀赋、培训供给以及政策制度等方面研究农民参加农业技能培训行为选择的影响因素，揭示农民参加农业技能培训决策的形成过程及作用机制。本研究将重点分析耕地规模、是否合作社成员和是否外地人等与培育新型经营主体相关的因素，其他因素则作为控制因素。值得一提的是，计量模型中的因变量是"农民参加培训频次"和"是否参加培训"，分别考察影响"农民参训次数"和"是否参加培训"的因素。

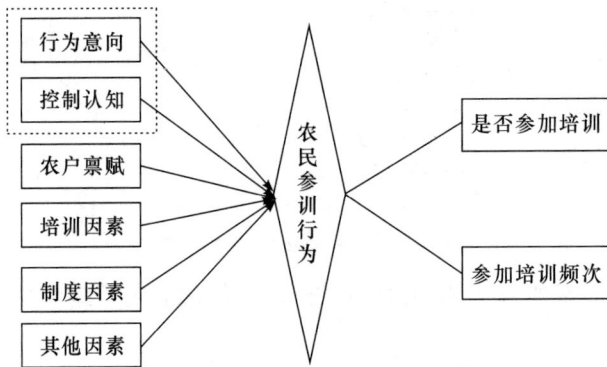

图 3-6　农民参加农业技能培训的行为选择模型

根据农民参加农业技能培训的行为选择模型和相关文献，本研究提出以下假说。

第一，行为意向。根据计划行为理论，农民的参训行为意向在很大程度上决定着农民的参训行为。因此，本研究提出以下假说：

H2a：农民参加农业技能培训的行为意向对农民参加培训的行为具有正向影响。

第二，控制认知。根据计划行为理论，农民对参加农业技能培训的控制

认知在一定程度上影响农民的参训行为。因此,本研究提出以下假说:

H2b:农民参加农业技能培训的控制认知对农民参加培训的行为具有正向影响。

第三,性别。在中国农村,男性被赋予了养家糊口的重任,致使男性往往比女性有着更强烈的致富和改善生活的动机;男性相比于女性而言往往接受教育的机会多,与外界接触多,接受的信息量更大,思想观念更开放,更易于接受新事物;女性在家抚养孩子和操持家务等方面占用了很多时间。因此,男性相比女性而言可能更愿意参加培训,参加培训的次数也越多。因此,本研究提出以下假说:

H2c:男性与女性相比更可能参加培训($H2c_1$),而且参加农业技能培训的次数更多($H2c_2$)。

第四,籍贯。农业技能培训的对象往往针对本地农民,加之外地人与本地人相比缺乏社会资本,获取培训信息的途径少,参加培训的机会相比本地人而言要少。因此,本研究提出以下假说:

H2d:本地人与外地人相比更可能参加培训($H2d_1$),而且参加农业技能培训次数更多($H2d_2$)。

第五,种养规模。农户拥有的种养殖总面积(耕地和养殖用地)也是农户资源禀赋的一个重要方面。农户的种养面积越多,农民在农业上投入的时间和精力也就越多,农业生产也就越可能是其主要经营业务,农民就越愿意参加培训获取新技术和新知识。而且,农户的种养规模越大,培训的单位成本会越低,培训的规模收益也会越大。此外,种养规模也可能影响参训意向转化为参训行为,即使有比较强的参训意向但由于种养规模小而缺乏足够的经济激励致使其参训意向不能转化为参训行为。因此,本研究提出以下假说:

H2e:种养面积越大的农户越可能参加培训($H2e_1$),而且参加农业技能培训的次数也越多($H2e_2$)。

此外,租入土地的农户往往生产规模大,且从事专业化生产,农业往往是其主业和主要收入来源,他们往往更愿意参加培训。因此,本研究提出以下假说:

H2e*:租入土地的农户相比未租入土地的农户更有可能参加培训($H2e_1^*$),而且参加农业技能培训的次数也更多($H2e_2^*$)。

第六,是否合作组织成员。一般而言,农民合作组织都具有教育培训功能,这是国际合作社原则中的一项重要内容,也是合作社凝聚人心的重要一环。国家积极支持农民合作社开展培训,并将一些农民培训项目委托合作社实施,这使得合作社成员有更多的培训机会。此外,农民专业合作社往往从事附加值比较高的农产品生产和销售,而且这些农产品往往需要更高的技术和知识,这在客观上也需要农民参加培训。因此,本研究提出以下假说:

H2f:合作组织成员与普通农民相比更可能参加培训($H2f_1$),而且参加农业技能培训的次数更多($H2f_2$)。

验证假说的方法:为验证农民参加农业技能培训行为选择的影响因素,采用基于 Poisson 分布的计数模型对其进行实证分析,揭示农民参加农业技能培训决策的形成机制。并且根据计量结果和案例研究对农民参加农业技能培训的概念模型进行修正。

(3)农民参训意向转化为参训行为的影响因素及作用机制研究

根据拓展的计划行为理论和已有文献(Wilson,1996),虽然个体行为意向在很大程度上决定着个体行为,但在行为意向转化为行为的过程中还受到外部因素的影响。具体而言,农民参加农业技能培训的行为意向可能与外界因素产生交互作用共同影响农民参加农业技能培训的行为,进而导致参训意向和参训行为的背离,如图3-7所示。因此,本研究将对农民参加农业技能培训的行为意向与农户资源禀赋变量、培训主体变量以及政策制度等变量进行交互作用检验。农民参训意向与参训行为背离的情况有两种:一种是农民有参训意向但没有参训行为;另一种是农民没有参训意向却参加了培训。

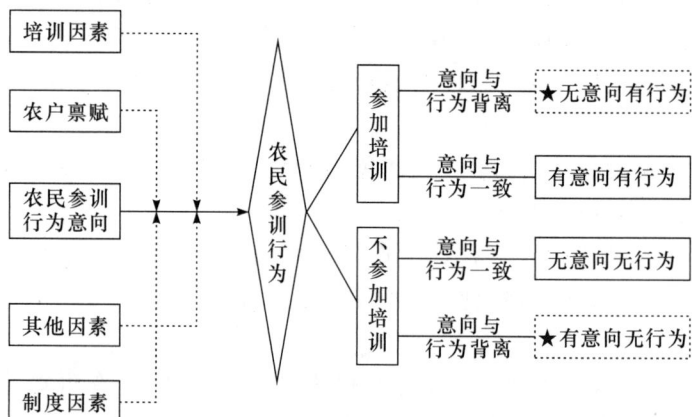

图 3-7 农民参加农业技能培训行为意向转化为参训行为模型

①农民有参训意向但没有参训行为的原因分析:经济激励不足还是培训条件约束

从两个方面展开研究:一是经济激励对农民参训意向转化为参训行为的影响,重点研究农户种养规模、是否合作社成员与农民参训意向的交互项对农民参训行为的影响;二是外部培训市场条件对农民参训意向转化为参训行为的影响,重点研究培训内容、培训时间安排、培训可及性与农民参训意向的交互项对农民参训行为的影响。

根据农民参训意向转化为参训行为的模型和相关文献,本研究提出以下研究假说:

农民参加培训的行为意向是决定农民参训行为的中介变量,农户农业收入比重与其参训行为倾向有可能对农民参训行为产生交互作用,农户农业收入比重越高越会强化农民参加培训的意愿,反之亦然。因此,本研究提出以下假说:

H3a:农业收入比重与农民参训行为意向的交互项对农民参训行为具有交互作用,影响农民参训意向转化为参训行为。

种养规模会影响参训意向转化为参训行为,即使有比较强的参训意向但由于种养规模小而缺乏足够的经济激励致使其参训意向不能转化为参训行为。因此,本研究提出以下假说:

H3b:种养规模与农民参训行为意向的交互项对农民参训行为有交互作用,影响农民参训意向转化为参训行为。

参加合作组织的成员往往获取培训机会多,而且合作组织成员往往从事经济价值比较高的农产品生产,农业收入所占比重较高,这些都有助于农民将参训意向转化为参训行为。因此,本研究提出以下假说:

H3c:合作社成员与农民参训行为意向的交互项对农民参训行为有交互作用,影响农民参训意向转化为参训行为。

培训内容直接关系到农民是否参加培训,如果培训内容与农民的需要不相符,即使有很高的参训意向,农民参加培训的可能性也比较小。因为农民是理性的个体,最善于精打细算,如果培训不能给其带来收益,在没有外力影响的情况下,他们往往不会参加培训。因此,本研究提出如下假说:

H3d:培训内容与农民参训行为意向的交互项对农民参训行为有交互作用,影响农民参训意向转化为参训行为。

农业生产的季节性比较强,如果在农忙季节举办培训,农民可能没有时间参加培训,或者因为从事农业生产太累而没有精力再去参加培训,即使他们有比较高的参训意向;如果将培训时间安排在晚上或者农闲季节,或者根据农业生产季节安排但避开农忙,这样不占用农民劳动时间,则有助于农民参加培训。因此,本研究提出如下假说:

H3e:培训时间安排与农民参训行为意向的交互项对农民参训行为有交互作用,影响农民参训意向转化为参训行为。

培训地点的远近直接关系到农民参加培训的时间成本和费用成本支出,因此,培训地点影响农民参加培训。特别是对于交通不方便的山区农民而言,如果培训地点比较远,即使有较高的培训意愿,也可能因为培训地点偏远而不去参加培训。如果培训地点方便,农民参加培训付出的成本就低,即使农民参加培训的意愿不强烈,但是培训就在家门口,农民顺便就参加培训了。因此,本研究提出以下假说:

H3f:培训地点与农民参训行为意向的交互项对农民参训行为有交互作用,影响农民参训意向转化为参训行为。

农民参加培训不仅取决于主观意愿,更取决于农民能否获得这样的培训。如果培训机构提供的培训次数多,农民参加培训机会多,那么就越有助于农民参加培训,农民参加培训的次数也就越多。反之,即使农民有比较强的参训意向也会因培训无法获得而阻碍参训意向转化为参训行为。因此,本研究提出以下假说:

H3g:农民培训可获性与农民参训行为意向的交互项对农民参训行为有交互作用,影响农民参训意向转化为参训行为。

②没有参训意向的农民参加农业技能培训的原因分析:经济诱惑还是迫于压力

从两个方面展开研究:一是研究经济诱惑对农民参训意向转化为参训行为的影响,重点研究培训补贴与农民参训意向的交互项对农民参训行为的影响;二是研究外部强制对农民参训意向转化为参训行为的影响,重点研究政府发动与农民参训意向的交互项对农民参训行为的影响。

根据农民参训意向转化为参训行为的模型和相关文献,提出以下研究假说:

农业技能培训主要由政府相关部门负责组织实施,不仅有明确的培训任务而且给予相应的财政资金支持。浙江省经济比较发达,政府在组织实施培训时不仅不收费而且一些培训项目还给予补贴,有的培训项目对参加培训的农民给予纪念品、生活用品(牙膏、牙刷、笔记本等),有的是现金补贴,有的是交通和食宿补贴,有的则是项目扶持等。这些政策无疑会激励农民参加农业技能培训,即使农民参加培训的意愿不强甚至没有培训意愿,但在培训补贴的刺激下也可能出现违背其主观意愿的行为。因此,本研究提出以下假说:

H4a:培训补贴与农民参训行为意向的交互项对农民参训行为有交互作用,影响农民参训意向转化参训行为。

农民培训是地方政府的一项工作任务,培训主管部门每年都会对农民培训组织实施情况进行考核。因此,负责组织实施农民培训的基层政府尤其是村级干部在上级部门的要求下,积极发动农民参加培训,以保证农民培训项目的顺利完成。在政府部门和村级干部的大力发动下,则会出现被培训的现象,农民根本不想参加培训,但是碍于村镇干部的情面而违背主观意愿参加培训。在宁波市奉化调研时,一位村干部讲,"有时上级给村里分配参加培训的名额,有些村民根本不愿意参加培训,但是,为了完成上级的任务,我们只能找些关系不错的村民,动用私人关系让他们去参加培训"。为了让农民去参加培训,有时村干部会讲,"如果不参加培训,以后有项目扶持不给你们!"。Ajzen 和 Fishbein(1980)认为,行为有时受主观规范(环境压力)的影响大于个体态度的影响,这时就可能出现行为意向与行为不相吻合。因此,本研究提出以下假说:

H4b:政府发动与农民参训行为意向的交互项对农民参训行为有交互作用,影响农民参训意向转化为参训行为。

验证假说的方法:为验证农民参加农业技能培训意愿转化为参训行为

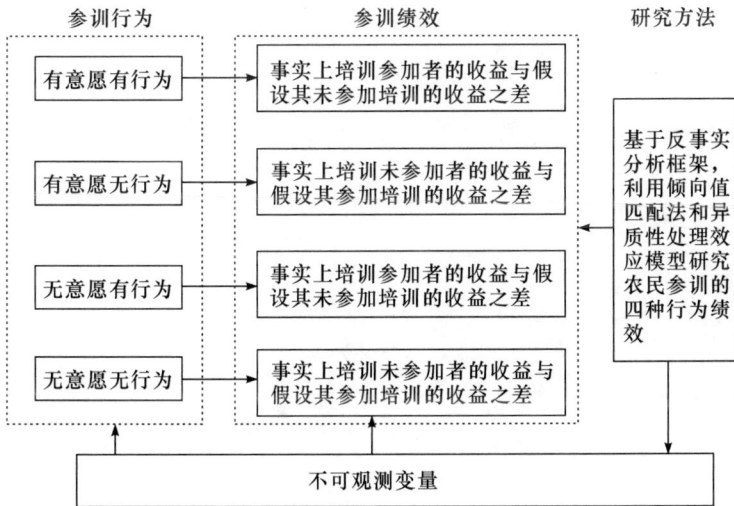

图 3-8　农民参训行为绩效的分析框架

的影响因素。首先,运用交叉列联表和 T 检验等方法分析农民参训意向与参训行为背离的原因;其次,利用 Logit 模型验证外部因素与农民参训意向的交互项对农民参训意向转化为参训行为的影响;最后,借助于案例研究,深入系统地研究制约农民参训意向转化为参训行为的因素及作用机制。

(4)农业技能培训对农业收入的影响分析

根据第 2 章农业技能培训对农民收入影响的文献综述,本书提出以下研究假说:

H5a:农业技能培训对农业收入有显著的正向影响。

H5b:不可观测变量对农民参加培训有显著的影响。

H5c:农民参训意向与参训行为背离影响农民参加农业技能培训收益。

验证假说的方法:运用异质性处理效应模型(heterogeneous treatment model)验证上述研究假说。

第 4 章　农业技能培训的现状分析

　　本章主要从两个方面展开论述：一方面，利用描述统计对调查对象进行总体性描述，以便把握调查对象的特征，为后面的研究做好铺垫；另一方面，从农民的角度对比分析农业技能培训的需求与供给情况，以便了解农民对农业技能培训的需要意愿，同时从农民接受培训的情况反观农业技能培训的供给情况，试图从农民和村庄角度分析农业技能培训的供求状况，剖析存在的问题。为后面各章分析农民参训决策的形成过程及影响因素提供支撑。

4.1　农户调查问卷概况

4.1.1　农户样本总体描述

农户样本的总体描述如表 4-1 至表 4-4 所示。

表 4-1　被调查农民的个体特征

变量名称	各变量样本数与比例	
	样本量（个）	比例（%）
性别	男：509 女：139	男：78.5 女：21.5
婚姻状况	已婚：638 未婚：10	已婚：98.5 未婚：1.5

续表

变量名称	各变量样本数与比例	
	样本量(个)	比例(%)
年龄	30 岁及以下:10 31～40 岁:74 41～50 岁:248 51～60 岁:196 61 岁及以上:120	30 岁及以下:1.5 31～40 岁:11.4 41～50 岁:38.3 51～60 岁:30.3 61 岁及以上:18.5
文化程度	小学以下:108 小学:191 初中:265 高中或中专:64 大专:14 大学及以上:6	小学以下:16.7 小学:29.5 初中:40.9 高中或中专:9.9 大专:2.1 本科及以上:0.9
村干部	是:77 曾经是:40 不是:531	是:11.9 曾经是:6.2 不是:81.9
党员	党员:127 群众:521	党员:19.6 群众:80.4
村民代表	是:146 否:502	是:22.5 否:77.5
本地人	是:608 否:40	是:93.8 否:6.2
参加合作组织	参加:145 没有参加:503	参加:22.4 没有参加:77.6
获得证书情况	绿色证书:85 职业资格证书:68 培训证书:141 农民技术证书:69 其他证书:3 没有证书:434	绿色证书:13.1 职业资格证书:10.5 培训证书:21.8 农民技术证书:10.6 其他证书:0.5 没有证书:67.0
参训情况	没有听说过:254 参加过:318 没有参加过:76	没有听说过:39.2 参加过:49.1 没有参加过:11.7

注:"获得证书"题项为多选题,其百分比是响应百分比,即选项频数/问卷数。

表 4-2　被调查农民的家庭特征

变量名称	频数	极小值	极大值	均值	标准差
家庭人口(人)	648	1	13	4.24	1.61
劳动力(人)	648	1	9	2.77	1.28
务农劳动力(人)	648	1	8	1.84	0.87
种养规模(亩)	648	0.18	1350.00	19.90	82.65
承包他人土地(亩)	648	0	1000.00	13.23	62.90
家庭总收入(万元)	643	0.10	3000.00	20.18	140.38
农业收入(万元)	642	0	2811.00	16.21	134.06
期望农业收入(万元)	647	0	3000.00	21.97	149.18
主要作物种植年限(年)	648	0.50	67.00	20.74	14.50
证书数量(个)	648	0	10	0.68	1.26
培训次数(次)	648	0	70	4.06	8.62

表 4-3　被调查农户的生产经营情况

变量名称	各变量样本数与比例	
	样本量(个)	比例(%)
生产经营活动	粮食种植:200 蔬菜种植:135 水果种植:89 畜禽养殖:3 水产养殖:21 农技服务:1 经济作物:196 农产品销售/农资购销:3	粮食种植:30.9 蔬菜种植:20.8 水果种植:13.7 畜禽养殖:0.5 水产养殖:3.2 农技服务:0.2 经济作物:30.2 农产品销售/农资购销:0.5
劳动时间安排	完全用于农业:223 主要用于农业:184 各占一半:101 主要用于非农业:135 完全用于非农业:5	完全用于农业:34.4 主要用于农业:28.4 各占一半:15.6 主要用于非农业:20.8 完全用于非农业:0.8
主要农产品销售难易程度	非常困难:8 比较困难:45 一般:159 比较容易:329 非常容易:107	非常困难:1.2 比较困难:7.0 一般:24.5 比较容易:50.8 非常容易:16.5

表 4-4　农户特征与地域交叉列联表

变量名称	变量分类	地区		合计	卡方(Sig.)
		宁波	丽水		
性别	男	84.4%	70.9%	78.5%	16.8833 (0.000)
	女	15.6%	29.1%	21.5%	
	合计	100.0%	100.0%	100.0%	
年龄	30 岁及以下	0.6%	2.9%	1.5%	66.8396 (0.000)
	31~40 岁	7.9%	15.9%	11.4%	
	41~50 岁	29.3%	49.8%	38.3%	
	51~60 岁	36.2%	22.6%	30.3%	
	60 岁及以上	26.0%	8.8%	18.5%	
	合计	100.0%	100.0%	100.0%	
婚姻状况	未婚	1.6%	1.6%	1.5%	0.0022 (1.000)
	已婚	98.4%	98.6%	98.5%	
	合计	100.0%	100.0%	100.0%	
本地人	是	96.8%	91.5%	6.2%	7.769 (0.005)
	否	3.2%	8.5%	93.8%	
	合计	100.0%	100.0%	100.0%	
文化程度	小学以下	22.5%	9.3%	16.7%	32.545 (0.000)
	小学	31.2%	27.2%	29.5%	
	初中	32.3%	51.9%	40.9%	
	高中/中专	10.7%	8.8%	9.9%	
	大专	2.2%	2.1%	2.1%	
	本科及以上	1.1%	0.7%	0.9%	
	合计	100.0%	100.0%	100.0%	
村干部	是	12.1%	11.7%	11.9%	1.352 (0.509)
	曾经是	5.2%	7.4%	6.2%	
	否	82.7%	80.9%	81.9%	
	合计	100.0%	100.0%	100.0%	

续表

变量名称	变量分类	地区		合计	卡方(Sig.)
		宁波	丽水		
党员	是	21.9%	16.6%	19.6%	2.852 (0.110)
	否	78.1%	83.4%	80.4%	
	合计	100.0%	100.0%	100.0%	
村民代表	是	26.3%	17.7%	22.5%	7.412 (0.008)
	否	73.7%	82.3%	77.5%	
	合计	100.0%	100.0%	100.0%	
参训情况	没有听说过	40.0%	38.2%	39.2%	1.700 (0.427)
	参加过	49.6%	48.4%	49.1%	
	没有参加过	10.4%	13.4%	11.7%	
	合计	100%	100%	100%	

注:卡方值下面括号中是 Sig. 值。

通过对样本的基本情况分析,我们可以发现两个调查区域从事农业生产的农民具有以下特点。

(1)务农劳动力以男性为主,且老龄化严重

调查数据显示,被调查农民以男性为主,占 78.5%,这可能是因为调查对象是户主,而根据中国的传统,户主往往是男性,从而造成调查样本中男性居多。尽管宁波和丽水从业农民都是以男性为主,但是宁波从事农业的男性比例高于丽水,且在统计上显著。这可能是因为宁波市土地流转率较高,从事农业生产的农户有一部分是规模经营,以男性为主要劳动力;丽水农业生产以小农户生产为主,男性劳动力外出务工较多,妇女往往在家从事农业生产。在被调查的农民中,务农劳动力老龄化比较严重,50 岁以上的劳动力占 48.7%,40 岁以上的劳动力比例高达 87.0%,40 岁以下的农民仅占了 13.0%。宁波与丽水相比,务农劳动力的老龄化更为严重,50 岁以上的劳动力占 62.2%,而丽水仅为 31.4%,这缘于宁波市经济较发达,二、三产业不仅抽走了青壮年劳动力,而且也吸走了一部分中老年劳动力,使得从事农业生产以中老年劳动力为主。

(2)务农劳动力文化水平较低,参训、考证意识淡薄

调查数据显示,在被调查的农民中,初中、小学以及文盲半文盲的比例

高达 87.1%,高中或中专以上只占了 12.9%,相比于浙江省和全国第二次农业普查的数据(初中及以下分别占 88.2%、97.0%),浙江省务农劳动力的受教育水平有所改善,但与发展现代农业、建设新农村的要求相比,务农劳动力的文化水平仍然低下。

从参训情况看,49.1%的农民参加了培训。值得一提的是,该参训比例是近五年农民的参训比例,此比例要远高于年均参训比例。然而有 39.2%的农民没有听说过有培训,这说明农民培训的宣传力度不强,没有将培训信息及时传递给农民,这也是培训的 1 公里问题。有 11.7%的农民听说有培训但是没有参加,其原因可能是培训时间安排与农业生产劳作时间冲突,或是培训信息通知较晚,农民有其他安排,无法参加培训等。

从培训证书看,没有证书的农民比例高达 67.0%,说明农业资格证书对于农民从事农业生产的作用尚未充分显现,同时也说明农民对农业资格证书的作用缺乏认知。

(3)农业经营以本地农户为主,种养规模与组织化水平有所提高

从经营农业的户主身份看,村干部占 18.1%、党员占 19.6%、村民代表占 22.4%。从事农业生产的农民主要是普通农民,且多为本地农民,外地农民仅占 6.2%。本地人与外地人在生产经营等指标上的差异如表 4-5 所示。

表 4-5 本地人与外地人在生产经营等指标上的差异

主要指标	本地人 (样本量 604)	外地人 (样本量 38)	均值差异的 T 检验 $H_0 = B - A = 0$	
	均值 A (标准差)	均值 B (标准差)	T 值	Sig.
农业收入(万元)	6.74 (20.00)	8.52 (16.40)	0.536	0.592
农业收入取对数(万元)	0.76 (1.40)	1.36 (1.31)	2.537	0.011
家庭总收入(万元)	10.11 (20.79)	12.91 (31.93)	0.775	0.438
种养规模(亩)	18.69 (82.32)	28.24 (79.65)	0.793	0.428
承包他人土地(亩)	11.73 (60.64)	26.38 (80.10)	1.605	0.109

注:为确保统计的稳健性,剔除了农业收入大于等于 1000 万元的 4 个农户,其余样本数据中的农业收入小于等于 300 万元。

　　从农户种养规模看,农户种植面积平均为 19.90 亩,其中本地人种植面积均值为 18.69 亩,外地人为 28.24 亩;承包他人土地的均值为 13.23 亩,其中本地人种植面积均值为 11.73 亩,外地人为 26.38 亩。可见,被调查农户的种植规模明显高于浙江省农户户均耕地面积 3.3 亩和全国户均耕地面积 9.13 亩(张路雄,2008)。外地人在外从事农业生产,一般以农业作为其主业,投入大量的时间,承包较多的土地从事规模经营;而大部分本地人往往是兼业农户,对农业种植的时间投入少,且种植规模较小,农产品仅供自己食用或者销往附近集市。因此,在收入上,外地人的农业收入和家庭总收入均高于本地人,年收入分别为 1.78 万元和 2.80 万元。

　　从农户参与合作组织看,被调查的农户中参加合作组织的占 22.4%,高于全国农户加入合作组织的比例(14.3%)。[1] 可见,农业生产已经开始显现出组织化生产的趋势,但是总体上还是以单家独户生产为主,尚未形成以合作组织为载体的组织化生产模式。表 4-6 显示,是否参加合作组织对农户种植规模、家庭收入、农业收入、承包土地都有显著影响。加入合作组织的农户种植面积和承包他人土地的面积分别为 31.22 亩和 25.08 亩,家庭总收入和来自农业的收入分别为 16.24 万元和 11.56 万元;而没有加入合作组织的农户种植总面积和承包他人土地的面积分别为 10.29 亩和 6.22 亩,家庭总收入和来自农业的收入分别为 7.79 万元和 4.70 万元。可见加入合作组织的农户在种植总面积、承包他人土地面积、家庭总收入和来自农业的收入方面都高于未加入合作组织的农户,这表明加入合作组织的农户往往以农业生产为主业,在农业生产经营过程中投入大量资金、精力和时间,合作组织为农户搭建平台,有利于农户获取增产增收的成效。

表 4-6　合作组织家庭与非合作组织家庭在生产经营指标上的差异

主要指标	合作组织家庭 (样本量 318)	非合作组织家庭 (样本量 323)	均值差异的 T 检验 $H_0=B-A=0$	
	均值 A (标准差)	均值 B (标准差)	T 值	Sig.
农业收入(万元)	11.56 (22.959)	4.71 (12.120)	−3.047	0.003
家庭总收入(万元)	16.24 (27.241)	7.79 (13.479)	158.623	0.001
种养规模(亩)	31.22 (80.366)	10.29 (26.430)	−3.047	0.001
承包他人土地(亩)	25.08 (80.658)	6.22 (25.053)	−2.740	0.007

---

　　[1]　李力:《农民专业合作社集体亮相农交会的启示》,《经济日报》2011 年 11 月 13 日。

(4)家庭经营以种植业为主,投入时间多,收入高,销路畅

调查数据显示,农民的生产经营活动主要以种植粮食、水果和经济作物为主,比重为81.9%,而其他畜禽养殖、水产养殖、农机服务和农产品销售仅占18.1%。农民的家庭总收入均值为20.18万元,来自农业收入的均值为16.21万元,农业收入占总收入的比重为80.3%。从农业劳动时间看,有78.4%的农户将劳动时间完全用于农业或主要用于农业,仅21.6%的农民将劳动时间主要用于非农业。农产品的销路较为通畅,有些已经形成自己的品牌或者特定的供应渠道,有些通过合作社销售或者国家收购,还有些通过大学生村官搭建的网络销售平台销售,因此有91.8%的农户认为农产品销售容易。

4.1.2 农民对农业技能培训的需求程度分析

(1)大部分农民需要农业技能培训

农民对农业技能培训需求情况如表4-7所示。

表4-7 农民对农业技能培训需求情况

项目	频数	百分比(%)	有效百分比(%)	累计百分比(%)
完全不需要	13	2.0	2.0	2.0
不需要	99	15.3	15.3	17.3
无所谓	127	19.6	19.6	36.9
比较需要	319	49.2	49.2	86.1
非常需要	90	13.9	13.9	100.0
合计	648	100.0	100.0	

调查数据显示,13.9%的农民认为非常需要农民培训,49.2%的农民认为比较需要农民培训,这部分农民认识到科技愈趋发达,农业生产越需要科技,只有掌握了现代农业生产技能,才能增产增收。有19.6%的农民对农业技能培训持无所谓态度,这类人群是农业技能培训的潜在对象,若内容适宜、安排得当,他们将会参与其中。15.3%的农民认为不需要农业技能培训,其中多数为种养殖年限长、年龄大的农民,认为自身有丰富的种养殖经验,而且经验比理论知识更加可靠可信,这类群体也是培训的潜在对象,但是需要通过培训宣传、典型示范等转变其观念。

（2）不同农民对农业技能培训的需求程度存在差异

由表 4-8 可知,年龄与农民期望的培训内容具有密切的关系,年龄越小,对农业生产技术培训的需求越大,年轻农民相比年纪大的农民更加清楚农业科技的重要性,深知培训的重要性;文化程度越高对培训需求越强。另外,是否为党员、是否为村民代表及农业劳动时间比重都对农民是否参与培训有着显著的影响。而对于其他,例如性别、是否已婚、是否本地人等,这些个体特征对农民选择培训与否并没有很明显的影响。但不管哪一类农民,比较需要和非常需要农业生产技能培训的均在 50% 以上,这表明了农民对农业技能培训的需求比较强烈。

表 4-8　个体特征与农业技能培训需求情况的交叉列联表

变量名称	变量分类	农业技能培训需求强度					合计	卡方(Sig.)
		1	2	3	4	5		
性别	男	2.4%	14.9%	18.1%	49.9%	14.7%	100.0%	5.900
	女	0.7%	16.5%	25.2%	46.8%	10.8%	100.0%	(0.207)
年龄	30 岁及以下	0.0%	10.0%	10.0%	60.0%	20.0%	100.0%	
	31～40 岁	1.4%	6.8%	12.2%	60.8%	18.8%	100.0%	
	41～50 岁	0.8%	12.9%	17.7%	52.8%	15.8%	100.0%	34.155
	51～60 岁	3.6%	16.3%	20.9%	45.4%	13.8%	100.0%	(0.005)
	60 岁及以上	2.5%	24.2%	26.7%	40.0%	6.6%	100.0%	
婚姻状况	已婚	2.0%	14.9%	19.7%	49.4%	14.0%	100.0%	5.031
	未婚	0.0%	40.0%	10.0%	40.0%	10.0%	100.0%	(0.281)
本地人	是	2.0%	15.0%	19.7%	49.3%	14.0%	100.0%	0.855
	否	2.5%	20.0%	17.5%	47.5%	12.5%	100.0%	(0.931)
文化程度	小学以下	1.9%	20.4%	26.9%	39.8%	11.0%	100.0%	
	小学	2.6%	22.0%	19.9%	47.1%	8.5%	100.0%	
	初中	2.3%	9.4%	19.2%	54.7%	14.4%	100.0%	49.727
	高中/中专	0.0%	14.1%	12.5%	42.2%	31.2%	100.0%	(0.000)
	大专	0.0%	7.1%	7.1%	64.3%	21.5%	100.0%	
	本科及以上	0.0%	0.0%	0.0%	83.3%	16.7%	100.0%	

续表

变量名称	变量分类	农业技能培训需求强度					合计	卡方 (Sig.)
		1	2	3	4	5		
村干部	是	2.6%	7.8%	5.2%	59.7%	24.7%	100.0%	26.674 (0.001)
	曾经是	0.0%	17.5%	10.0%	57.5%	15.0%	100.0%	
	否	2.1%	16.2%	22.4%	47.1%	12.2%	100.0%	
	合计	2.0%	15.3%	19.6%	49.2%	13.9%	100.0%	
党员	是	1.6%	8.7%	9.4%	54.3%	26.0%	100.0%	30.449 (0.000)
	否	2.1%	16.9%	22.1%	48.0%	10.9%	100.0%	
村民代表	是	1.4%	6.9%	11.1%	60.4%	20.2%	100.0%	23.973 (0.000)
	否	2.2%	17.7%	21.3%	46.4%	12.4%	100.0%	
劳动时间分配	完全用于农业	3.6%	12.6%	17.0%	45.7%	21.1%	100.0%	33.615 (0.006)
	主要用于农业	0.5%	15.8%	17.9%	56.5%	9.3%	100.0%	
	各占一半	1.0%	21.8%	21.8%	47.5%	7.9%	100.0%	
	主要用于非农业	2.2%	14.8%	23.0%	46.7%	13.3%	100.0%	
	完全用于非农业	0.0%	0.0%	60.0%	40.0%	0.0%	100.0%	

（3）不同农户特征对农业技能培训需求程度存在差异

为进一步了解不同种植种类、销售农产品的困难程度、周边环境以及不同种植规模的农民对农业技能培训需求的差异，以便根据农户特征提出更具有针对性的培训方案，本研究进行了交叉列联表分析，其结果如表 4-9 所示。从事水产养殖、畜禽养殖及农机服务的农民对培训的需求非常强烈，从事蔬菜、水果、粮食、经济作物种植及产品购销的农民选择比较需要和非常需要农业技能培训的比例也都在 50% 以上。周边农民采用新技术种植比较多或者非常多的农民，其对农业生产技能培训的需求度也非常高，分别为 78.4%、94.4%；而周边农民采用新技术种植的非常缺少的情况下，农民对农业技能培训比较需要和非常需要的百分比之和仅为 38.3%。这说明学技术、用技术的农民越多，农民越倾向于学习新技术。这是因为：一是有学习的榜样；二是有学习的氛围；三是有学习的资源和途径力。农民的种植面积对农民培训需求的影响大致呈种植面积越大，需求度越高的趋势。

表 4-9　农户特征与农业技能培训需求情况的交叉列联表

变量名称	变量分类	农业技能培训需求强度					合计	卡方(Sig.)
		1	2	3	4	5		
主要生产活动	种粮食	1.0%	23.5%	29.5%	38.5%	7.5%	100.0%	87.139 (0.000)
	种蔬菜	3.7%	15.6%	17.8%	44.4%	18.5%	100.0%	
	种水果	2.2%	5.7%	6.6%	67.4%	18.1%	100.0%	
	畜禽养殖	0.0%	0.0%	0.0%	0.0%	100.0%	100.0%	
	水产养殖	0.0%	4.8%	4.8%	61.9%	28.5%	100.0%	
	农机服务	0.0%	0.0%	0.0%	100.0%	0.0%	100.0%	
	经济作物	2.0%	12.2%	18.9%	54.1%	12.8%	100.0%	
	产品购销	0.0%	0.0%	33.3%	66.7%	0.0%	100.0%	
主要农产品销售	非常困难	0.0%	12.5%	0.0%	62.5%	25.0%	100.0%	31.655 (0.011)
	比较困难	4.4%	22.2%	22.2%	37.8%	13.4%	100.0%	
	一般	3.1%	13.2%	25.2%	44.7%	13.8%	100.0%	
	比较容易	1.2%	14.9%	19.5%	54.4%	10.0%	100.0%	
	非常容易	1.9%	16.8%	12.1%	43.9%	25.3%	100.0%	
周边农民采用新技术	非常少	4.3%	34.0%	23.4%	34.0%	4.3%	100.0%	74.798 (0.000)
	比较少	3.2%	18.6%	22.7%	39.5%	16.0%	100.0%	
	一般	1.7%	13.9%	24.9%	49.1%	10.4%	100.0%	
	比较多	0.5%	8.9%	12.1%	64.7%	13.8%	100.0%	
	非常多	0.0%	5.6%	0.0%	44.4%	50.0%	100.0%	
种植面积	20 亩及以下	1.9%	16.6%	21.0%	49.5%	11.0%	100.0%	50.175 (0.000)
	21~50 亩	3.9%	7.8%	9.8%	49.0%	29.5%	100.0%	
	51~100 亩	0.0%	0.0%	16.7%	58.3%	25.0%	100.0%	
	101~200 亩	0.0%	12.5%	12.5%	37.5%	37.5%	100.0%	
	200 亩以上	0.0%	0.0%	0.0%	36.4%	63.6%	100.0%	

4.1.3　基于农民视角的农业技能培训供求分析

（1）培训内容的供求分析

从农民对培训内容的期望来看（见表 4-10），无论是农民希望的还是最需要的，农民对病虫害防治、新品种新技术和田间栽培的需求都是最高的，分别为 27.1％、22.8％、16.9％和 38.4％、15.9％和 14.0％。此外，在农民希望的培训内容中，农产品质量安全占 13.1％，居于第五位，而在农民最需要的培训内容中居于第七位，这表明农民已经认识到农产品质量安全的重要性，但目前还不是农民最急需的内容。在农民最需要的培训内容中，产后储存占 5.7％，居于第四位，这说明部分农民已经开始进入附加值高的农产品加工环节，政府应该加强这方面的培训，进一步提高农民的农产品加工储藏水平，确保其分享到更多的农产品附加值。

从农民接受培训的内容看（见表 4-11），农民参加过的培训内容中最多的是病虫害防治、新品种新技术以及田间栽培，分别占了 35.8％、29.3％和22.2％，而机械耕作、政策法规和标准化操作占的比重最少，分别为 3.1％、3.5％和 5.2％；在培训次数方面，最多的是病虫害防治、新品种新技术和田间栽培，分别占了 22.5％、8.3％和 8.2％，最少的为政策法规、农产品销售和标准化操作，分别占了 0.6％、0.8％和 0.9％。之所以培训机构提供的政策法规、农产品销售、标准化操作等培训比较少，一方面是农民对这方面的培训需求比较少；另一方面是有些培训内容需要外聘老师，这将增加培训成本，受培训经费限制，培训机构只能少提供或不提供这些培训内容。

表 4-10　农民最希望参加和最需要的培训内容

项目	希望参加的培训内容			最需要的培训内容		
	频数	个案百分比（％）	有效百分比（％）	频数	个案百分比（％）	有效百分比（％）
新品种新技术	359	55.4	22.8	103	15.9	15.9
病虫害防治	427	65.9	27.1	249	38.4	38.4
测土配方	59	9.1	3.7	8	1.2	1.2
田间栽培	266	41.0	16.9	91	14.0	14.0
机械耕作	31	4.8	2.0	13	2.0	2.0
农产品销售	93	14.4	5.9	28	4.3	4.3

续表

项目	希望参加的培训内容			最需要的培训内容		
	频数	个案百分比（%）	有效百分比（%）	频数	个案百分比（%）	有效百分比（%）
产后储存	95	14.7	6.0	53	8.2	8.2
标准化操作	61	9.4	3.9	10	1.6	1.6
农产品质量安全	85	13.1	5.4	13	2.0	2.0
政策法规	20	3.1	1.3	/	/	/
其他	80	12.3	5.0	45	7.0	7.0
不需要	/	/	/	35	5.4	5.4
合计	1576	243.2	100.0	648	100.0	100.0

说明：农民希望参加的培训内容为多选项，有效百分比是以反应值（即频数合计值 1576）为基数计算得出，个案百分比是以回答该问题的农户数（648）为基数计算得出。本书中没有特别说明的，其多选题的有效百分比与个案百分比均是按照上述规则计算。

表 4-11 农民参加过的培训内容与培训次数最多的培训内容

项目	参加过的培训内容			培训次数最多的培训内容		
	频数	个案百分比（%）	有效百分比（%）	频数	个案百分比（%）	有效百分比（%）
新品种新技术	190	29.3	16.1	54	8.3	8.3
病虫害防治	232	35.8	19.6	146	22.5	22.5
测土配方	39	6.0	3.3	3	0.5	0.5
田间栽培	144	22.2	12.2	53	8.2	8.2
机械耕作	20	3.1	1.7	/	/	/
农产品销售	47	7.3	4.0	5	0.8	0.8
产后储存	62	9.6	5.2	37	5.7	5.7
标准化操作	34	5.2	2.9	6	0.9	0.9
农产品质量安全	55	8.5	4.7	7	1.1	1.1
政策法规	23	3.5	1.9	4	0.6	0.6
未参加	320	49.4	27.1	317	48.9	48.9
其他	16	2.5	1.3	/	/	/
不需要	/	/	/	16	2.5	2.5
合计	1182	182.4	100.0	648	100.0	100.0

说明：在所调查的农户中，没有农民选择参加培训次数最多的是机械耕作。

从培训内容的需求和供给来看(见图 4-1、图 4-2),供求差距较大的分别是:新品种新技术、病虫害防治和田间栽培三项培训内容,其中病虫害防治差距最大,65.9%的农民希望参加病虫害防治培训,而实际参加的仅有35.8%,明显供小于求,差值达 30.1 个百分点;而且农民最需要的培训内容和农民参训次数最多的也是病虫害防治,二者也是供小于求。之所以在新品种新技术、病虫害防治和田间栽培等方面供给比较多的情况依然出现供小于求的问题,这主要有三方面的原因:一是培训机构没有根据当地产业和农民需求安排培训,而是主观地设计培训方案和实施培训;二是有些培训机构为了完成培训任务,根据师资状况而非农民培训需求安排培训;三是即使培训机构做了调查,但因农民培训需求的多样化,培训机构受培训经费约束而无法满足小规模、多样化的培训需求。政策法规供过于求,二者相差 5 个百分点。测土配方、农产品销售、产后储存、标准化操作和农产品质量安全供求基本平衡。

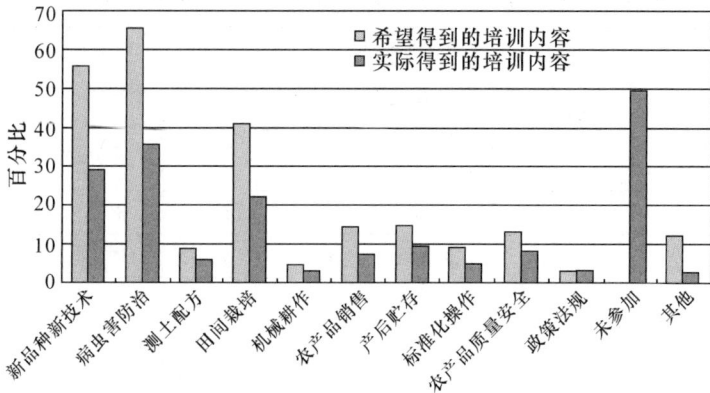

图 4-1　农民希望得到的培训内容与实际得到的培训内容

(2)培训信息发布时间供求分析

从农民对培训信息通知时间的期望来看(见表 4-12),26.6%的农民希望提前 6 天及以上获取培训信息,26.0%的农民希望提前 2 天获取培训信息,18.8%的农民希望提前 3 天获取培训信息,11.9%的农民希望提前 1 天获取培训信息,仅有 4.7%的农民希望当天获取培训信息。从农民获取培训信息通知时间来看,6 天及以上、2 天、3 天占比较高,分别为 30.6%、25.6%和20.1%;1 天、4 天、当天占比较低,分别为 9.9%、7.4%和 1.9%。总体来看,近

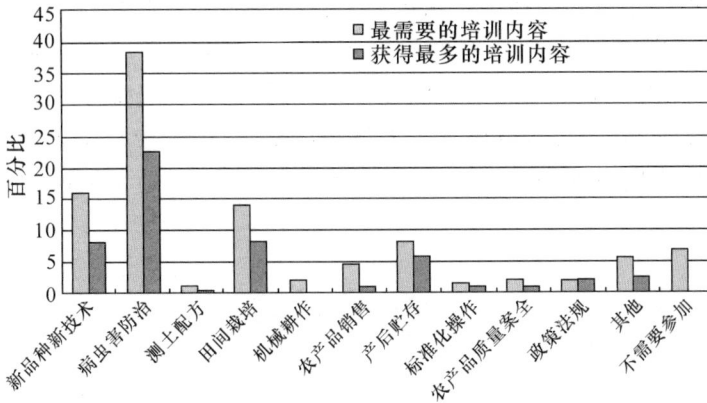

图 4-2　农民最需要的培训内容与培训次数最多的培训内容

90%的农民希望提前 2 天及以上获取培训信息,这主要因为,提前获取培训信息有助于农民安排出时间参加培训,提高农民培训的参与度。

表 4-12　农民最希望的培训信息获取时间与实际获取时间

项目	希望的获取时间		实际获取时间		实际与期望差距
	频数	有效百分比(%)	频数	有效百分比(%)	差值
当天	15	4.7	6	1.9	−2.8
1 天	38	11.9	32	9.9	−2
2 天	83	26.0	83	25.6	−0.4
3 天	60	18.8	65	20.1	1.3
4 天	22	6.9	24	7.4	0.5
5 天	13	4.1	13	4.0	−0.1
6 天及以上	85	26.6	99	30.6	4.0
其他	3	0.9	2	0.6	−0.3
合计	319	100.0	324	100.0	
缺失	329		324		
总计	648		648		

注:对实际培训信息通知时间回答的有 324 户,对希望培训信息通知时间回答的有 319 户。因为该题是由参加培训的农民作答,所以缺失回答的农户为 324 户和 329 户。

从培训信息通知时间的供求来看(见图4-3),实际与期望差距最大的是6天及以上,即供小于求,尽管实际中培训信息提前6天及以上通知的是最多的,但是依然不能满足需求。因此,培训机构应该尽可能早地将农业技能培训的信息通知给农民,以便农民做好相应安排,能够参加培训。这样不仅有助于化解农民想参加而没有时间参加的矛盾,也有助于提高农民培训的效益。

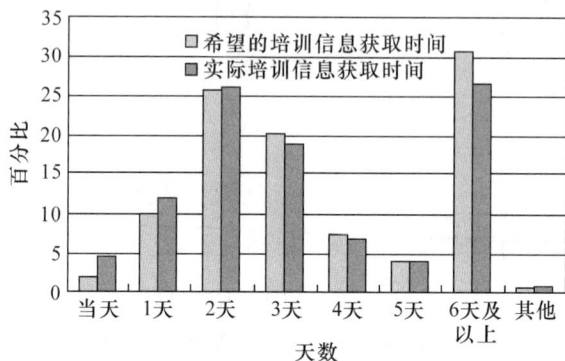

图4-3 农民最希望的培训信息获取时间与实际获取时间

(3)培训信息发布渠道的供求分析

从农民对培训信息发布渠道的期望来看(见表4-13、图4-4),农民希望的是村干部口头通知,而村干部口头通知也是农民获取培训信息最多的渠道,但实际与期望差距比较大,差值为-10.6个百分点,这说明供给超过了农民需求。这主要是因为培训机构路径依赖,沿用传统的信息传递渠道发布培训消息;或者培训机构为了保证参训人数而依靠传统的信息传递渠道发布信息;或者因为培训名额有限、培训对象有要求而需要村干部进行筛选。其次是农民希望通过手机短信获取培训信息,所占比重为35.5%,而实际提供的仅占14.2%,实际与期望差距比较大,差值达21.3个百分点,这表明实际供给没有满足农民的需求。这可能是因为手机、网络等新型信息传递渠道需要培训机构付出更多成本,例如协调通信公司、采集储存农民手机号、筛选培训对象等,而传统的信息传递渠道成本低、易操作。但是,村干部在通知培训信息时往往会筛选培训对象,这可能使得有培训意愿的农民无法及时获得培训信息或培训机会。

表 4-13　农民最希望的培训信息获取渠道与实际获取渠道

项目	希望的培训信息获取渠道		实际培训信息获取渠道		实际与期望差距
	频数	有效百分比(%)	频数	有效百分比(%)	差距差值
村内宣传栏	7	2.2	19	5.9	−3.7
同行之间	6	1.8	27	8.4	−6.6
村干部口头通知	135	41.7	169	52.3	−10.6
村干部广播通知	10	3.1	11	3.4	−0.3
手机短信	115	35.5	46	14.2	21.3
其他	51	15.7	51	15.8	−0.1
合计	324	100.0	323	100.0	
缺失	324		325		
总计	648		648		

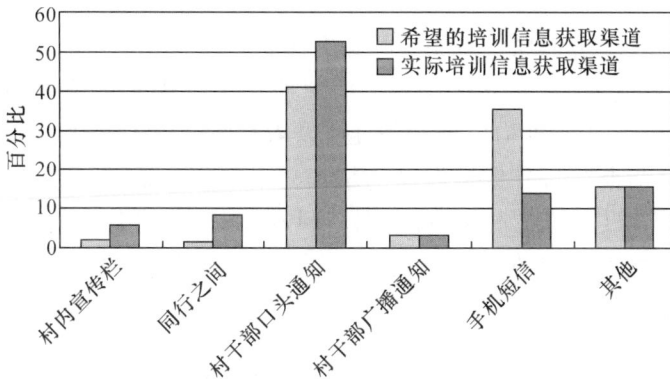

图 4-4　农民最希望的培训信息获取渠道与实际获取渠道

(4)培训地点的供求分析

从农民对培训地点的期望来看(见表 4-14),57.6%的农民希望培训地点安排在本村,29.5%的农民希望安排在就近村落,希望安排在乡镇为 7.4%,希望安排在其他、县城及以上的农民占的比例很小,分别为 4.3%、1.2%。在农民接受的培训中,培训地点以本村及乡镇为主,分别为 40.4%、36.9%,县城以上占 10.9%,就近占 9.3%,其他仅占 2.5%。这主要因为农民农活比较繁重,而且农忙季节时间比较紧张,有些地方交通也不便利,所以近 87%的农民希望在本村或者就近安排培训,较为方便,能够节省很多时间和精力。

表 4-14　农民最希望的培训地点与实际培训地点

项目	希望的培训地点		实际培训地点		实际与期望差距
	频数	有效百分比（%）	频数	有效百分比（%）	差值
县城及以上	4	1.2	35	10.9	9.7
乡镇	24	7.4	119	36.9	29.5
本村	187	57.6	130	40.4	−17.2
就近	96	29.5	30	9.3	−20.2
其他	14	4.3	8	2.5	−1.8
合计	325	100.0	322	100.0	
缺失	323		326		
合计	648		648		

从培训地点的供求来看（见图 4-5），培训地点就近、本村的需求与实际供给相差较大，差值为 20.2 个百分点和 17.2 个百分点，这两方面都表现出供小于求。培训地点乡镇、县城及以上的供大于求，其中乡镇的供求差距最大，差值为 29.5 个百分点。培训地点出现供求错位的原因主要有以下几点：一是培训机构没有树立起"以农民为本"的理念，没有做好"农民培训需求调查"，没有根据农民的培训需求选择合适的培训地点；二是培训机构为了节约培训成本，提高培训资料利用效率，将各个村庄小规模、多样化的培训需求安排在乡镇，或者将层次高、非共性的培训集中在乡镇开办。

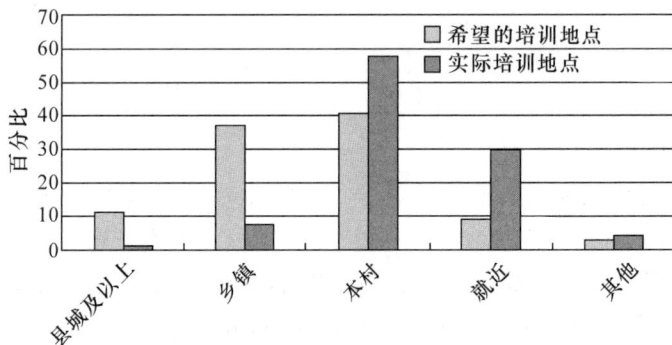

图 4-5　农民最希望的培训地点与实际培训地点

（5）培训时间安排的供求分析

从农民对培训时间安排的期望来看（见表 4-15），51.5％的农民希望根据农业生产需要随季节安排培训，居于首位，这表明大部分农民希望培训根据农业生产需要安排，这有助于农民将农业生产中的问题通过培训或咨询培训老师的方式及时解决。39.3％的农民希望将培训安排在农闲季节，这表明一部分农民希望将那些与农业生产季节关系不紧密的培训安排在农闲季节（政策法规、营养健康知识、疾病防治知识等）。有 8.3％的农民对培训时间安排没有要求。从培训时间安排的供给来看，受训农民中 52.7％的培训是根据农业生产需要随季节安排的，22.3％的培训安排在农闲季节，23.8％的培训没有确定时间。从培训时间安排的供求情况看（见图 4-6），需求与供给差距最大的是农闲季节，二者相差 17 个百分点，这表明农民更期望将培训安排在农闲季节，这样不仅不会耽误农业生产，还会将空闲的时间充分利用起来学习新知识、新技能。没有确定时间的供大于求，二者相差 15.5 个百分点，这表明培训机构安排培训有比较大的随意性，这也可能是造成农民参训率低的原因。培训机构应该根据农民对培训时间安排的期望合理安排培训时间，方便农民参加培训，不应忽视农民的客观需求随意安排培训时间。

表 4-15　农民最希望的培训时间安排与实际培训时间安排

项目	希望的培训时间安排		实际培训时间安排		实际与期望差距
	频数	有效百分比（％）	频数	有效百分比（％）	差值
农闲季节	128	39.3	71	22.3	−17.0
根据农时安排	168	51.5	168	52.7	1.2
没有确定时间	27	8.3	76	23.8	15.5
其他	3	0.9	4	1.2	0.3
合计	326	100.0	319	100.0	
缺失	322		329		
合计	648		648		

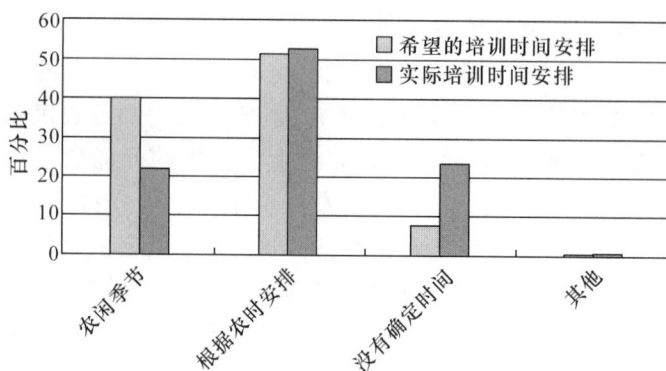

图 4-6　农民最希望的培训时间安排与实际时间安排

（6）培训长度的供求分析

从农民对培训时间长度的期望来看（见表 4-16、图 4-7），32.4％的农民希望培训时间为 1 天，25.6％的农民选择半天，这两项之和超过了 50％。实际培训时间为"1 天"的占 28.1％、半天的占 22.2％，二者合计 50.3％。可见，培训时间长度的需求与供给相差不大，而且，目前农民培训以"短平快"为主，农民也比较喜欢这样的培训，这不仅可以及时解决农业生产中的实际问题而且花费时间少、成本低。但是，相比于发展现代农业对农民的生产技能要求而言，"短平快"的培训是远远不够的，需要对农民进行专业、系统、持续的培训。可喜的是，一些农民已经意识到这一点，他们往往愿意参加培训时间较长的培训，例如，21.0％的农民希望培训时间为 4～7 天，4.6％的农民希望培训时间为 8 天以上。政府应该鼓励这些农民参加培训，使其成为农业生产带头人，起到示范带动作用。

表 4-16　农民最希望的培训时间长度与实际培训时间长度

项目	希望的培训时间长度		实际培训时间长度		实际与期望差距
	频数	有效百分比（％）	频数	有效百分比（％）	差值
半天	83	25.6	71	22.2	−3.4
1 天	105	32.4	90	28.1	−4.3
2～3 天	53	16.4	49	15.3	−1.1
4～7 天	68	21.0	80	25.0	4.0
8 天以上	15	4.6	25	7.8	3.2

续表

项目	希望的培训时间长度		实际培训时间长度		实际与期望差距
	频数	有效百分比(%)	频数	有效百分比(%)	差值
其他	0	0	5	1.6	1.6
合计	324	100.0	320	100.0	
缺失	324		328		
总计	648		648		

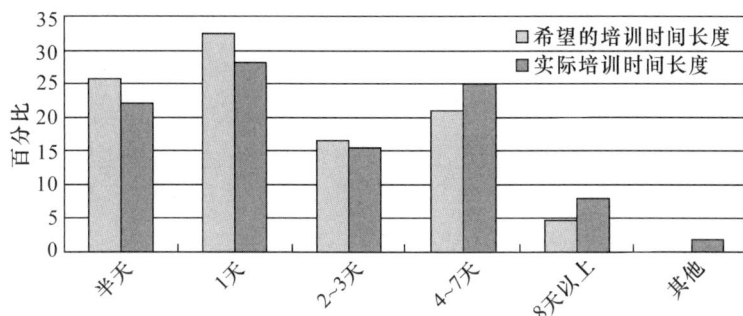

图 4-7　农民最希望的培训时间长度与实际培训时间长度

(7)培训方式的供求分析

从农民对培训方式的期望来看(见表 4-17),60.3%的农民喜欢田间示范,27.3%的农民喜欢课堂讲授,二者合计为 87.6%。这不仅反映了农民对培训方式的实际需求,同时也反映了农业技能培训的特点。农业技能培训侧重于技术培训,而田间示范更易于农民理解和掌握。此外,年轻、学历高的种养大户更倾向于选择课堂讲授,因为该培训方式能够比较系统地传授知识且侧重于理论。从培训机构提供的培训方式来看,课堂讲授是培训机构最为常用的培训方式,占 73.5%。

从培训方式供求的角度来看,课堂讲授供大于求,二者相差 46.2 个百分点。而田间示范恰恰相反,处于供小于求,二者相差 38.4 个百分点。由此可见,目前的培训方式存在明显的供求错位,其原因有以下几点:一是目前一些培训项目明确要求在固定的培训地点举办培训;二是课堂讲授对于培训机构而言便于组织,成本也低,如果选择田间示范,则需要提前考察联系恰当的地点,而且对培训教师有更高的要求,培训教师不仅要有理论知识更要有丰富的实践经验;三是培训机构忽视农民的培训需求,主观臆断地安排培训。为缩小供求差距,培训机构应该根据培训内容的特点和农民的偏好选择恰当的培训方式,尤其是应该多采用田间示范的培训方式,以便增强培训效果。

表 4-17　农民最希望的培训方式与实际培训方式

项目	希望的培训方式		实际培训方式		实际与期望差距
	频数	有效百分比(%)	频数	有效百分比(%)	差值
参观学习	21	6.4	7	2.2	4.2
课堂讲授	90	27.3	239	73.5	−46.2
田间示范	199	60.3	71	21.9	38.4
电视广播	1	0.3	1	0.3	0.0
以会代训			2	0.6	−0.6
其他	19	5.7	5	1.5	4.2
合计	330	100.0	325	100.0	
缺失	318		323		
总计	648		648		

(8)培训老师的供求分析

从农民对培训老师的期望来看(见表 4-18、图 4-8),52.3%的农民喜欢聘请的专家授课,36.6%的农民喜欢县乡技术人员授课,二者合计达88.9%;仅有 6.3%的农民喜欢企业技术人员授课,有 2.1%农民喜欢培训机构的老师授课。总体来看,农民更倾向于专家授课。从培训机构提供的培训老师来看,培训老师以县乡技术人员为主,占 48.8%;其次为专家,占43.7%。企业技术人员、培训机构的老师、当地生产能手所占比重不高,分别为 3.9%、1.5%、2.1%。

表 4-18　农民最希望的培训老师与实际培训老师

项目	希望的培训老师		实际培训老师		实际与期望差距
	频数	有效百分比(%)	频数	有效百分比(%)	差值
县乡技术人员	121	36.6	161	48.8	12.2
聘请的专家	173	52.3	144	43.7	−8.6
企业技术人员	6	1.8	13	3.9	2.1

续表

项目	希望的培训老师		实际培训老师		实际与期望差距
	频数	有效百分比(%)	频数	有效百分比(%)	差值
培训机构的老师	3	0.9	5	1.5	0.6
当地生产能手	21	6.3	7	2.1	−4.2
其他	7	2.1		0.0	−2.1
合计	331	100.0	330	100.0	
缺失	317		318		
总计	648		648		

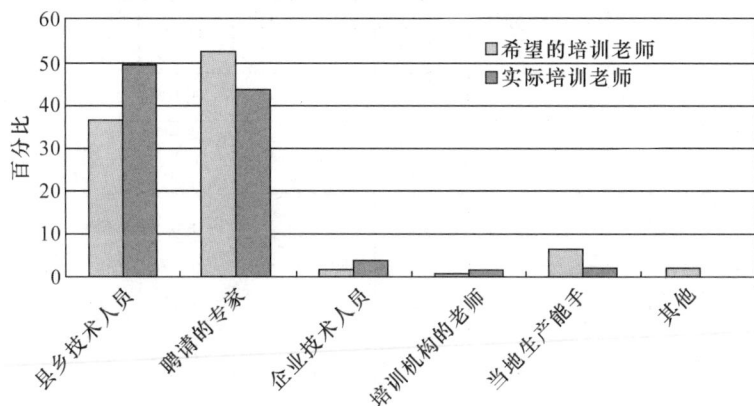

图 4-8　农民最希望的培训老师与实际培训老师

从培训老师供求来看,农民对聘请专家的需求大于培训机构的供给,二者相差 8.6 个百分点,而农民对县乡技术人员的需求小于培训机构的供给,二者相差 12.2 个百分点。培训老师供求错位的原因有以下几点:一是聘请专家费用高,不仅讲课费高,搜寻成本和协调成本也高,由于专家比较忙,培训时间经常调整,从而增加了协调成本;二是聘请县乡技术人员手续简单且费用低。农民对当地生产能手的需求大于培训机构供给的比例,二者相差 4.2 个百分点。为提高培训效率,培训机构应该根据农民需求和培训内容选择恰当的培训老师。

(9)培训机构的供求分析

从农民对培训机构的期望来看(见表 4-19、图 4-9),在接受调查的 325位农户中,42.5%的农民喜欢农技推广站提供的培训,18.8%的喜欢农民专业合作社提供的培训,12.3%的农民喜欢成人文化学校提供的培训,10.2%的农民喜欢农民专业技术协会提供的培训。从农民最易获得的培训机构来看,38.8%的农民选择农技推广站,且有33.6%的农民最喜欢该机构举办的培训。这可能是因为农技推广站是设置最早的农业技术推广机构,也是农民最为熟悉的培训机构。其次是农民专业合作社,所占比例为26.2%,且22.0%的农民认为合作社是最喜欢的培训机构,仅次于农技推广站。从培训机构的需求和供给看,差距最大的是农技推广站,需求大于供给,二者相差8.9个百分点,其他培训机构供求基本平衡。

表 4-19　提供培训的机构与最喜欢的培训机构

项目	最近参加的培训机构		最喜欢的培训机构		差距	最易获得的培训机构	
	频数	有效百分比（%）	频数	有效百分比（%）	差值	频数	有效百分比（%）
农技推广站	138	42.5	110	33.6	8.9	126	38.8
成人文化学校	40	12.3	44	13.5	-1.2	36	11.1
农广校(农函大)	4	1.2	15	4.6	-3.4	7	2.2
农民专业合作社	61	18.8	72	22.0	-3.2	85	26.2
农业龙头企业	2	0.6	3	0.9	-0.3	4	1.2
农民专业技术协会	33	10.2	53	16.2	-6.0	27	8.3
农民教育培训机构	13	4.0	14	4.3	-0.3	18	5.5
不清楚	18	5.5	11	3.4	2.1	16	4.9
其他	16	4.9	5	1.5	3.4	6	1.8
合计	325	100.0	327	100.0	0	325	100.0
缺失	323		321			323	
总计	648		648			648	

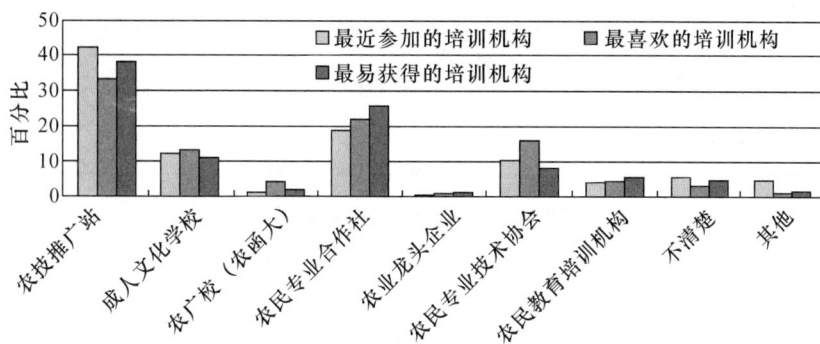

图 4-9　最近参加的培训机构、最喜欢的培训机构、最易获得的培训机构

4.2　村庄调查问卷概况

4.2.1　样本村庄的现状

　　调查数据显示(见表 4-20 至表 4-22),被调查的村庄中,28.3% 是山区村、30.2% 是丘陵村、41.5% 是平原村;距离公路最远的是 2 公里,平均为 0.62 公里;距离镇中心最远的为 15 公里,平均是 3.29 公里;距离县城中心最远的是 40 公里,最近的是 2 公里,平均为 16.28 公里,标准差为 10.73 公里,表明村庄之间存在较大的差异。被调查村庄的人均收入最低为 3100 元,最高为 17300 元,均值为 9972.13 元;49.0% 的村庄的村民收入主要来源于农业,51.0% 的村庄的村民收入主要来源于非农业。调查数据显示,调查样本基本能够反映浙江省农村的基本情况。

表 4-20　村庄基本信息的描述性统计

项目	样本量	极小值	极大值	均值	标准差
距公路(公里)	53	0	2	0.62	0.67
距镇中心(公里)	53	0	15	3.29	3.19
距县城中心(公里)	53	2	40	16.28	10.73
设施情况	53	1	3	1.62	0.60
村家庭人均收入(元)	53	3100	17300	9972.13	3167.11
主要收入来源	51	1	2	1.51	0.51

续表

项目	样本量	极小值	极大值	均值	标准差
农民参训比例(%)	53	1	85	22.36	21.72
村镇举办培训次数	53	1	15	3.91	3.38

表 4-21　被调查村庄的类型

村庄类型	频数	百分比(%)	有效百分比(%)	累计百分比(%)
山区村	15	28.3	28.3	28.3
丘陵村	16	30.2	30.2	58.5
平原村	22	41.5	41.5	100.0
合计	53	100.0	100.0	

表 4-22　农民的主要收入来源

主要收入来源	频数	百分比(%)	有效百分比(%)	累计百分比(%)
农业	25	47.1	49.0	49.0
非农业	26	49.1	51.0	100.0
合计	51	96.2	100.0	
缺失	2	3.8		
合计	53	100.0		

4.2.2　农民培训的现状

(1)村镇举办培训次数较多,培训机构以政府主导型为主

村庄问卷的数据显示(见表 4-20),村镇年举办农业技能培训次数最少为 1 次,最多 15 次,平均 3.91 次。从数据上看,村镇平均每年举办培训的次数比较多,而且村镇年度至少举办过 1 次农民培训。农民参训比例平均为22.36%,这说明虽然农村举办培训次数比较多,但是农民参训比例不高。举办农业技能培训的机构类型比较多(见表 4-23),其中 47.2%的村庄选择农业技术推广机构、41.5%的村庄选择农业局、35.9%的村庄选择成人文化学校。举办培训次数最多的是农技推广机构(见表 4-24),其次是成人文化学校,这表明目前举办农业技能培训的机构仍以政府主导型培训机构为主,而市场导向型培训机构(农民合作社和农民专业技术协会)处于辅助地位。

表 4-23　开展农民培训的机构

培训机构	频数	有效百分比(%)	个案百分比(%)
农技推广机构	25	23.4	47.2
成人文化学校	19	17.7	35.9
农广校	8	7.5	15.1
农民合作社	15	14.0	28.3
农业龙头企业	2	1.9	3.7
农民专业技术协会	8	7.5	15.1
农业局	22	20.5	41.5
其他	8	7.5	15.1
总计	107	100.0	201.9

表 4-24　举办培训次数最多的培训机构

培训机构	频数	百分比(%)	有效百分比(%)	累计百分比(%)
农技推广机构	20	37.8	48.8	48.8
成人文化学校	6	11.3	14.6	63.4
农民专业合作社	5	9.4	12.2	75.6
农民专业技术协会	2	3.8	4.9	80.5
农业局	5	9.4	12.2	92.7
其他	3	5.7	7.3	100.0
合计	41	77.4	100.0	
缺失	12	22.6		
总计	53	100.0		

(2)培训信息以村干部口头通知为主,培训基本都能参加

农民培训信息传播方式以村干部口头通知为主,占 66.0%,其次是村内宣传栏和培训组织通知,各占 37.7%(见表 4-25)。54.7%的村庄其培训有补贴,15.1%的村庄其培训没有补贴,22.6%的村庄其培训大多数没有补贴(见表4-26)。当培训名额有限时,被选择的培训对象中,84.9%是种养大户,66.0%是农民合作社成员,49.6%的是村干部或党员(见表4-27)。从农民培训信息的传播方式可以发现一些农民不知道有培训信息的原因是:培训

信息以村干部口头通知为主,这使得培训信息不具有公开性,并不是所有村民都知道,即使所有村民都知道,又因为培训名额所限,使得一些想参加培训的农民无法参加。

表 4-25 农民培训信息传播的途径

培训信息传播途径	频数	有效百分比(%)	个案百分比(%)
村内宣传栏	20	19.2	37.7
同行之间	6	5.8	11.3
村干部口头通知	35	33.7	66.0
培训组织通知	20	19.2	37.7
村干部广播通知	10	9.6	18.9
其他	13	12.5	24.5
总计	104	100.0	196.1

表 4-26 农民参加培训是否有补贴

培训补贴情况	频数	百分比(%)	有效百分比(%)	累计百分比(%)
没有补贴	8	15.1	15.1	15.1
大多数没有补贴	12	22.6	22.6	37.7
有补贴	29	54.7	54.7	92.5
补贴额度很少	4	7.6	7.6	100.0
合计	53	100.0	100.0	

表 4-27 农民培训的名额有限时培训对象的选择

培训对象选择	频数	有效百分比(%)	个案百分比(%)
种养大户	45	36.6	84.9
科技示范户	18	14.6	34.0
农村经纪人	3	2.4	5.7
村干部、党员	21	17.1	39.6
合作社成员	35	28.5	66.0
其他	1	0.8	1.9
总计	123	100.0	232.1

（3）多数村庄有农民合作社，合作社培训人次比较多

调查数据显示（见表 4-28），60.4％的村庄有农民合作社，11.3％的村庄有农业企业，62.3％的村庄有农民培训机构（村庄有农民合作社或农业企业均为有培训机构，如果同时拥有农民合作社和农业企业也视为有一个培训机构）。被调查的 31 家合作社中，有 21 家开展了农民培训，培训人次最小值为 30 人次，最大值为 1280 人次，平均为 182.29 人次；被调查的 6 家农业企业中，有 4 家开展农民培训，培训人次最小值为 15 人，最大值为 300 人次，均值为 127.50 人（见表 4-29）。

表 4-28　村庄内农民合作社、农业企业、农民培训机构的情况

项目	农民合作社		农业企业		农民培训机构	
	频数	百分比（％）	频数	百分比（％）	频数	百分比（％）
有	32	60.4	6	11.3	33	62.3
没有	21	39.6	47	88.7	20	37.7
合计	53	100.0	53	100.0	53	100.0

表 4-29　培训机构培训人次的描述性统计

项目	样本量	极小值	极大值	均值	标准差
合作社培训人次	21	30.00	1280.00	182.29	262.898
企业培训人次	4	15.00	300.00	127.50	138.834
培训机构培训人次	22	30.00	1280.00	197.18	256.212

4.3　本章小结

通过对农户和村庄调查问卷的分析，得出以下结论：（1）农业经营仍以单家独户经营为主，务农劳动力老龄化严重，且宁波与丽水相比务农劳动力的老龄化更为严重。另外，农业生产虽然已经逐渐开始向组织化方向发展，但总体上还是以单家独户生产为主，尚未形成以合作组织为载体的组织化生产模式。（2）务农劳动力文化水平偏低，务农劳动力的受教育水平虽然有所改善，但是，与发展现代农业、建设新农村的要求相比，务农劳动力的文化水平仍然有很大差距。（3）家庭经营以种植业为主，种植规模有所扩大，农

业收入有所提高；但是平均种植规模依然偏小。（4）农民的参训愿望强烈，对培训内容提出了新的需求，特别是对病虫害防治、新品种（新肥料）的使用和田间栽培的需求度最高，但参训机会少，培训次数少，培训供给的数量和内容存在不足。（5）农民希望的培训安排与实际安排存在差距，总体差距不大，但是个别方面差距较大，比如培训地点、培训时间安排、培训方式以及培训老师等方面存在较大差距。（6）农民对培训过程效果评价和总体性效果评价较高，但是个别方面评价不高，比如培训内容和培训是否达到预期目标等方面评价不高。（7）被调查村庄中山区、丘陵村各占一半，农村居民人均收入接近1万元，基本能够反映浙江省农村的基本情况。（8）村镇举办培训的机构以政府主导型为主，举办农民培训次数较多，但农民参训比例并不高。（9）大部分农民培训有补助，农民基本上可以自由选择参加培训，在名额有限情况下种养大户、合作社成员、村干部或党员有更多的参训机会。（10）培训信息以村干部口头通知为主，该方式尽管效率高，但信息传播不公开、扩散半径小、扩散慢，使得想参加培训的小农户无法及时获取培训信息而无法参加培训。（11）多数村庄有农民合作社，而且绝大部分合作社开展了农民培训。

通过本章农业技能培训的现状分析，发现宁波、丽水两市的农业生产仍以家庭经营为主，且种养规模比较小，从事农业生产的劳动力老龄化、低质化严重。这样的农业经营主体与发展现代农业是极其不适应的，需要通过教育培训提高其生产技能弥补其不足。调查发现农民参训意向比较强烈，但参训比例较低，出现了明显的参训意向与参训行为背离的情况。而且农民培训存在需求和供给的错位，且在某些方面错位比较严重，那么这种错位对农民参训行为会有何种影响？会不会影响农民参训意向与参训行为的背离，影响程度有多大？这些问题将在第5章至第7章进行分析。

第 5 章　农业技能培训主体供给分析

21 世纪以来,我国农村中 40 岁以上的劳动力年龄人口占劳动力年龄人口总数的比例逐年上升,2008 年该比例首次突破 50%,农村劳动力老龄化的特点日益鲜明。目前我国从事农业生产的劳动力平均年龄在 50 岁以上,甚至有的研究认为我国农业从业者的平均年龄为 57 岁(朱启臻,2012),部分地区,如上海等经济发达地区务农农民年龄已接近 60 岁(张红宇,2011)。随着大量青壮年、男性、高素质劳动力流出农村,农业劳动力老龄化、妇幼化、低质化日益加剧,"谁来种地"、"如何种好地"的问题日益突出。另一方面,随着耕地和水资源紧缺、农业生产成本上升、青壮年劳动力减少、环境污染和生态退化等问题的日益突出,我国农业发展的资源环境约束也更加严峻。农业科技创新是突破资源环境约束的根本出路,掌握新科技要求农民的科技文化素质必须与之相匹配,否则,不仅农业科技成果转化率大大降低,还会阻碍现代农业发展和新农村建设。在此大背景下,农民培训被赋予了新的内涵,农民培训不仅仅是传授农民新技术、新品种、新工艺和新方法等,更主要的是培养符合现代农业发展、新农村建设要求的新型农民、职业农民。

2012 年中央一号文件明确了农民培训体系中的实施主体,即农民培训机构,以及针对不同类型农民的培训方法及具体目标。而在目标的实现过程中,除了国家政策、财政支持外,最为核心的则是健全完善的农民培训机构,培训机构质量对培训效果影响很大。据统计,我国有县级以上农业广播电视学校 2577 所,农村职业高中 4200 多所,农业职业技术学院(包括农业中专)339 所,县级农业技术推广机构 2.2 万个,乡镇农技推广机构 8.15 万个。此外,一些农民专业合作社和龙头企业建立了农民培训基地,承担了一些农民培训项目。随着农民专业合作社的发展壮大,合作社在农民培训中的地位会越来越重要。这么庞大的农民培训机构现状如何,它们开展哪些农民培训、如何开展农民培训,农民培训的效果如何,哪些因素又会影响培训效果,以及各类培训机构在开展农民培训中的优势和劣势等诸多问题都有待回答。目前农民培训工作目标正在向综合素质提升转变,工作重心向农村实用人才培养为主转变,工作方式向重点型、质量型转变,工作方法向"一业一训"全程式、系统化的专业培训服务模式推进转变(朱奇彪、陆益 2012)。农民培训方式、模式的转变,主要还是依靠各类农民培训机构,而这对本书所要研究的主体——农民培训机构提出了更高的要求。目前农民培训机构能否担当起培养新型农民的重任,农民培训机构还存在哪些不足,这些都是亟待研究的重要问题。这直接关系到新型农民培养和农村实用人才培训目标能否完成,也关系到现代农业发展和社会主义新农村建设能否顺利进行。这些问题的回答恰恰是本书研究农民培训机构的重要目的。

本章以考察不同培训机构的基本状况为研究的逻辑起点,从地区分布、人员组成、硬件设施、软件配置以及培训效果等方面对不同类型农民培训机构进行对比研究,以揭示不同培训机构之间的差异。以分析农民培训效果及其影响因素为研究的逻辑重点,运用非参数检验方法筛选出有可能影响农民培训效果的因素,然后运用 Box-Cox 模型从农民培训机构的角度分析影响农民培训效果的因素。以多案例研究为研究的逻辑辅助,通过不同培训机构的典型案例剖析,具体、细致、深入地分析不同培训机构在开展农业技能培训中的优势和劣势,以及影响培训效果的具体因素,以提出建立健全农民培训机构的政策建议为研究的逻辑终点。

5.1 农民培训机构的现状分析

5.1.1 培训机构发展水平存在区域差异

从区域分布和机构类型两个维度考察农民培训机构的发展水平,统计结果如表 5-1 所示。从样本的县域分布看,北仑 6 家,慈溪 25 家,奉化 13家,江北 6 家,宁海 14 家,象山 20 家,余姚 3 家。从调查样本的数量上看,慈溪市的调查样本最多,其次是象山县,而余姚市的样本数量最少,仅有 3 家农民培训机构,北仑区和江北区的样本数量也比较少,各只有 6 家培训机构。从培训机构的类型看,其中农广校及远程教育 4 家,成人文化学校 54 家,农函大 2 家,农民专业合作社 6 家,农业龙头企业 1 家,农技推广机构 18 家,民营培训机构 2 家。从培训机构类型的区域分布看,慈溪市被调查的培训机构有成人文化学校和农技推广机构两类,而这两类机构在各个县均有样本;象山县的农民培训机构种类最多。另外,所调查的农民专业合作社主要在宁海县,奉化市也有 1 家。农广校及远程教育学校以及民营培训机构主要在象山县和江北区。综上,农民培训机构无论在数量分布上还是在类型分布上都存在着区域差异,这也从一个侧面说明了不同县域的农民培训机构发展水平参差不齐。究其原因,一方面,可能缘于本次调查不是普查仅仅是抽样调查,致使调查存在偏差;另一方面,可能与县域农业所占比重、经济发展水平尤其是农业发展水平以及政府重视程度有关。

表 5-1　宁波市各个区县农民培训机构抽样情况

机构(家) 县域	农广校及远程教育	成人文化学校	农函大	农民专业合作社	农业龙头企业	农技推广机构	民营培训机构	合计
慈溪市	0	18	0	0	0	7	0	25
余姚市	0	2	0	0	0	1	0	3
奉化市	0	8	0	1	0	4	0	13
宁海县	0	8	0	5	0	1	0	14
象山县	3	13	1	0	1	1	1	20
北仑区	0	4	1	0	0	1	0	6
江北区	1	1	0	0	0	3	1	6
合计	4	54	2	6	1	18	2	87

5.1.2　农民培训机构人员构成及文化程度

在所调查的农民培训机构中(见表 5-2 至表 5-4),管理人员总数 301 人,专职人员 338 人,后勤人员 102 人。机构中管理人员和专职人员的文化素质普遍较高,80% 以上都是大专及以上学历,而后勤人员的文化程度的分布则较为离散。下面从人员素质和人员组成两个方面具体分析。

(1)培训机构的人员素质在区域、培训机构类型之间差异较大

从区域角度看,在调查的宁海、象山、北仑这三个地区的机构人员中有

小学文化程度的,而其他地域的机构没有小学文化程度的,这说明了其他地域机构人员的平均文化水平较高。余姚和北仑两地的机构人员中,文化程度在大学及以上的人数相比于其他地域要少。这说明这两地的高端人才较少。从不同类型培训机构看,农业龙头企业、农广校的机构人员的文化程度都在高中及以上,而农民专业合作社的人员中没有大学及以上学历的。这是由于农民专业合作社都是农民自发形成的,而农民的文化素质整体不高。因此,呈现出不同的机构之间人员素质差别。

(2)培训机构的人员组成在区域、培训机构类型之间差异较大

从区域角度看,江北、慈溪以及余姚的专职人员数多于管理人员数,而其他县域的管理人员数多于专职人员数。慈溪的后勤人员比例最小。从不同类型培训机构角度看,农民专业合作社的专职人员数比例最小,农技推广机构的专职人员数目也比管理人员少。另外,农业龙头企业只配备专职人员,而没有专门的管理人员,也就是说企业的某部门管理着农民培训,而无专设的农民培训部。

表 5-2　培训机构人员的文化程度情况

变量名称	农民培训机构人员组成(人)			
	管理人员	专职人员	后勤人员	合计
小学及以下	0	0	7	7
初中	12	12	30	54
高中	40	29	36	105
大专	114	119	16	249
大学及以上	135	178	13	326
合计	301	338	102	741

注:关于机构人员配备的统计中,有4家机构数据缺失,此4家机构的数据以零计算。

总体来看,平均每个机构配备3个管理人员,3个专职人员和1个后勤人员。不过,各个机构的实际人员配置还是存在差别。单家培训机构管理人员数最多的高达22人,专职人员数最多的高达28人,后勤人员数最多的高达21人。

经 Shapiro-Wilk 正态性检验,机构人员数目不符合正态分布,因此运用非参数估计考察机构类型是否影响人员配置的分布。Kruskal-Wallis 检验结果显示,各类培训机构在人员配置上没有显著差异。

表 5-3　不同类型农民培训机构的人员组成与文化程度情况

项目	农广校及远程教育				成人文化学校				农函大				农民专业合作社				农业龙头企业				农技推广机构				民营培训机构				合计
文化程度	管理	专职	后勤	合计	管理	专职	后勤	合计	管理	专职	后勤	合计	管理	专职	后勤	合计	管理	专职	后勤	合计	管理	专职	后勤	合计	管理	专职	后勤	合计	合计
小学	0	0	0	0	0	0	1	1	0	0	0	0	0	0	4	4	0	0	0	0	0	0	0	0	0	0	2	2	7
初中	0	0	0	0	1	10	15	26	2	0	0	2	4	1	7	12	0	0	0	0	4	1	6	11	1	0	2	3	54
高中	0	4	0	4	13	17	20	50	1	1	1	3	11	1	0	12	0	0	0	0	13	4	12	29	2	2	3	7	105
大专	3	6	7	16	75	82	6	163	2	2	0	4	3	2	0	5	0	1	0	1	29	19	3	51	2	7	0	9	249
大学	9	23	1	33	85	109	5	199	3	3	3	9	0	0	0	0	0	1	0	1	34	35	4	73	4	7	0	11	326
合计(人)	12	33	8	53	174	218	47	439	8	6	4	18	18	4	11	33	0	2	0	2	80	59	25	164	9	16	7	32	741

表 5-4　不同区域农民培训机构的人员组成与文化程度情况

项目	慈溪市				余姚市				奉化市				宁海县				象山县				北仑区				江北区				合计
文化程度	管理	专职	后勤	合计	管理	专职	后勤	合计	管理	专职	后勤	合计	管理	专职	后勤	合计	管理	专职	后勤	合计	管理	专职	后勤	合计	管理	专职	后勤	合计	合计
小学	0	0	0	0	0	0	0	0	0	0	0	0	0	0	4	4	0	0	2	2	0	0	1	1	0	0	0	0	7
初中	0	0	4	4	1	0	2	3	1	0	6	7	7	2	7	16	2	10	7	19	1	0	1	2	0	0	0	0	51
高中	8	6	8	22	3	4	2	9	8	3	10	21	11	2	5	18	9	10	5	24	1	0	0	1	0	4	6	10	105
大专	42	46	4	92	3	4	0	7	17	15	0	32	12	13	2	27	23	22	8	53	6	9	2	17	11	10	0	21	249
大学	54	69	7	130	0	2	0	2	18	15	0	33	5	8	0	13	46	63	6	115	2	1	0	3	13	20	0	33	329
合计(人)	104	121	23	248	7	10	4	21	44	33	16	93	35	25	18	78	80	105	28	213	10	10	4	24	24	34	6	64	741

5.1.3　不同类型培训机构的硬件设施情况

各类培训机构的硬件设施情况如表 5-5 所示。

表 5-5　各类培训机构的硬件设施情况

变量名称		农民培训机构类型（家）								χ^2 显著性水平
		农广校及远程教育	成人文化学校	农函大	农民合作社	农业龙头企业	农技推广机构	民营培训机构	合计	
图书室	无	3	13	0	6	0	14	2	38	0.000
	有	1	41	2	0	1	4	0	49	
多媒体投影仪	无	1	16	1	6	1	9	0	34	0.005
	有	3	38	1	0	0	9	2	53	
电视、摄像机	无	1	14	0	4	1	11	1	32	0.033
	有	3	40	2	2	0	7	1	55	
其他教学设备	无	1	44	1	5	0	14	0	65	0.012
	有	3	10	1	1	1	4	2	22	
教学实验场地	无	2	21	2	0	1	13	1	42	0.290
	有	2	33	0	4	0	5	1	45	
固定培训教室	无	1	1	0	0	1	6	0	9	0.000
	有	3	53	2	6	0	12	2	78	
教室地点	县	1	2	0	0	0	6	2	11	0.000
	乡	2	47	2	2	1	6	0	60	
	村	0	3	0	3	0	2	0	8	

（1）图书室建设在不同培训机构之间存在显著差异

在图书室方面，在所调查的培训机构中，49 家有图书室，38 家没有图书室。其中，农民专业合作社都没有图书室，这主要缘于农民专业合作社处于发展初期，设施不完备，而且农民专业合作社的主要职能是技术服务和销售农产品，图书室不是其主要建设的项目。农技推广机构绝大部分没有图书室，这主要因为其主要任务是培训农民，一般不提供书籍阅览和资料查阅，加之经费所限，图书室一般都没有建立。大部分农广校、成人文化学校有图书室，这类培训机构往往是有固定生源、固定办学经费、实力比较强，而且农民培训也不是其主要工作内容，他们承担的培训项目一般是"一村一名大学生"和农民学历教育等。短期培训还是以农技推广站和农民专业合作社等为主。

图书室的有无可以从侧面反映机构硬件配备,而图书室藏书量的多少更体现了一个农民培训机构的办学实力。在统计中,最大的图书室藏书50000 册,最少的仅藏书 200 册,平均藏书 6132 册,标准差为 8678。除了藏书,相关音像资料的存量也是图书室好坏的重要考量指标。在各个机构的图书室中,最多的有音像资料 300 种,最少的仅仅 1 种,平均 40 种,标准差75.8。这表明,农民培训机构在藏书数量和音像资料数量方面存在较大差异,也反映出培训机构实力方面的差异。

(2)培训机构的硬件设施在区域、培训机构类型之间存在显著差异

从区域角度看,地域间培训机构硬件的配备差距较为明显。北仑区的培训机构配备较为齐全,慈溪市、奉化市、象山县约有 40%～50% 的机构没有图书室。慈溪市的部分培训机构缺少电视机、摄像机,奉化市和宁海县的大部分培训机构缺少多媒体设备,余姚市的设施配备则不足 25%。从不同类型培训机构看,培训机构在有无多媒体投影仪,有无电视、摄像机以及有无其他教学设备等方面存在差异,且在统计上显著。而且有无多媒体投影仪的差异比有无电视的差异更为显著。

(3)多数培训机构有固定培训教室,但没有教学实验场地

从培训教室角度看,调查的培训机构中仅有 9 家机构没有固定的培训教室。其中农广校及远程教育 1 家,成人文化学校 1 家,调查的唯一 1 家农业龙头企业也没有固定培训教室,另外还有 6 家农机推广机构没有培训教室。根据推断统计结果,我们可以判断有无固定培训教室在机构之间存在差异。

从培训场地角度看,在调查的 89 家培训机构中,47 家机构没有培训场地,42 家机构有培训场地。有无教学实验场地的 Pearson 卡方检验的显著性水平为 0.290,无法在 0.05 的水平上拒绝原假设,即教学实验场地在不同机构之间的配置不存在显著差别。仅仅少部分有实验场地,在有场地的培训机构中,个别场地较大。有场地的培训机构其场地面积平均 241 亩。最大的场地面积达 3500 亩。另外,2000 亩的 1 家,1500 亩的 1 家,1000 亩的 1家,其余场地均未超过 500 亩,有 17 家机构场地面积不足 8 亩。由此可见,场地的大小在各个机构之间存在着巨大差异。

(4)农民培训机构多位于乡镇

关于教室地点有 5 家机构数据缺失,另外有 3 家成人文化学校的教室地点写的是"其他",其中有 1 家成人文化学校标记为"学校",其他 2 家没有

标记。

所调查的农民培训机构多数是位于乡镇。样本中的农民专业合作社没有位于县城的,民营培训机构则全部位于县城,农广校或远程教育学校没有位于村镇的,龙头企业以及农函大则位于乡镇。

5.1.4　不同类型培训机构的软件状况

(1)运行机制上,以需求分析及培训计划制定为主

本研究从农民培训步骤角度研究其运行机制健全情况(见表5-6)。总体上来看,各个步骤都会涉及的县区主要有慈溪、奉化、宁海和象山,其他地区在农民培训步骤上则有缺失。

①60.9%的培训机构分析了当地产业规划

培训机构与培训步骤的交叉列联表(见表5-6)显示,不同机构与有无分析产业规划的Pearson卡方检验的显著性水平为0.479,这说明从统计的角度来讲,机构类别间在有无分析产业规划方面差异不大。调查显示,农民专业合作社中没有产业规划的比例相对较高,这可能是因为农民专业合作社本身就是依托某个产业而建立的合作组织,所以在开展培训时自然而然地围绕其产业进行。

表5-6　各类培训机构的运行机制情况

变量名称		农民培训机构类型(家)								χ^2 显著性水平
		农广校及远程教育	成人文化学校	农函大	农民专业合作社	农业龙头企业	农技推广机构	民营培训机构	合计	
分析产业规划	无	1	19	0	4	0	9	1	34	0.479
	有	3	35	2	2	1	9	1	53	
培训需求分析	无	0	7	0	1	0	5	0	13	0.664
	有	4	47	2	5	1	13	2	74	
制定计划	无	1	5	0	3	1	7	1	18	0.011
	有	3	49	2	3	0	11	1	69	
教材编写	无	1	37	2	0	1	13	2	62	0.184
	有	3	17	0	0	0	5	0	25	
外聘教师	无	0	10	1	1	1	12	1	26	0.002
	有	4	44	1	5	0	6	1	61	

续表

变量名称		农民培训机构类型（家）								χ^2 显著性水平
		农广校及远程教育	成人文化学校	农函大	农民专业合作社	农业龙头企业	农技推广机构	民营培训机构	合计	
培训效果分析	无	1	26	2	5	1	15	2	52	0.030
	有	3	28	0	1	0	3	0	35	
评估反馈	无	2	29	2	4	1	16	2	56	0.043
	有	2	25	0	2	0	2	0	31	

②85.0%的培训机构有培训需求分析

调查数据显示,85.1%的培训机构其运行机制中有培训需求分析,成人文化学校、农民专业合作社及农技推广机构中的极少数机构没有培训需求分析。培训机构与培训步骤的交叉列联表显示,不同培训机构类别与有无培训需求分析的 Pearson 卡方检验的显著性水平为 0.664,这表明有无培训需求分析在培训机构类别之间不存在显著性差异。

③79.3%的培训机构制定了培训计划

调查数据显示,79.3%的培训机构其运行机制中有培训计划,农函大的培训项目都有培训计划,农业龙头企业一般不制定培训计划,其他培训机构或有培训计划。有无制定培训计划的 Pearson 卡方检验的显著性水平为 0.011,这表明是否制定培训规划在培训机构之间存在显著性差异。

④28.7%的培训机构编写教材

调查数据显示,28.7%的培训机构其运行机制中有教材编写,可见,绝大部分的培训机构在开展培训时不编写培训教材。此外,培训教材的编写也因机构而异,农函大、农民专业合作社、农业龙头企业以及民办培训机构都没有自己编写的教材,而农广校、成人文化学校和农技推广机构部分有自己编写的教材。培训机构自己编写的教材或许更具有针对性,培训机构利用现有的教材或许可以使得教学控制标准化。有无教材编写的 Pearson 卡方检验的显著性水平为 0.184(见表 5-6),这表明培训机构是否编写教材在培训机构类别之间存在显著性差异。这也在一定程度上反映了培训机构的师资力量,只有师资力量强大的培训机构才可能编写本土化、针对性强的教材。

⑤70.1%的培训机构外聘教师

调查数据显示,70.1%的培训机构其运行机制中有外聘教师。可见,大部分培训机构实施培训一般都有外聘教师,这说明目前培训机构的师资力量还比较薄弱。有无外聘教师的 Pearson 卡方检验的显著性水平为 0.002,这表明有无外聘教师在培训机构类别之间存在显著性差异。对于培训机构来讲,外聘教师还是内部雇用是成本的一种权衡。如果综合起来看的话,一旦外聘教师的单位价格比专职人员的工资更低,机构或许更倾向于在积累到一定学员人数时外聘教师。而具有专职培训人员的机构,其培训效果或许更好,因为培训机构可以随时根据培训需求开设课程或对前来咨询的农民进行辅导,而不必等到人数达到开班要求。总体来看,有 29.9% 的机构没有外聘教师,其中,很大一部分是由于经费不足。另外,种植业和养殖业的项目分散,品种众多,这就要求培训机构需要聘请多样化的培训教师。这是对培训机构师资队伍提出的重大挑战。而单个项目的培训需求虽然有,但是由于人数不多,因此,难以集中培训,进展不顺。虽然有补贴,但仍是经费不足。

⑥40.2% 的培训机构有培训效果分析

调查显示,40.2% 的培训机构其运行机制中有培训效果分析。民营培训机构、农业龙头企业以及农函大都没有培训效果分析,而农广校及远程教育学校中,有培训效果分析的较多。有无培训效果分析的 Pearson 卡方检验的显著性水平为 0.030,这表明有无培训效果分析在培训机构类别之间存在显著性差异。培训效果分析是培训实施过程中的重要环节,它不仅关系到培训目标的达成,也关系到培训资源的再配置,更关系到培训方案的制定与优化。

⑦35.6% 的培训机构评估反馈

调查数据显示,35.6% 的培训机构其运行机制中有评估反馈。这表明大部分培训机构没有认识到培训评估反馈的重要性。有无评估反馈的 Pearson 卡方检验的显著性水平为 0.043,这表明有无评估反馈在培训机构类别之间存在显著性差异。评估反馈作为培训运行机制中的关键一环,对于完善培训方案、提高培训质量具有重要的作用。通过评估反馈不仅可以发现上轮培训中存在的问题,也可以为下轮培训方案提供经验借鉴。如果培训机构的运行机制中缺乏评估反馈环节,培训实施中存在的问题就得不到及时反馈和修正,这不仅不利于培训方案的再优化,也不利于培训效果的改善提高,更不利于培训机构的可持续发展。

(2)培训方法上,以课堂讲授及田间示范为主

调查数据显示(见表 5-7),多数培训机构采取课堂讲授的培训方式,其次是田间示范,这主要缘于农业技能培训既有一定的理论学习,又有实际操

作性学习,毕竟农业技能培训是一种操作性很强的培训。采取参观学习方式的培训机构约占一半左右,这主要是因为农民喜欢看得见、摸得着的活生生的事例,这更能激发其学习的欲望。此外,其他类型培训机构的培训方法有网上点播资料和农技实验等。具体来看,不同类型的培训机构除了采取课堂讲授和田间示范外,往往根据培训内容采取不同的培训方法。例如,农函大没有参观学习、电视广播以及 VCD 学习。这也从侧面反映了注重学历教育的农函大主要采取课堂授课的培训方式。农业龙头企业仅仅开展实用技术和绿色证书培训,企业的培训地点就在企业内部,一般采取课堂讲授、参观学习及以会代训的方式对学员进行培训。

表 5-7　各类培训机构的培训方法使用情况

变量名称		农民培训机构类型(家)								χ^2 显著性水平
		农广校及远程教育	成人文化学校	农函大	农民专业合作社	农业龙头企业	农技推广机构	民营培训机构	合计	
开会	无	3	28	0	3	0	14	2	50	0.129
	有	1	26	2	3	1	4	0	37	
参观学习	无	2	23	2	4	0	10	2	43	0.315
	有	2	31	0	2	1	8	0	44	
课堂讲授	无	0	5	0	2	0	1	0	8	0.577
	有	4	49	2	4	1	17	2	79	
田间示范	无	2	13	1	0	1	4	2	23	0.036
	有	2	41	1	6	0	14	0	64	
电视广播学习	无	2	32	2	4	0	15	2	57	0.246
	有	2	22	0	2	1	3	0	30	
VCD学习	无	1	29	2	5	1	16	1	55	0.023
	有	3	25	0	1	0	2	1	32	
其他	无	2	45	1	6	1	18	1	74	0.034
	有	2	9	1	0	0	0	1	13	

不同类型培训机构与培训方法的交叉列联表显示,田间示范、VCD 学习以及其他方法的 Pearson 卡方检验的显著性水平为 0.05,说明这些培训方法在不同类型的培训机构之间存在显著性差异。对此的解释是不同机构类别间受制于教学场地、实验场地、师资力量、教学设备及影像资料等方面

的影响。此外,不同培训项目也会影响培训方法的选择。例如,主要承担绿色证书培训的机构,其采用的培训方法主要是课堂讲授和田间示范。

(3)培训教材上,绝大部分培训机构有教材且半数有自编教材

调查数据显示(见表5-8),有2家成人文化学校没有培训教材,其他85家机构都有培训教材,其中25家培训机构既有自己编纂的教材,也有现有教材。在这25家机构中,其中有3家农广校和远程教育学校,5家农技推广机构,17家成人文化学校。可以看出这三类培训机构在农民培训教材的使用方面相对重视。

表 5-8 培训教材使用情况

项目	有无培训教材(家)	百分比(%)	现有教材和自编教材(家)	百分比(%)
没有	2	2.3	62	71.3
有	85	97.7	25	28.7
合计	87	100.0	87	100.0

调查数据显示(见表5-9),农函大、农业龙头企业以及民营培训机构都没有自编教材,农广校、成人文化学校、合作社、农技推广机构一般都有教材。教材使用情况说明,比较成熟的农民培训机构将会根据培训对象和培训内容等编写本土化的教材,这样更利于教学。或者使用比较成熟的现有教材,不管是自编教材还是使用成熟的教材都能使教学有章可循,有利于学员课后学习或者自学,易于学员对培训知识的理解和掌握。此外,教材使用情况还反映出一个问题,即为何在同一个县域内的农民培训机构还需要自己撰写教材。这或许反映目前培训机构各自为政、缺乏合作,这样既不利于培训资源的整合利用,降低了培训资源的利用效率,也不利于教材的精品化,更不利于培训效率的提升。这也反映出教学质量控制的问题,如何标准化教材、标准化培训、标准化考核体系等诸多问题。

表 5-9 不同培训机构的教材使用情况

机构(家)　教材	农广校及远程教育	成人文化学校	农函大	农业专业合作社	农业龙头企业	农技推广机构	民营培训机构	合计	χ^2 显著性水平
有自编教材	4	24	0	2	0	15	0	45	0.006
无自编教材	0	30	2	4	1	3	2	42	
有现有教材	3	38	2	4	1	8	2	58	0.325
无现有教材	1	16	0	2	0	10	0	29	

　　有无培训教材与总体培训人次的交叉列表说明（见表 5-10），有无培训
教材对培训人次有显著影响，有培训教材的培训机构培训的人次高于没有
培训教材的培训机构。这也从一个方面反映出有培训教材的培训机构实力
可能比较强，开展培训比较多且更实用。

表 5-10　有无培训教材与总体培训人次的交叉列联表

培训机构（家）	无培训教材	有培训教材	合计
总培训人次高于平均值	27	36	63
总培训人次低于平均值	4	20	24
合计	31	56	87

　　注：Pearson 卡方渐进双侧检验显著性水平为 0.029。

　　有无自编教材与职业技能就业率的交叉列联表表明（见表 5-11），有无
自编教材对职业技能就业率有显著影响。职业技能培训是一种标准化培
训，对于需要自编教材的培训机构，由于机构师资力量薄弱，无法编写教材
或编写的教材质量不高，导致职业技能的培训效果不佳，即就业率大多低于
平均水平；而不需要自编教材的机构，在就业率方面更多的是高于平均就业
水平。

表 5-11　有无自编教材与职业技能就业率的交叉列联表

培训机构（家）	无自编教材	有自编教材	合计
职业技能就业率高于平均值	4	15	19
职业技能就业率低于平均值	20	13	33
合计	24	28	52

　　注：Pearson 卡方渐进双侧检验显著性水平为 0.006。

　　有无自编教材与绿色证书培训人次的交叉列联表显示（见表 5-12），有
无自编教材对绿色证书培训人次有显著影响。在"一镇一业、一村一品"的
产业发展背景下，农业产业具有很强的区域性，即使同一个县域不同乡镇的
产业也有很多差别，这使得培训教材难以统一，培训机构往往要根据当地产
业发展的需要编写教材。例如，农业部实施的绿色证书项目，各地培训部门
往往要根据当地的产业、种植品种编写教材，以便提高培训的针对性。有自
编教材的培训机构往往硬件设施齐全、师资力量较强，开设的专业比较多，
有能力、有动力承担更多的绿色证书培训，进而培训的人次更多；而没有自

编教材的培训机构往往实力比较弱,开设的专业比较少,承担的绿色证书培训项目比较少,从而培训的人次也就比较少。

表 5-12 有无自编教材与绿色证书培训人次的交叉列联表

培训机构(家)	无自编教材	有自编教材	合计
绿色证书培训人次低于平均值	39	10	49
绿色证书培训人次高于平均值	8	8	16
合计	47	18	65

注:Pearson 卡方渐进双侧检验显著性水平 0.022。

另外,根据培训机构类型划分,发现不同机构的教材使用状况差异较大。农函大、农业龙头企业及民营培训机构没有自编教材,全部使用现有教材。而农广校以及远程教育学校都有自编教材,其他类型机构或有自编教材或使用现有教材。民营培训机构和农函大没有自编教材,这从侧面反映了民营培训机构实力可能比较弱,而农函大主要以学历教育为主,有统一规定的教材,无须自己编写;而农业龙头企业没有自编教材则是由于培训力量薄弱,无法进行教材编写。教材建设的主要问题还是在于农业实用技术的教材数量少、知识陈旧。而相应的学历教育以及职业培训的教材体系已经相对完善。虽说农技推广主要是通过"干中学"传播新技术,然而教材建设依然是重要环节,因为教材是传承农业技术的重要载体。

(4)培训内容上,多数培训机构以实用技术培训为主

调查显示(见图 5-1),农广校及远程教育学校、成人文化学校在农民培训的各个内容均有涉猎,农函大、农民专业合作社以及农业龙头企业没有学历教育和职业技能培训,农技推广机构不涉及学历教育,调查样本中的民营培训机构仅仅进行学历教育和职业技术培训。另外,有 2 个样本没有注明机构类型,因此予以忽略。从图 5-1 可以看出,实用技术培训开展得比较广泛,共有 83 家培训机构开展此类培训项目,这与实用技术培训的对象有关。实用技术培训的对象是农村从事农业生产的广大农民,随着"一镇一业、一村一品"经济的发展,实用技术培训需求比较大,而且实用技术培训属于比较低层次的培训,一般的培训机构都可以承办。实用技术培训的形式多样,不受地点限制,可以课堂讲授,可以田间示范,可以看 VCD,也可以参观学习等,而且课时也没有严格要求,培训的内容更是多种多样。而学历教育则具有一定的准入门槛,若是没有专业的师资团队,则无法开展良好的学历教育

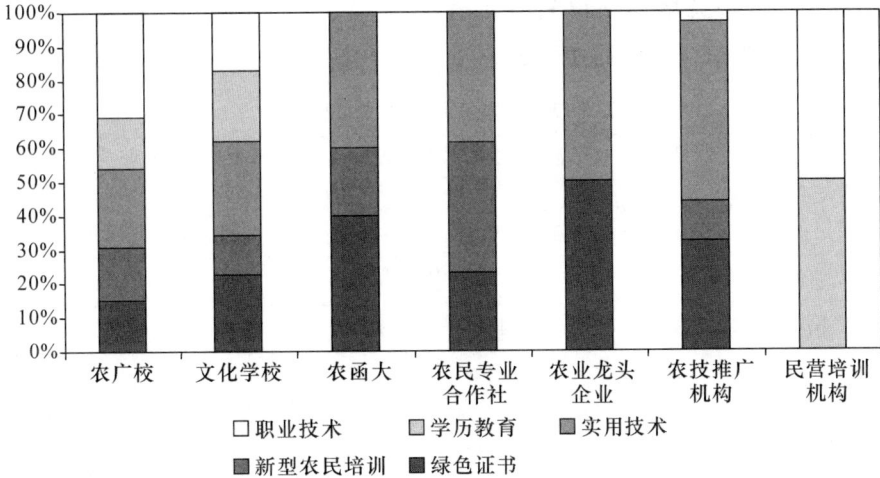

图 5-1　不同培训机构培训内容综览

培训。因此,此重任主要由农广校、成人文化学校等单位承担。

　　由此可见,在农业培训体系当中,各类培训机构各司其职。不同的机构之间都有一定的职能分工,部分机构的功能或有重合。有的机构实行多元化战略,比如成人教育学校等;有的机构则实行专一化战略,比如调查的一家民营培训机构只进行单项农民培训业务。

　　而多元化的培训业务对于目前还处在发展中的农民培训机构是一种巨大的挑战,尤其是对于那些非关联性的多元化业务组合,在人员有限的情况下,多元化难以达到良好成效。

5.2　农民培训机构的培训成效

　　培训机构的培训绩效不仅关系着培训机构的生存,也关系着受训人员的获益。本研究以培训人次、人数以及相应项目的合格率作为考核培训绩效指标的原因是,这些指标可以直接或间接地反映农民培训机构的运作状况。一家农民培训机构若运作良好,承担的培训项目则比较多,参加培训的农民也会比较多。一家农民培训机构的整体水平较高,那么农民培训机构对应培训项目的合格率就会较高。因此,以人次、人数以及合格率为考量,可以从总体上反映农民培训机构的绩效水平。

5.2.1　各类培训项目的培训绩效

不同培训项目的培训绩效如表5-13所示。

表 5-13　不同培训项目的培训绩效

变量名称	绿色证书培训人次		实用技术培训人次		学历教育培训人数		职业技术培训人数	
	均值	样本量	均值	样本量	均值	样本量	均值	样本量
农广校及远程教育	422	1	723	3	104	1	510	1
成人文化学校	158	45	1495	53	204	35	675	38
农函大	70	2	2187	2	/	/	134	2
农民专业合作社	58	4	230	4	/	/	419	3
农业龙头企业	40	1	460	1	/	/	/	/
农技推广机构	175	10	719	16	109	1	639	9
民营培训机构	/	/	/	/	50	1	257	1
合格率	98.00%		/		100%		98.4%	

从培训人次看,各类培训中实用技术培训人次最多。2010年至2012年,所调查的87家培训机构共计培训绿色证书9694人次,问卷中有记录的平均合格率为98.0%。实用技术培训共计98662人次,由于实用技术培训没有标准化的考核,因此没有合格率这项数据。从各个机构的培训数目来看,农广校及远程教育学校、成人文化学校、农技推广机构以及民营培训机构具有较大的公益性。而农民专业合作社和农业龙头企业的培训人次就较少,而实际的培训人数很可能更少。这说明了农民专业合作社和农业龙头企业的培训课程具有一定的准入门槛,并不是任何人都有资格参加培训。

从合格率的角度看,各类培训中学历教育的合格率最高。学历教育的培训人数共计7403人,平均合格率100%。职业技能培训共计33693人,平均合格率98.4%,就业率平均91.5%。这主要由于学历教育比较规范,而且接受学历教育的学员素质比较高,所以其合格率最高。

5.2.2　不同类型培训机构培训绩效和存在的问题

(1)农广校及远程教育以实用技术培训为主,培训合格率高,获证比例高,但政策支持力度不够。由表5-14可知,农广校及远程教育共培训3205人次,其中绿色证书422人次,实用技术培训2169人次,学历教育104人次,职业技能培训510人次。其中以实用技术培训为主,培训人次最多,占各类培训项目人次的 67.7%；而且该类培训开展得也较为普遍，被调查的机构中有 81 家开展实用技术培训，占 93.1%。此外，实用技术培训的内容与区域农业特色类型的关联性很高，达 84.0%。农广校及远程教育培训合格率高，农民获得资格证书比例大。据调查统计，农广校及远程教育开展的绿色证书、学历教育以及职业技能培训项目合格率分别为 98.0%、93.0% 和 96.0%。同时，专业性强，实用性也强，农民获得资格证书的比例也大。但是，这类培训机构也存在政策和项目支持力度不够的问题。政府对农广校及远程教育的政策和项目支持力度不够。培训项目配套资金少，有些职业技能培训项目的配套资金缺乏，致使招收的名额有限。

表 5-14　农广校及远程教育开展农民培训的绩效

项目	绿色证书培训	实用技术培训	学历教育培训	职业技能培训
人次	422	2169	104	510
平均人次	422	723	104	510
标准差	0	719.8	0	0
样本量	1	3	2	1
合格率	98.0%	/	93.0%	96.0%

(2)成人文化学校培训人次多，参训农民的合格率与就业率高，但是培训设施简陋，师资缺乏。由表 5-15 可知，成人文化学校共培训农民 119117 人次，实用技术培训内容与区域农业特色类型的关联性为 96%。在各类培训机构中，参加成人文化学校举办的实用技术培训和职业技能培训的人次最多，也是其主要培训项目。农民参加培训的合格率和就业率相对略高。成人文化学校的培训教师充裕（往往聘请高校老师作为兼职老师），教学设备比较齐全，培训管理相对规范。同时成人文化学校也得到了镇党委政府、市农业局等上级部门的重视，给予了一定的资金与经费支持。成人文化学校开设的培训课程一般能够与本地的产业结合，实用性较强，农民的培训积极性较高。但成人文化学校也存在很多问题，比如培训设备、设施老化，有些已经不能用于正常教学，可供实践操作的基地少，专业培训人员相对缺乏，后勤人员也非常少，缺少培训配套的教材等。

表 5-15　成人文化学校开展农民培训的绩效

项目	绿色证书培训	实用技术培训	学历教育培训	职业技能培训
人次	7110	79235	7140	25650
平均人次	158	1495	204	675
最大值	100	9600	100	7300
最小值	20	100	75	27
标准差	17.627	1746.259	5.772	1219.376
样本量	45	53	35	38
合格率	93.5%	/	97.1%	96.6%

（3）农函大以学历教育为主，培训人次少，合格率高，但是招生难、师资短缺。由表 5-16 可知，农函大共培训农民 4782 人次，其中绿色证书培训 140 人次，实用技术培训 4374 人次，职业技能培训 268 人，职业技能培训合格率相对较高，为 95.0%，就业率偏低。农函大作为培训机构，可以根据当地农民的需要来安排培训，但参与人员少，这可能与农函大的主要职责是学历教育，承担的农业技能培训项目少有关。宁波市的农函大主要培训农民的种养殖项目，但种养殖项目相对分散、品种多，难以集中和培训，出现难聘老师、难找学生的状况。

表 5-16　农函大开展农民培训的绩效

项目	绿色证书培训	实用技术培训	学历教育培训	职业技能培训
人次	140	4374	/	268
平均人次	70	2187	/	134
样本量	2	2	/	2
合格率	88.0%	/	/	95.0%

（4）农民专业合作社培训人次少，合格率高，但是培训项目少，培训硬件缺乏。由表 5-17 可知，农民专业合作社共培训农民 2409 人次，其中绿色证书培训 232 人次，实用技术培训 920 人次，职业技术教育培训 1257 人，职业培训合格率为 98.3%。农民专业合作社主要培训内容为实用技术培训，而且往往围绕合作社依托的产业开展相关培训。农民专业合作社一头连着农户，一头连着政府，而且合作社的成员往往也是当地的农民，因此，相比于其他培训机构，农民专业合作社更加贴近农民、了解农民的真实需求，合作社

开展的培训往往更能够满足农民的需求。但农民专业合作社正处于发展中,经费不足导致设施不全,很难建立图书室和配备先进教学的设备,这必然会影响培训的效果。

表 5-17　农民专业合作社开展农民培训的绩效

项目	绿色证书培训	实用技术培训	学历教育培训	职业技能培训
人次	232	920	/	1257
平均人次	58	230	/	419
样本量	4	4	/	3
合格率	/	/	/	98.3%

(5)农业龙头企业培训人次少,培训设施缺乏。由表 5-18 可知,农业龙头企业共培训农民 500 人次,绿色证书培训占比为 8.0%,实用技术培训92.0%。农业龙头企业本身有岗位,可以采取"培训—就业"一体化的模式,提高农民的参训积极性。不过对企业来说,农村劳动力的流动性比较大及培训时间与工作时间的冲突,使企业开展技能培训的积极性不高。一是因为培训作为一种人力资本的投入,具有"溢出效应"。二是为培训买单的企业不一定能够获得主要收益,"可能刚刚做完培训,劳动力马上就转移或者返乡"(罗小军,2004)。所以在开展培训时要特别注意农村人力资本的特殊性,不能以一般经验对待。此外,农业龙头企业应该积极参与到农业技能培训中来,农业龙头企业要提高收购的农产品质量,必须从提高农民的生产技能的源头抓起,只有将订单农户和周边农户的生产技能提高了,农民才可能生产出安全、优质的农产品。

表 5-18　农业龙头企业开展农民培训的绩效

项目	绿色证书培训	实用技术培训	学历教育培训	职业技能培训	合计
人次	40	460	/	/	500
合格率	缺失	/	/	/	/

(6)农技推广机构培训人次多,但有些培训内容陈旧,设施简陋。由表5-19 可知,农业技术推广机构共培训农民 19114 人次,其中绿色证书培训1750 人次,实用技术培训 11504 人次,学历教育 109 人次,职业技能培训5751 人次。实用技术培训内容与区域农业特色类型的关联性很大,绿色证书培训合格率 88.9%,职业技能培训合格率 97.2%,参与培训农民就业率

92.1％。农技推广机构培训的农民较多,这主要由于农技推广机构是农业实用技术培训的主要承办单位,它的主要职责就是推广新技术、新品种等科技知识,培训农民是其主要工作。但是,目前农技推广机构往往开设的培训课程缺乏更新,跟不上农民需要,同时培训老师知识老化、培训设施陈旧,与当前农民培训需求不相适应。

表 5-19　农业技术推广机构开展农民培训的绩效

项目	绿色证书培训	实用技术培训	学历教育培训	职业技能培训
人次	1750	11504	109	5751
平均人次	175	719	109	639
标准差	143.5	515.2	0	809
样本量	10	16	1	9
合格率	88.9％	/	/	97.2％

　　(7)民营培训机构(专家大院)培训人次少,对公益性强的培训项目缺乏积极性。由表 5-20 可知,民营培训机构共培训农民 307 人次,学历教育培训比重 16.3％,职业技能培训 83.7％,职业技能培训与农民实际生产的关联程度不高。民营培训机构主要以营利为目的,而对于实用技术培训、绿色证书培训等公益性比较强的培训项目往往参训培训的积极性不高。

表 5-20　民营培训机构开展农民培训的绩效

项目	绿色证书培训	实用技术培训	学历教育培训	职业技能培训
人次	0	0	50	257
样本量	0	0	1	1
合格率	0	0	缺失	98.0％

　　在上述基于培训机构的总人次统计分析中,部分培训机构的总人次只是实用技术和绿色证书的总人次,有的培训机构所填写的数据则是实用技术和绿色证书的总人次加上学历教育和职业技能的总人次。以上所列总人次,仅供参考。另外,慈溪市的一家农技推广机构培训总人次数据缺失。

5.3 培训机构视角下农民培训效果的影响因素分析

本研究之所以仅从培训机构的角度考察农业生产技能培训效果的影响因素,是基于以下几点考虑:首先,培训机构是影响培训效果的重要因素,但是培训机构如何影响培训效果、影响程度如何,这方面的研究比较欠缺。已有文献主要从受训者的角度考察培训绩效(张景林,2005;张扬,2009;徐金海、蒋乃华,2011)。其次,没有相应的农户数据作为支撑,使得无法从两个方面作对应分析。因此,本研究从培训机构的角度分析农业生产技能培训绩效的影响因素,以便丰富和拓展农民培训绩效研究。本研究在衡量农民培训机构的培训绩效时,选择的因变量是培训机构的培训人次、人数以及对应项目的合格率。

5.3.1 正态性检验

此处作为培训效果的因变量选取绿色证书培训人次、实用技术培训人次、学历教育人数、职业技能培训人数和平均合格率(见表 5-21)。其中,平均合格率的算法如下:

$$平均合格率 = \sum (机构某培训项目合格率/该机构培训项目数量)$$

表 5-21 因变量(培训绩效)的正态性检验

指标	Kolmogorov-Smirnov			Shapiro-Wilk		
	统计量	自由度	显著水平	统计量	自由度	显著水平
绿色证书培训人次	0.284	65	0.000	0.584	65	0.000
实用技术培训人次	0.233	81	0.000	0.659	81	0.000
学历教育培训人数	0.357	38	0.000	0.456	38	0.000
职业技能培训人数	0.284	54	0.000	0.493	54	0.000
平均合格率	0.220	64	0.000	0.787	64	0.000

经过正态性检验,各个因变量均不符合正态性分布的假设。因此,在以下的分析中,运用非参数检验,考察各个分类自变量对于因变量分布的影响。

5.3.2　非参数检验

经过独立样本 Kruskal-wallis 检验与 Wann-Whitney 检验,各个分类变量与因变量之间的影响关系如表 5-22 所示。

表 5-22　各分类变量与各因变量的非参数检验

变量	绿色证书培训人次	实用技术培训人次	学历教育培训人数	职业技能培训人数	平均合格率
机构类型		0.007			
有无电视摄像机		0.005			
有无图书馆		0.000			
分析产业规划		0.001			
制定计划		0.007			
田间示范			0.008		0.003
自编教材				0.010	
其他分类变量					

注:表格中空白的表示在 0.05 的置信水平上不显著。

对于模型构建中的变量选择问题,将从非参数检验中较为显著的变量集合中择取,并通过逐步回归的方式,进行最终的拟合。

5.3.3　Box-Cox 模型设定

本书仅研究不同培训机构的各方面配置对培训绩效的影响,假定非机构因素对于培训绩效的影响不会体现在培训机构之间的绩效差异上。具体的假设条件如下:

(1)不同的农民培训机构都处在相同的政策环境之下。即国家政策以及当地政策对于不同的培训机构的影响效果相同。

(2)农民对于不同的培训机构的偏好相同。即农民等概率地选择不同地域的不同培训机构。

(3)农民在不同的县域没有明显的文化水平上的差距。即将不同的农民培养成为新型农民具有同等的难度。

(4)不同机构所面对的生源质量以及数量的分布相同。

在传统的计量模型中,理论假定因变量服从正态分布,但是由于实际情况往往不是如此。因此,通过 Box-Cox 变换使得因变量呈现正态分布特征。具体的变换公式如下:

$$y^{(\lambda)} = \frac{(c+z)^{\lambda}-1}{\lambda} \qquad (\lambda \neq 0)$$

其中,z 为原来的变量,y 为变换后的变量。因为 Box-Cox 变换要求变量大于零,因此在公式中增加平移变量 c,c 是常数项。

根据研究的问题和数据特点,本书选择 Box-Cox 模型分析培训机构的绩效及影响因素,其模型具体形式如下:

$$\frac{y_i^{\lambda}-1}{\lambda} = \alpha + \sum \beta_i \frac{(c+z_i)^{\theta}-1}{\theta} + \sum \beta_i x_j + \varepsilon \qquad (5.1)$$

模型中,y 为因变量,z 为连续自变量,x 为分类自变量,ε 为扰动项。Box-Cox 模型有多种形式。自变量可以选择全部变换或者部分变换。当变换法则运用到自变量,且 $\theta = \lambda$ 时,自变量与因变量即做相同的 Box-Cox 变换,否则不同。

本研究将针对不同的因变量构建不同的模型,共有 3 个具体模型,它们分别以平均合格率、实用技术培训人次以及绿色证书培训人次作为因变量。

5.3.4 变量选择

根据之前的非参数检验以及其他统计方法,筛选后的变量集合如表5-23所示。

表 5-23 变量定义及描述性统计

变量名称	变量含义及取值	均值	标准差
因变量			
绿色证书培训人数(y_1)	2011 年培训机构绿色证书培训人次	152.80	175.71
实用技术培训人次(y_2)	2011 年培训机构实用技术培训人次	1234.01	1533.37
学历教育培训人次(y_3)	2011 年培训机构学历教育培训人次	196.46	400.77
职业技能培训人次(y_4)	2011 年培训机构职业技能培训人次	624.85	1085.98
平均合格率(y_5)	培训项目合格率算术平均数(%)	93.32	5.467
自变量			
多媒体投影仪(x_1)	没有=0,有=1	0.60	0.49
电视、摄像机(x_2)	没有=0,有=1	0.63	0.49
图书馆(x_3)	没有=0,有=1	0.55	0.50
分析产业规划(x_4)	没有=0,有=1	0.60	0.49
制定计划(x_5)	没有=0,有=1	0.79	0.41

续表

变量名称	变量含义及取值	均值	标准差
外聘教师(x_6)	没有＝0,有＝1	0.70	0.46
田间示范(x_7)	没有＝0,有＝1	0.73	0.45
自编教材(x_8)	没有＝0,有＝1	0.53	0.50
管理人员数量(z_1)	培训机构管理人员数量	3.91	3.75
专职人员数量(z_2)	培训机构专职培训人员数量	4.89	4.37
教育水平(z_3)	培训机构人员平均受教育年限(年)	14.27	1.71
试验场地面积(z_4)	单位:平方米	183194.23	460285.75
图书室藏书量(z_5)	单位:册	6131.68	8678.24

5.3.5　计量结果与分析

经过试算发现,变量做不同的 Box-Cox 变换无法得出结果。因此,总体模型中的变量只有一种 Box-Cox 变换形式。

数据中由于管理人员数、专职人员数、后勤人员数、试验场地面积、图书室藏书量的最小值为 0,无法直接进行 Box-Cox 变换,因此,此处利用常数项 c 进行平移,常数项 $c=1$。

$$\frac{y_i^\lambda - 1}{\lambda} = \alpha + \sum\left(\beta_i \frac{(c+z_i)^\lambda - 1}{\lambda}\right) + \sum\beta_j + x_j + \varepsilon$$

由于农业龙头企业合格率数据缺失,所以平均合格率的模型中未包括农业龙头企业。另外,培训内容与机构类型有关,民营培训机构只有职业技能培训和学历教育统计,所以实用技术培训人次与绿色证书培训人次的回归中未包括民营培训机构。

经过逐步筛选,表 5-24 列出较为合宜的模型计量结果。部分变量未添加是因为添加之后整体拟合效果减弱,或是该变量显著性水平不高。

在绿色证书培训人次的回归模型中,由于显著影响的变量甚少,基于既有数据的拟合效果不佳,因此以下解释中不对其作阐述。

基于总体回归模型,可以得出以下结论:硬件配备的优劣对于培训机构的培训效果好坏有显著影响;不需要外聘教师的培训机构其整体实力更强;有田间示范操作的机构在整体培训效果上更好;制定培训计划的机构在实用技术培训上培训了更多的人次;机构人员的平均受教育年限越高,机构的整体培训绩效越高。

表 5-24　模型计量结果

变量	平均合格率		实用技术培训人次		绿色证书培训人次	
	系数	显著性	系数	显著性	系数	显著性
λ	20.90	0.00	−0.023	0.752	−0.347	0.026
不变换						
截距	1.24e+40		7.002		2.354	
多媒体投影仪	4.49e+39	0.076				
外聘教师	−5.23e+39	0.047	−0.520	0.01		
田间示范	1.01e+40	0.00				
制定计划			0.670	0.05		
自编教材					0.042	0.215
有无图书室			−0.741	0.00		
分析产业规划			0.637	0.00		
Box-Cox 变换						
管理人员人数			−0.372	0.001	−0.055	0.109
试验场地面积	−3.47e−92	0.194			−0.020	0.105
人均受教育年限	7.63e+15	0.109				

5.4　本章小结

根据调查分析,农民培训机构存在的问题主要有以下几个方面:(1)农民培训机构中设备缺乏,设施落后。(2)培训场地面积不大,实践操作基地少。(3)培训运行机制不健全。59.8%的培训机构没有培训效果评价,64.4%的培训机构没有培训反馈机制,39.1%的培训机构没有分析产业规划,20.7%的培训机构没有制定培训计划,14.9%的培训机构没有培训需求分析。(4)农民报名参训人数少,到课率低。农民培训机构宣传少,农民对培训项目缺乏了解,导致报名参加培训的人数少。即使农民报名参加培训,由于培训组织不得力,或者农民自身原因而导致农民培训到课率不高,培训效果不理想。(5)培训机构经费不足,影响农民培训有效开展。(6)地方政府对农民培训重视程度不够。一些地方政府对农业技能培训的重要性认识不足,对农民培训工作仅停留在口头上,没有落实培训政策,尤其是资金投入和项目支持。这些结论给予的政策含义是,各级政府要重视农民培训,加大对农民培训机构的资金投入力度,加强硬件设施和软件建设,提高农民培训的物质装备;完善农民培训的运行机制,确保培训方案设计合理;完善农民培训评估体系,切实提高农民培训质量;加强农民培训宣传,确保培训信息能够及时顺畅地传递给农民。

　　本章农民培训机构的供给分析,为本书回答农民培训需求和供给错位提供了有价值的信息。农民培训机构主要存在硬件设施落后、运行机制不健全、培训宣传力度不大、资金缺乏等问题,这些问题不仅影响了农民培训机构提供培训的数量,也影响了培训的针对性和培训质量。

第 6 章　农民参训意向的形成机制分析

第 4 章和第 5 章分别从需求和供给两个角度分析了目前农业技能培训的总体情况,发现农民对农业技能培训需求高但参训比例低、农业技能培训供求错位、培训机构供给不足、供给质量不高等问题。其中参训意向与参训行为背离是比较突出的问题,若要化解农民参训意向与参训行为背离的矛盾,必须充分理解和把握农民参训决策的形成机制。农民参训决策的形成机制可以细化为农民参训意向的形成机制、农民参训行为的形成机制。本章从农民参训决策形成机制的逻辑起点——农民参训意向开始研究,重点分析农民心理因素和外在因素对参训意向的影响,揭示农民参训意向的形成机制。

6.1　农民参训意向的统计描述

6.1.1　农民参训意向的测量、因子分析

(1)变量测量方法

农民参训意向是一个潜变量。在社会科学领域中,对于潜变量的测量一般采用多变量进行复合测量,以便获取较为准确的测量结果。本研究采用李克特量表对农民参加培训的行为意向进行多变量复合测量。测量项目分别是:"您需要参加农业技能培训(农业生产技术、经营管理)"、"您愿意参加农业技能培训"、"您会主动寻找培训机会"。本研究运用李克特 5 级量表

对农民参加培训的行为意向进行测量,具体测量题项见附录 2。

（2）测量题项的信度分析

信度分为外在信度和内在信度。内在信度的测量方法主要有 4 种：Cronbachα 系数、折半信度系数、库李信度系数、Hoyt 的变异系数。如果内部一致信度系数 α 在 0.8 以上,表示量表有较高的信度（吴明隆,2010）。由于本研究对潜变量行为意向的测量是多变量复合测量,为了检验多个变量测量的是同一个潜变量——行为意向,本研究采用测量项目内在信度常用的方法——Cronbach α 系数检测测量行为意向的 3 个题项。Guielford（1965）认为,Cronbach α 系数大于 0.7,则表示量表的信度很高；如果小于 0.35,则表示量表信度很低,应该删除。经信度分析,Cronbach α 系数为 0.814,这表明 3 个题项具有良好的内在一致性,可以用来测量农民参训意向。

（3）农民参训行为意向的描述性统计

调查数据显示（见表 6-1）,农民需要农业技能培训得分是 3.58,这表明农民对农业技能培训有培训需求,但是并不强烈；农民愿意参加农业技能培训的得分是 3.67,反映农民对农业技能培训有参与欲望但是不强烈；农民主动寻找培训机会的得分是 2.85,这表明农民一般不太可能主动寻找培训机会参加培训,也就是说农民不会积极主动地搜集培训信息、评估培训,主动参加培训。农民参训意向平均得分是 3.37,这从总体上反映了农民有参加农业技能培训的行为倾向,但并不很强。

根据相关培训理论,培训需求是培训的基础,培训意愿是主导,而培训主动性具有决定作用。没有培训需求,难以产生培训意愿,没有培训意愿也就不可能积极主动地寻求培训。因此,培训需求是源头,是基础；培训意愿是客观基础之上产生的主观意向,有了主观心理驱动,意愿才能转化为行为；需求—意愿—主动性是层层递进的关系,前者是后者的必要但不充分条件。因此,培训的主动性具有决定性作用,是培训动力的最高层面,是由客观环境认知产生主观意愿进而上升到主观行为的综合体现（戴烽,2010）。因此,从农民参训意向得分看,农民有参训意向但不强烈,这可能是造成农民实际参加培训不积极、不主动和实际参训次数少的原因。

表 6-1　农民参训行为意向的描述性统计

题项	频数	极小值	极大值	均值	标准差
您需要参加农业技能培训	648	1	5	3.58	0.976
您愿意参加农业技能培训	648	1	5	3.67	0.922
您会主动寻找培训机会	648	1	5	2.85	1.122
三项指标加权平均值	648	1	5	3.37	0.862

（4）题项相关性检验

根据量表内在一致性检验,测量农民参训行为意向的 3 个题项分别从不同维度测量了农民参加培训的行为意向,具有良好的内在一致性。也就是说 3 个题项具有相关性,如果将其都纳入模型则会存在共线性问题。为了解决这一问题,本研究采用因子分析的方法,将其凝练成一个因子或者没有关联的几个因子。在进行因子分析之前,首先要检验这些题项是否可以进行因子分析,本研究采用最常用的检验方法 KMO(Kaiser-Meyer-Olkin)样本测度和巴特莱特球体检验(Bartlett test of Sphericity)来检验题项之间的相关关系。

表 6-2 显示,3 个题项之间的相关系数为 0.525~0.765,并在 1% 的显著水平上统计显著,这说明 3 个题项之间存在较强的相关关系。为了进一步检验 3 个题项是否适合作因子分析,本研究采用 KMO 进行检验。统计显示(见表 6-3),农民参训行为意向 KMO 为 0.673,Bartlett 球形检验 χ^2 为 816.263,在 1% 的显著性水平上统计显著,这表明 3 个题项适合作因子分析。

表 6-2　题项之间相关关系的描述性统计

项目	您需要参加农业技能培训	您愿意参加农业技能培训	您会主动寻找培训机会
您需要参加农业技能培训	1		
您愿意参加农业技能培训	0.765**	1	
您会主动寻找培训机会	0.536**	0.525**	1

注:** 表示 0.01 显著水平。

表 6-3 KMO 和 Bartlett 的检验

Kaiser-Meyer-Olkin 检验		0.673
Bartlett 的球形检验	近似卡方	816.263
	自由度	3
	显著性水平	0.000

（5）因子分析

农民参训行为意向因子分析结果见表 6-4。

表 6-4 农民参训行为意向因子分析结果（N＝648）

测量题项	因子
您需要参加农业技能培训	0.902
您愿意参加农业技能培训	0.897
您会主动寻找培训机会	0.779
因子解释变异	74.160

农民参训行为意向的 3 个测量题项的因子分析结果显示，它们具有单维度的特点。因此，可以通过对农民参训行为意向 3 个题项的分值进行标准化处理而产生一个单一的因子值——行为意向。该因子解释了测量题项 74.160% 的变异，因子负荷为 0.779～0.902。然后，将该因子值作为行为意向变量的样本值纳入到回归模型中分析。

表 6-5 是相应的计算因子值的系数矩阵，该系数矩阵各因子可以表示为相应题项的线性组合。由公式 $f_i = x\beta_i$，可以计算出公共因子 f_i 的因子值，并可用来替代原来的变量项目作回归分析。

表 6-5 因子值的系数矩阵

测量题项	f_i
您需要参加农业技能培训	0.405
您愿意参加农业技能培训	0.403
您会主动寻找培训机会	0.350

6.1.2 农业技能培训行为意向的个体差异

农民是否参加农业技能培训以及参训次数的多少，是根据农户资源禀赋、农民个体特征以及外部环境等因素而作出的理性决策。因此，上述因素会影响农民的参训意向。就本研究而言，哪些因素会影响农民的参训意向则需要统计分析和检验。本研究利用方差分析、T 检验、Person 相关分析等方法考察不同特征的个体在参训行为意向上是否存在差异。这部分的分析不仅有助于我们把握具有哪些特征的农民在行为意向上有显著差异,而且也为后文分析农民参训行为意向和参训行为的影响因素做铺垫。如果某些特征在农民参训行为意向上不存在统计上的差异,则不需要将这些特征(变量)纳入模型,反之亦然。

（1）农民个体特征在农民参训行为意向上的差异分析

表 6-6　农户特征与农民参加农业技能培训行为意向的 T 检验

参训行为意向　　　主要指标	农民参加培训的行为意向		均值差异的 T 检验	
	均值	标准差	T 值	Sig.
女(139)	3.230	0.764	−1.999	0.046
男(509)	3.396	0.884		
45 岁以上(457)	3.247	0.874	−5.572	0.000
45 岁及以下(191)	3.633	0.769		
初中以下(299)	3.120	0.820	−6.833	0.000
初中及以上(349)	3.569	0.844		
非村干部(532)	3.274	0.832	−5.467	0.000
村干部(116)	3.765	0.883		
非党员(521)	3.248	0.830	−7.056	0.000
党员(127)	3.832	0.835		
未入社(503)	3.240	0.873	−8.129	0.000
入社(145)	3.791	0.661		
未承包(384)	3.312	0.837	−1.745	0.081
承包(264)	3.433	0.894		
非农业(140)	3.348	0.898	−0.229	0.819
农业(507)	3.367	0.852		
粮食(200)	3.060	0.847	−6.121	0.000
非粮食(448)	3.50	0.835		
未培训(326)	2.901	0.742	−16.327	0.000
培训(322)	3.833	0.707		

表 6-7　农户特征与农民参加农业技能培训行为意向相关关系的描述性统计

	参训行为意向	年龄	受教育年限	务农劳动力	种养规模	农业收入	收入差额	种养年限	培训次数	社会资本
参训行为意向	1									
年龄	−0.237**	1								
受教育年限	0.259**	−0.406**	1							
务农劳动力	0.111**	−0.164**	0.058	1						
种养规模	0.192**	−0.070	0.041	0.027	1					
农业收入	0.098*	−0.028	0.065	0.116**	0.259**	1				
收入差额	0.151**	−0.070	0.090*	0.139**	0.577**	0.660**	1			
种养年限	−0.199**	0.586**	−0.301**	−0.170**	−0.105**	−0.013	−0.080*	1		
培训次数	0.358**	−0.036	0.156**	0.069	0.218**	0.153**	0.267**	−0.078*	1	
社会资本	0.384**	−0.091*	0.250**	0.006	0.121**	0.105**	0.191**	−0.084*	0.282**	1

注：*表示在10%的水平上显著；**表示在1%的水平上显著。

统计分析显示(见表 6-6、表 6-7)，相比于女性而言，男性参加农业技能培训的行为意向更高，且在 5%的显著水平统计显著。年龄与农民参训行为意向在 1%显著水平上显著负相关，系数为 0.237，也就说年龄越大农民的参训行为意向越低，45 岁及以下农民参加农业技能培训的行为意向比 45 岁以上的农民平均高 0.4(见表 6-6)；多重比较显示(见表 6-9)，31～40 岁年龄组的农民参训行为意向最高，最低是 30 岁及以下和 60 岁以上，农民参训行为意向与年龄组呈现出明显的"倒 U 形"关系。文化程度与农民参训行为意向在 1%的显著水平上呈现显著的正相关关系，系数为 0.259，并且随着文化水平层次的提高，农民的参训行为意向也在逐渐提高(见表 6-11)，二者呈现出明显单调递增趋势。村干部相比于普通农民而言，其参训行为意向更高，且在 1%的水平上显著，也就说村干部更倾向于参加农业技能培训；党员相比于非党员也具有更高的参训行为意向，其中 1%显著水平上显著，这表明农村基层干部在参加培训方面具有较强的参训倾向。农民的种养年限与农民参训行为意向具有显著的负相关关系，系数为 0.199，这主要是种养年限越长，年龄越大、受教育年限越低，接受新事物能力越差、越容易故步自封，从而导致其参训行为倾向低。参训次数与农民的参训行为意向具有显著的正相关关系,系数为 0.358,这表明农民参加培训次数越多,农民参训行为倾向越高。劳动时间主要花费在农业上的农户,其参训行为意向并不明显比劳动时间主要花费在非农业上的农户高,这可能是那些将时间和精力主要花费在农业上的农民年龄比较大,思想比较保守,或者故步自封,不相信或者不愿意接受培训。农业与非农业农户在教育、年龄方面的独立样本 T 检验(见表 6-12),也证明了上述推断。

(2)家庭特征在农民参训行为意向上的差异分析

种粮农户相比于非粮农户而言,其参训行为意向明显偏低,而且在 1%的显著水平上统计显著。通过方差分析和多重比较可知(见表 6-18),不同经营类型的农户在参训行为意向上具有明显的差异。具体而言,养殖农户的参训行为意向最高,明显高于其他组别,这可能主要由于养殖更需要技术,这也迫使养殖户积极参加培训,以提高自身的养殖水平。总体而言,种粮农户参训行为意向最低,养殖农户最高,其次是经济作物农户以及农资经营、农产品购销、机耕服务的农户。加入合作组织的农户相比于未加入的农户而言,参训行为意向更高,且在 1%的显著水平上显著,这可能是合作组织成员一般种植的是经济作物,而经济作物需要更高的生产技术,因此合作组织成员更需要培训。同时这些农民可能也是年龄小、学历高、愿意接受新事物的农民,这将在多元线性回归分析中进一步细致分析。种养规模与农民参训行为意向具有显著的正向关系,且在 1%的显著水平上显著,系数为0.192,表明随着种养面积的增加,农民参训行为意向也在提高(见表 6-7)。通过不同种养规模组农户的方差分析和多重比较发现,20 亩及以下的农户参训行为意向是最低的(见表 6-14)。这主要因为农户经营规模小,即使培训对农户生产经营有帮助,但是培训收益总体不大,也就是参加培训的经济激励不足。这给我们的政策含义是,应将培训的重点放在种养大户身上。承包土地农户相比于未承包农户而言,其参训行为意向更高,但是显著性水平不高,仅在 10%的水平上显著。农业劳动力数量与农民参训行为倾向具有显著的正相关性,且在 1%的显著水平上统计显著,系数为 0.111。农业收入与农民参训行为倾向呈现出显著的正向关系,显著水平为 10%,系数为0.098,而且随着收入的提高其行为倾向也在提高(见表 6-7,表 6-16)。农民期望收入与实际收入差距与农民参训行为意向呈现显著的正向关系,且在 1%的水平显著,系数为 0.151(见表 6-7)。农业收入和收入差距这两个变量反映了不同农民的不同方面,农业收入反映的是农业在家庭经营中的比重,农业收入越高,农业收入在家庭中所占的比重可能越高,参加培训越具有规模收益,也就说他们参加培训具有经济激励;收入差距反映了农民对现状的满意程度,满意度越低越有动机去参加培训,以增加收入。因此,在模型中都要纳入。

　　需要说明的是,上面仅仅是对农户特征变量与农民参训行为意向进行了简单的分析,这些结论并不十分可靠。因为,仅仅讨论的是两个变量的关系,没有控制其他变量的影响,因此,可能会存在虚假相关关系。但是,这些简洁明了的统计分析,却可以提供给我们一些基本信息,同时也为后文筛选影响农民参训意向的因素提供了参考。关于农民个体特征变量对农民参训行为意向的净影响则需要进行多元线性回归或者其他计量方法,后文将会具体分析。

表 6-8　不同年龄段农民在参训行为意向上的方差分析

	平方和	自由度	均方	F	显著性
组间	32.723	4	8.181	8.563	0.000
组内	614.277	643	0.955		
总数	647.000	647			

表 6-9　不同年龄段农民在参训行为意向上的多重比较分析

年龄分段(I)	年龄分段(J)	均值差（$I-J$）	标准误	显著性	95% 置信区间	
					下限	上限
30 岁及以下	31~40 岁	−0.240	0.329	0.467	−0.886	0.407
	41~50 岁	0.099	0.315	0.753	−0.520	0.718
	51~60 岁	0.269	0.317	0.396	−0.353	0.891
	60 岁以上	0.549	0.322	0.088	−0.083	1.181
31~40 岁	30 岁及以下	0.240	0.329	0.467	−0.407	0.886
	41~50 岁	0.339*	0.130	0.009	0.085	0.593
	51~60 岁	0.509*	0.133	0.000	0.247	0.771
	60 岁以上	0.788*	0.145	0.000	0.505	1.072
41~50 岁	30 岁及以下	−0.099	0.315	0.753	−0.718	0.520
	31~40 岁	−0.339*	0.130	0.009	−0.593	−0.085
	51~60 岁	0.170	0.093	0.069	−0.014	0.353
	60 岁以上	0.450*	0.109	0.000	0.236	0.663

续表

年龄分段(I)	年龄分段(J)	均值差（$I-J$)	标准误	显著性	95％置信区间	
					下限	上限
51～60 岁	30 岁及以下	−0.269	0.317	0.396	−0.891	0.353
	31～40 岁	−0.509*	0.133	0.000	−0.771	−0.247
	41～50 岁	−0.170	0.093	0.069	−0.353	0.014
	60 岁以上	0.280*	0.113	0.014	0.057	0.502
60 岁以上	30 岁及以下	−0.548	0.322	0.088	−1.181	0.083
	31～40 岁	−0.788*	0.145	0.000	−1.072	−0.505
	41～50 岁	−0.450	0.109	0.000	−0.663	−0.236
	51～60 岁	−0.280*	0.113	0.014	−0.502	−0.057

注：* 表示均值差的显著性水平为 0.05。

表 6-10　不同文化程度农民在参训行为意向上的方差分析

	平方和	自由度	均方	F	显著性
组间	54.770	4	13.693	14.866	0.000
组内	592.230	643	0.921		
总数	647.000	647			

表 6-11　不同文化程度农民在参训行为意向上的多重比较分析

文化程度(I)	文化程度(J)	均值差（$I-J$)	标准误	显著性	95％置信区间	
					下限	上限
小学以下	小学	−0.062	0.116	0.592	−0.289	0.165
	初中	−0.454*	0.110	0.000	−0.669	−0.239
	高中、中专	−0.775*	0.151	0.000	−1.072	−0.477
	大专及以上	−1.127*	0.234	0.000	−1.586	−0.668
小学	小学以下	0.062	0.116	0.592	−0.165	0.289
	初中	−0.392*	0.091	0.000	−0.571	−0.213
	高中、中专	−0.713*	0.139	0.000	−0.985	−0.440
	大专及以上	−1.065*	0.226	0.000	−1.508	−0.622

续表

文化水平(I)	文化水平(J)	均值差($I-J$)	标准误	显著性	95%置信区间	
					下限	上限
初中	小学以下	0.454*	0.110	0.000	0.239	0.669
	小学	0.392*	0.091	0.000	0.213	0.571
	高中、中专	−0.320*	0.134	0.017	−0.583	−0.058
	大专及以上	−0.673*	0.223	0.003	−1.110	−0.236
高中、中专	小学以下	0.775*	0.151	0.000	0.477	1.072
	小学	0.713*	0.139	0.000	0.440	0.985
	初中	0.320*	0.134	0.017	0.058	0.583
	大专及以上	−0.353	0.246	0.152	−0.836	0.130
大专及以上	小学以下	1.127*	0.234	0.000	0.668	1.586
	小学	1.065*	0.226	0.000	0.622	1.508
	初中	0.673*	0.223	0.003	0.236	1.110
	高中、中专	0.353	0.246	0.152	−0.130	0.836

注：* 表示均值差的显著性水平为 0.05。

表 6-12　农业与非农业农户在年龄、受教育年限方面的差异分析（T 检验）

项目	非农业（样本量 140）	农业（样本量 507）	均值差异的 T 检验 $H_0=B-A=0$	
	均值 A（标准差）	均值 B（标准差）	T 值	Sig.
年龄	48.41 (8.911)	52.31 (10.168)	−4.440	0.000
受教育年限	8.26 (3.297)	6.79 (3.919)	−4.463	0.000

表 6-13　不同种养规模农户在参训行为意向上的方差分析

	平方和	自由度	均方	F	显著性
组间	39.834	4	9.958	10.546	0.000
组内	607.166	643	0.944		
总数	647.000	647			

表 6-14 不同种养规模农户在参训行为意向上的多重比较分析

种养面积(*I*)	种养面积(*J*)	均值差(*I*−*J*)	标准误	显著性	95%置信区间	
					下限	上限
20 亩及以下	21~50 亩	−0.545*	0.142	0.000	−0.824	−0.266
	51~100 亩	−0.702*	0.283	0.013	−1.259	−0.146
	101~200 亩	−0.782*	0.346	0.024	−1.461	−0.103
	200 亩以上	−1.309*	0.296	0.000	−1.890	−0.728
21~50 亩	20 亩及以下	0.545*	0.142	0.000	0.266	0.824
	51~100 亩	−0.157	0.312	0.615	−0.769	0.455
	101~200 亩	−0.237	0.370	0.522	−0.962	0.489
	200 亩以上	−0.764*	0.323	0.018	−1.398	−0.129
51~100 亩	20 亩及以下	0.702*	0.283	0.013	0.146	1.259
	21~50 亩	0.157	0.312	0.615	−0.455	0.769
	101~200 亩	−0.0799	0.444	0.857	−0.951	0.791
	200 亩以上	−0.607	0.406	0.135	−1.403	0.190
101~200 亩	20 亩及以下	0.782*	0.346	0.024	0.103	1.461
	21~50 亩	0.237	0.369	0.522	−0.489	0.962
	51~100 亩	0.0799	0.443	0.857	−0.791	0.951
	200 亩以上	−0.527	0.451	0.244	−1.414	0.360
200 亩以上	20 亩及以下	1.309*	0.296	0.000	0.728	1.890
	21~50 亩	0.764*	0.323	0.018	0.129	1.398
	51~100 亩	0.607	0.406	0.135	−0.190	1.403
	101~200 亩	0.527	0.452	0.244	−0.360	1.414

注:* 表示均值差的显著性水平为 0.05。

表 6-15 不同农业收入分组农户在参训行为意向上的方差分析

	平方和	自由度	均方	*F*	显著性
组间	75.540	5	15.108	16.881	0.000
组内	569.210	636	0.895		
总数	644.750	641			

表 6-16　不同农业收入分组农户在参训行为意向上的多重比较分析

收入分组(I)	收入分组(J)	均值差(I−J)	标准误	显著性	95% 置信区间	
					下限	上限
1万元及以下	1万~3万元	−0.296*	0.094	0.002	−0.480	−0.112
	3万~5万元	−0.350*	0.125	0.005	−0.595	−0.105
	5万~10万元	−0.678*	0.125	0.000	−0.924	−0.432
	10万~20万元	−1.023*	0.172	0.000	−1.360	−0.686
	20万元以上	−1.092*	0.159	0.000	−1.404	−0.780
1万~3万元	1万元及以下	0.296*	0.094	0.002	0.112	0.480
	3万~5万元	−0.054	0.129	0.675	−0.306	0.198
	5万~10万元	−0.382*	0.129	0.003	−0.635	−0.128
	10万~20万元	−0.727*	0.175	0.000	−1.070	−0.384
	20万元以上	−0.796*	0.162	0.000	−1.114	−0.478
3万~5万元	1万元及以下	0.350*	0.125	0.005	0.105	0.595
	1万~3万元	0.054	0.129	0.675	−0.198	0.306
	5万~10万元	−0.328*	0.153	0.033	−0.628	−0.027
	10万~20万元	−0.673*	0.193	0.001	−1.052	−0.294
	20万元以上	−0.742*	0.182	0.000	−1.098	−0.386
5万~10万元	1万元及以下	0.678*	0.125	0.000	0.432	0.924
	1万~3万元	0.382*	0.129	0.003	0.128	0.635
	3万~5万元	0.328*	0.153	0.033	0.027	0.628
	10万~20万元	−0.345	0.193	0.074	−0.725	0.034
	20万元以上	−0.414*	0.182	0.023	−0.772	−0.057
10万~20万元	1万元及以下	1.023*	0.172	0.000	0.686	1.360
	1万~3万元	0.727*	0.175	0.000	0.384	1.070
	3万~5万元	0.673*	0.193	0.001	0.294	1.052
	5万~10万元	0.345	0.193	0.074	−0.034	0.725
	20万元以上	−0.069	0.217	0.750	−0.494	0.356

续表

收入分组(I)	收入分组(J)	均值差(I−J)	标准误	显著性	95% 置信区间	
					下限	上限
20万元以上	1万元及以下	1.092*	0.159	0.000	0.780	1.404
	1万~3万元	0.796*	0.162	0.000	0.478	1.114
	3万~5万元	0.742*	0.182	0.000	0.386	1.098
	5万~10万元	0.414*	0.182	0.023	0.057	0.772
	10万~20万元	0.069	0.217	0.750	−0.356	0.494

注:* 表示均值差的显著性水平为 0.05。

表 6-17　不同经营类型农户在参训行为意向上的方差分析

	平方和	自由度	均方	F	显著性
组间	46.230	3	15.410	16.519	0.000
组内	600.770	644	0.933		
总数	647.000	647			

表 6-18　不同经营类型农户在参训行为意向上的多重比较分析

经营类型(I)	经营类型(J)	均值差(I−J)	标准误	显著性	95% 置信区间	
					下限	上限
粮食	果蔬、经济作物	−0.472*	0.094	0.000	−0.656	−0.287
	养殖	−1.130*	0.209	0.000	−1.540	−0.721
	农机、农资等	−0.488*	0.097	0.000	−0.678	−0.298
蔬菜、水果、经济作物	粮食	0.472*	0.094	0.000	0.287	0.656
	养殖	−0.658*	0.207	0.002	−1.066	−0.251
	农机、农资等	−0.016	0.094	0.864	−0.201	0.168
种养	粮食	1.130*	0.209	0.000	0.721	1.540
	果蔬、经济作物	0.658*	0.207	0.002	0.251	1.066
	农机、农资等	0.642*	0.209	0.002	0.233	1.052
农机服务、农产品、农资购销	粮食	0.488*	0.097	0.000	0.298	0.678
	果蔬、经济作物	0.016	0.094	0.864	−0.168	0.201
	养殖	−0.642*	0.209	0.002	−1.052	−0.233

注:* 表示均值差的显著性水平为 0.05。

6.2 农民参加农业技能培训行为意向的影响因素分析

6.2.1 模型设置与变量选择

为了研究农民参训行为意向的影响因素,本研究拟采用多元线性回归模型进行分析,这主要由于被解释变量的特征。被解释变量是利用因子分析法合成的一个因子,吴明隆(2010)认为,这样的变量可以作为连续变量使用;刘克春(2006)在研究影响农户土地流转行为意向的因素时,也是将其作为连续变量。该方法不仅简洁易于解释,而且实践证明也是有效的。为了增强研究结果的稳健性、科学性,后文将使用结构方程进一步研究农民参加农业技能培训行为意向的形成机理。

根据第 3 章构建农民参训决策的概念模型,农户心理变量对农民参训决策影响机制如图 6-1 所示。

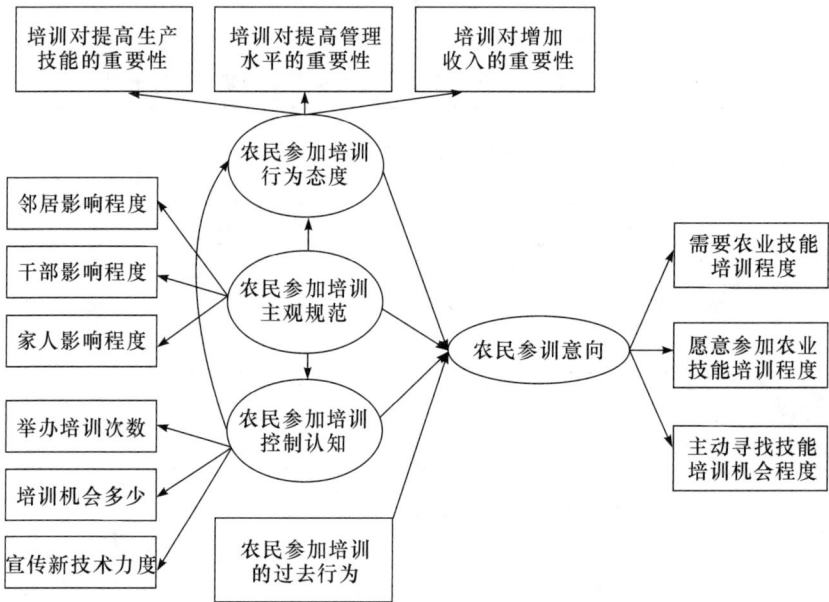

图 6-1 农民参加农业技能培训行为意向模型

根据上面的概念模型,本研究将农民参训行为态度、农民参训主观规范、农民参训动作控制认知以及农民培训经历纳入计量模型,实证检验这些变量对农民参训行为意向的影响方向和影响程度,以便提出有针对性的对策建议,提高农民参训意向。值得一提的是,被解释变量农民参训行为意向是一个合成因子(3 个测量指标提取的公因子),解释变量农民参训行为态度和农民参训动作控制认知也是合成因子,前面已经对此进行了分析;农民参训主观规范和过去培训经历则直接将调查的数据代入模型。

本研究使用的多元线性模型是:

$$Y = \beta_0 + \beta_1 X_1 + \beta_2 X_2 + \beta_3 X_3 + \beta_4 X_4 + U$$

其中,Y 为农民参训行为意向;X_1 为农民参训行为态度;X_2 为农民参训主观规范;X_3 为农民参训动作控制认知;X_4 为过去培训经历;β_0 为截距;$\beta_1 \cdots \beta_4$ 为解释变量的系数;U 为残差。

6.2.2　变量描述性分析

前文(6.1)已经对农民参加培训的行为意向进行了描述性分析,故在此不再赘述。本部分重点对农民参加培训的主观规范、动作控制认知、过去培训经历进行描述性统计分析。本部分的目的有两个:一是了解和把握影响农民参加培训行为意向的各因素的总体情况;二是利用多变量测量的潜变量凝练成一个或几个主要因子,以便于后面进行回归分析,检验相关假说。此外,关于心理变量的测量方法、信度检验及因子分析等与前面的农民参训行为意向分析类似,所以为了简洁和节约篇幅,将不再具体叙述心理变量的测量、信度检验及因子分析等。

(1)农民参加培训行为态度的描述性统计

本研究分别用"农业技能培训对提高生产技能非常重要"、"农业技能培训对提高管理水平非常重要"、"农业技能培训对增加收入非常重要"等 3 个测量题项对农民参训行为态度进行测量。经信度分析,行为态度测量题项的 Cronbach α 值为 0.924,高于 0.7,具有较高信度。

表 6-19 显示,"对提高生产技能非常重要"的得分是 3.82,这表明农民对培训提高农业技能培训的作用认可度比较高;"对提高管理水平非常重要"的得分是 3.75,"对增加收入非常重要"的得分是 3.78,这表明农民对农业技能培训提高经营管理水平和增加收入的作用比较认可。这也可以从 3 个题项的平均得分中看出,3 个题项的平均得分是 3.78。

表 6-19　农民参训行为态度的描述性统计

项目	频数	极小值	极大值	均值	标准差
对提高生产技能非常重要	648	1	5	3.82	0.820
对提高管理水平非常重要	648	1	5	3.75	0.830
对增加收入非常重要	648	1	5	3.78	0.829
三项指标加权平均值	648	1	5	3.78	0.771

表 6-20 显示,3 个题项之间的相关系数为 0.778~0.846,并在 1% 的显著水平上统计显著,这说明 3 个题项之间存在较强的相关关系。统计得出(见表 6-21),农民参训行为态度 KMO 为 0.755,Bartlett 球形检验 χ^2 为 1501.153,在 1% 的显著性水平上统计显著,这表明 3 个题项适合作因子分析。对农民参训行为态度 3 个测量题项的因子分析结果显示,它们具有单维度的特点,各题项的载荷系数均大于 0.5。因此,可以通过对农民参训行为态度的 3 个题项的分值进行标准化处理而产生一个单一的因子值。然后,将该因子值作为行为态度变量的样本值进入到回归模型中分析。

表 6-20　题项之间相关关系的描述性统计

项目	对提高生产技能非常重要	对提高管理水平非常重要	对增加收入非常重要
对提高生产技能非常重要	1		
对提高管理水平非常重要	0.846**	1	
对增加收入非常重要	0.780**	0.778**	1

注:** 表示 0.01 显著水平。

表 6-21　KMO 和 Bartlett 的检验

Kaiser-Meyer-Olkin 检验		0.755
Bartlett 的球形检验	近似卡方	1501.153
	自由度	3
	显著性水平	0.000

农民参训行为态度因子分析结果见表 6-22。

表 6-22 农民参训行为态度因子分析结果($N=648$)

测量题项	因子
对提高生产技能非常重要	0.940
对提高管理水平非常重要	0.940
对增加收入非常重要	0.914
因子解释变异	86.757

通过因子分析,3 个测量题项可以提取一个公因子——行为态度,该因子解释了测量题项 86.757%的变异,因子负荷为 0.914~0.940。

表 6-23 是相应的计算因子值的系数矩阵,该系数矩阵各因子可以表示为相应题项的线性组合。由公式 $f_i = x\beta_i$,可以计算出公共因子的因子 f_i 值,并可用来替代原来的变量项目作回归分析。

表 6-23 因子值的系数矩阵

测量题项	f_i
对提高生产技能非常重要	0.361
对提高管理水平非常重要	0.361
对增加收入非常重要	0.351

(2)农民参加培训动作控制认知的描述性分析

本研究分别用"村镇举办培训非常多"、"参加培训机会非常多"、"政府宣传新技术力度大"3 个题项测量农民参加培训的动作控制认知。经信度分析,3 个测量题项的 Cronbach α 值为 0.884,高于 0.7,具有较高信度。

表 6-24 显示,"村镇举办培训非常多"的得分是 2.82,这表明村镇举办的培训比较少;"参加培训机会非常多"的得分是 2.63,"政府宣传新技术力度大"的得分是 3.01,这表明农民对参加农业技能培训的把控程度不高,一是因为培训机构提供的培训比较少,二是自己参加培训的机会不是很多。3 个题项的平均得分仅为 2.82,这也反映出农民参加培训把控能力比较弱。

表 6-24　农民参训动作控制认知的描述性统计

测量题项	N	极小值	极大值	均值	标准差
村镇举办培训非常多	648	1	5	2.82	1.178
参加培训机会非常多	648	1	5	2.63	1.241
政府宣传新技术力度大	648	1	5	3.01	1.139
三项指标加权平均值	648	1	5	2.82	1.068

表 6-25 显示,3 个题项之间的相关系数 0.646~0.797,并在 1% 的显著水平上统计显著,这说明 3 个题项之间存在较强的相关关系。统计得出(见表 6-26),农民参训动作控制认知的 KMO 为 0.718,Bartlett 球形检验 χ^2 为 1123.521,在 1% 的显著性水平上统计显著,这表明 3 个题项适合作因子分析。对农民参训的动作控制认知 3 个测量题项的因子分析结果显示,它们具有单维度的特点,各题项的载荷系数均大于 0.5。因此,可以通过对农民参训动作控制认知的 3 个题项的分值进行标准化处理而产生一个单一的因子值。然后,将该因子值作为动作控制认知变量的样本值进入到回归模型中分析。

表 6-25　题项之间相关关系的描述性统计

测量题项	村镇举办培训非常多	参加培训机会非常多	政府宣传新技术力度大
村镇举办培训非常多	1		
参加培训机会非常多	0.797**	1	
政府宣传新技术力度大	0.709**	0.646**	1

注:** 表示 0.01 显著水平。

表 6-26　KMO 和 Bartlett 的检验

Kaiser-Meyer-Olkin 检验		0.718
Bartlett 的球形检验	近似卡方	1123.521
	自由度	3
	显著性水平	0.000

农民参训动作控制认知因子分析结果见表 6-27。

表 6-27 农民参训动作控制认知因子分析结果($N=648$)

测量题项	因子
村镇举办培训非常多	0.930
参加培训机会非常多	0.906
政府宣传新技术力度大	0.866
因子解释变异	81.197

通过因子分析,3 个测量题项可以提取一个公因子——动作控制认知。该因子解释了测量题项 81.197%的变异,因子负荷 0.866～0.930。

表 6-28 是相应的计算因子值的系数矩阵,该系数矩阵各因子可以表示为相应题项的线性组合。由公式 $f_i = x\beta_i$,可以计算出公共因子 f_i 的因子值,并可用来替代原来的变量项目作回归分析。

表 6-28 因子值的系数矩阵

测量题项	f_i
村镇举办培训非常多	0.382
参加培训机会非常多	0.372
政府宣传新技术力度大	0.356

(3)农民参加培训主观规范描述性统计

本研究用"邻居、朋友参加农业技能培训对我影响非常大"、"村干部、科技人员等认为应该参加培训,其态度对我是否参加培训影响大"、"家人认为应该参加培训,其态度对我是否参加培训影响大"来测量农民参加培训的主观规范,为了降低农民错误回答和防止农民隐瞒自己的真实想法而设置的题项,以便将农民的从众心理和参训决策时受其他人影响反映出来。经信度分析,3 个测量题项的 Cronbach α 值为 0.897,高于 0.7,具有较高信度。

表 6-29 显示,"邻居影响程度"的得分是 3.82,这表明邻居对其参加农业技能培训有较大影响;"村干部影响程度"的得分是 2.53,这表明村干部对其影响作用比较小,"家人影响程度"的得分是 3.21,这表明家人对其参加农业技能培训影响较大。3 个题项的平均得分仅为 3.49,这也反映出农民参加农业技能培训受外界影响。

表 6-29　农民参训主观规范的描述性统计

测量题项	频数	极小值	极大值	均值	标准差
邻居影响程度	648	1	5	3.82	1.038
村干部影响程度	648	1	5	2.53	1.161
家人影响程度	648	1	5	3.21	1.279
三项指标加权平均值	648	1	5	3.49	1.167

表 6-30 显示,3 个题项之间的相关系数 0.517~0.809,并在 1% 的显著水平上统计显著,这说明 3 个题项之间存在较强的相关关系。统计得出(见表 6-31),农民参训主观规范的 KMO 为 0.739,Bartlett 球形检验 χ^2 为 1147.539,在 1% 的显著性水平上统计显著,这表明 3 个题项适合作因子分析。对农民参训的主观规范 3 个测量题项的因子分析结果显示,它们具有单维度的特点,各题项的载荷系数均大于 0.5。因此,可以通过对农民参训主观规范的 3 个题项的分值进行标准化处理而产生一个单一的因子值。然后,将该因子值作为主观规范变量的样本值进入到回归模型分析中。

表 6-30　题项之间相关关系的描述性统计

测量题项	邻居影响程度	村干部影响程度	家人影响程度
邻居影响程度	1		
村干部影响程度	0.517**	1	
家人影响程度	0.809**	0.526**	1

注:** 表示 0.01 显著水平。

表 6-31　KMO 和 Bartlett 的检验

Kaiser-Meyer-Olkin 检验		0.739
Bartlett 的球形检验	近似卡方	1147.539
	自由度	3
	显著性水平	0.000

农民参训主观规范因子分析结果见表 6-32。

表 6-32　农民参训主观规范因子分析结果($N=648$)

测量题项	因子
邻居影响程度	0.827
村干部影响程度	0.806
家人影响程度	0.953
因子解释变异	85.197

通过因子分析,3 个测量题项可以提取一个公因子——主观规范。该因子解释了测量题项 85.197％的变异,因子负荷 0.806～0.953。

表 6-33 是相应的计算因子值的系数矩阵,该系数矩阵各因子可以表示为相应题项的线性组合。由公式 $f_i=x\beta_i$,可以计算出公共因子 f_i 的因子值,并可用来替代原来的变量项目作回归分析。

表 6-33　因子值的系数矩阵

测量题项	f_i
邻居影响程度	0.452
村干部影响程度	0.322
家人影响程度	0.496

(4)农民培训经历的描述性统计分析

根据计划行为理论,农民参加培训的经历会影响农民参训意向。调查数据显示(表 6-34、表 6-35),49.7％的农民参加过培训,平均值是 4.21,近 5 年来参加培训次数的最大值是 70 次,平均每年高达 14 次。这些数据表明,有些农民参加培训次数比较多。那么,是哪些人参加培训比较多呢?这将在第 7 章农民参训行为分析中进行研究。

表 6-34　农民参训次数的描述性统计

项目	频数	极小值	极大值	均值	标准差
农民参加培训的次数	648	0	70	4.21	8.828

表 6-35 农民是否参训的描述性统计

项目	频数	百分比(%)	累计百分比(%)
未参加过培训	326	50.3	50.3
参加过培训	322	49.7	100.0
合计	648	100.0	

6.2.3 计量结果分析

(1)初步分析

自变量的共线性检验,在本研究回归模型中,TOL 值的最小值为 0.628>0.1,VIF 值的最大值为 1.591<10,CI 值的最大值为 2.314<30,其特征值的最小值为 0.381>0.01,这表明模型中的解释变量间不存在共线性问题。

计量结果显示(见表 6-36),农民参训的行为态度、动作控制认知、主观规范以及过去参训经历都对农民参训意向有显著的正向影响,即验证了假说 H1a、H1b 和 H1c。其中,农民参训的行为态度是影响农民参训行为意向最主要的变量,系数为 0.498,远远高于其他 3 个变量对农民参训行为意向的影响;过去培训经历对农民参训意向影响最弱,系数为 0.010。这给予我们的政策含义是:一方面,政府要加大对培训的宣传和引导,让农民充分认识到农业技能培训的重要性,提高农民对培训的认知,进而促进农民参训行为意向的形成;另一方面,增加农业技能培训的供给,提高农民参加培训的机会,积极营造学技术、用技术的良好氛围,特别是加大对种养大户、村干部以及合作社成员的培训和扶持,发挥典型示范和引导的作用,使其带动周围农民学技术、用技术。

表 6-36 农民参训行为意向的影响因素估计结果

变量	系数	标准误	T	Sig.
常数项	−0.045	0.031	−1.462	0.144
农民参训行为态度	0.498	0.030	16.562	0.000
农民参训动作控制认知	0.216	0.034	6.307	0.000
农民参训主观规范	0.148	0.030	4.897	0.000
过去参训经历	0.010	0.004	2.958	0.003

$N=648$
$R^2=0.525$

（2）交互项对农民参训行为意向的影响分析

本研究将逐一对上述交互项的作用进行检验。共有 4 个交互项：主观规范 * 行为态度、主观规范 * 动作控制认知、动作控制认知 * 行为态度、主观规范 * 动作控制认知 * 行为态度。本研究将 4 个交互项引入多元线性模型，检验交互项的作用。本研究已经对变量进行了中心化处理，以便得到更为稳健的结果。

计量结果如表 6-37 所示。

表 6-37　农民参训行为意向的影响因素估计结果（加入交互项）

变量	系数	标准误	T	Sig.
常数项	−0.037	0.034	−1.102	0.271
农民参训行为态度	0.501	0.033	15.091	0.000
农民参训主观规范	0.150	0.032	4.743	0.000
农民参训动作控制认知	0.224	0.035	6.458	0.000
过去参训经历	0.011	0.004	2.985	0.003
主观规范 * 行为态度	0.058	0.031	1.877	0.061
主观规范 * 动作控制认知	−0.014	0.031	−0.463	0.644
动作控制认知 * 行为态度	−0.050	0.032	−1.561	0.119
主观规范 * 动作控制认知 * 行为态度	−0.011	0.028	−0.390	0.697

$N = 648$
$R^2 = 0.526$

计量结果显示，只有"主观规范 * 行为态度"的交互项在 10% 的显著水平统计显著，其他 3 个均不显著。而且，相比于未加入交互项的模型而言，农民参训行为态度对农民参训行为意向的影响程度更强了，农民参训主观规范对农民参训行为意向的影响减弱了。这可能是因为加入"主观规范 * 行为态度"的交互项后，农民参训的主观规范对参训行为意向的影响通过中介变量——参训行为态度来实现所致。因此，农民参训行为意向的形成主要受参训行为态度、参训主观规范、参训动作控制认知、过去参训经历、主观规范 * 行为态度等影响，其中参训行为态度对参训行为意向的形成起着决定性的作用，其次是农民参训的动作控制认知，再次是参训主观规范。可见，影响农民参训意向形成的交互项仅有一个，即"主观规范对行为态度"。

6.3 农民参训行为意向形成机制的进一步分析

为检验上述结论的稳健性,同时为了进一步揭示测量潜变量的指标哪些是有效的,本研究采用结构方程对农民参训行为意向的形成机制作进一步分析。根据研究的问题以及变量情况,使用结构方程研究农民参训行为意向的形成机制相比于多元线性模型更为恰当。

6.3.1 模型设定

初始模型的设定如图 6-1 所示。模型中,外生变量包括农民参加培训的行为态度(attitude toward the behavioral)、农民参加培训的主观规范(subjective norms)、农民参加培训的控制认知(perceived behavioral control)以及农民参加培训的过去行为(past behavior);内生变量为农民参加培训的行为意向(behavioral intention)。根据第 3 章理论分析框架,本研究用"培训对提高生产技能的重要性"、"培训对提高管理水平的重要性"和"培训对增加收入的重要性"3 个指标测量农民参加农业技能培训的行为态度;用"邻居影响程度"、"干部影响程度"和"家人影响程度"3 个指标测量农民参加农业技能培训的主观规范;用"村镇举办培训次数"、"培训机会多少"和"宣传新技术力度"3 个指标测量农民参加农业技能培训的动作控制认知;用"需要参加农业技能培训的程度"、"愿意参加农业技能培训的程度"和"主动寻找技能培训的可能性"3 个指标测量农民参加农业技能培训的行为意向。

图 6-1 中各变量的相关设定及赋值见表 6-38。

表 6-38 参训行为意向等变量的设定和赋值

潜变量	可测变量及赋值设定	
参训行为意向（BI）	BI_1 需要参加农业技能培训的程度	完全不需要＝1,不需要＝2,一般＝3,比较需要＝4,非常需要＝5
	BI_2 愿意参加农业技能培训的程度	非常不愿意＝1,比较不愿意＝2,一般＝3,比较愿意＝4,非常愿意＝5
	BI_3 主动寻找技能培训的可能性	肯定不会＝1,不太会＝2,一般＝3,可能会＝4,肯定会＝5

续表

潜变量	可测变量及赋值设定	
农民参训行为态度（ATB）	ATB$_1$ 培训对提高生产技能的重要性	非常不重要＝1,比较不重要＝2,一般＝3,比较重要＝4,非常重要＝5
	ATB$_2$ 培训对提高管理水平的重要性	非常不重要＝1,比较不重要＝2,一般＝3,比较重要＝4,非常重要＝5
	ATB$_3$ 培训对增加收入的重要性	非常不重要＝1,比较不重要＝2,一般＝3,比较重要＝4,非常重要＝5
农民参训主观规范（SN）	SN$_1$ 邻居参训态度对我参训影响非常大	非常不同意＝1,比较不同意＝2,一般＝3,比较同意＝4,非常同意＝5
	SN$_2$ 干部参训态度对我参训影响非常大	非常不同意＝1,比较不同意＝2,一般＝3,比较同意＝4,非常同意＝5
	SN$_3$ 家人参训态度对我参训影响非常大	非常不同意＝1,比较不同意＝2,一般＝3,比较同意＝4,非常同意＝5
农民参训控制认知（PBC）	PBC$_1$ 村镇举办培训次数	非常少＝1,比较少＝2,一般＝3,比较多＝4,非常多＝5
	PBC$_2$ 参加培训的机会	非常少＝1,比较少＝2,一般＝3,比较多＝4,非常多＝5
	PBC$_3$ 政府宣传新技术力度	非常小＝1,比较小＝2,一般＝3,比较大＝4,非常大＝5

初始模型方程式见表 6-39。

表 6-39　初始模型方程式

模型	方程式
测量模型—BI	BI$_1$ ＝λ$_{11}$ BI＋e1
	BI$_2$ ＝λ$_{12}$ BI＋e2
	BI$_3$ ＝λ$_{13}$ BI＋e3
测量模型—ATB	ATB$_1$ ＝λ$_{21}$ ATB＋e4
	ATB$_2$ ＝λ$_{22}$ ATB＋e5
	ATB$_3$ ＝λ$_{23}$ ATB＋e6
测量模型—SN	SN$_1$ ＝λ$_{31}$ SN＋e7
	SN$_2$ ＝λ$_{32}$ SN＋e8
	SN$_3$ ＝λ$_{33}$ SN＋e9

续表

模型	方程式
测量模型—PBC	$PBC_1 = \lambda_{41} PBC + e10$
	$PBC_2 = \lambda_{41} PBC + e11$
	$PBC_3 = \lambda_{41} PBC + e12$
结构模型—BI	$BI_1 = \gamma_1 ATB + \gamma_2 SN + \gamma_3 PBC + \gamma_4 PA + e13$

6.3.2　结构模型验证

本研究使用 AMOS18.0 软件对结构方程模型假说进行检验,采用极大似然估计法对初始模型进行拟合,此时,修正指数为 27.42。Joreskog 和 Sorbom(1993)认为,修正指数大于 7.882 时有必要对初始模型进行修正。根据拟合结果(见表 6-40),SN→PBS、PBS→ATB、SN→SN₂、PBC→PBC₂ 的系数不显著,按照系数为零概率的大小依次将这 4 个路径分别剔除后再进行拟合,模型所有估计的系数都通过检验。此时,修正指数小于 5.00,表明修正模型不需要进一步修正。

表 6-40 的结果显示,主观规范对农民参加农业技能培训动作控制认知的路径系数假说检验不显著,表明主观规范与动作控制认知没有直接关系,假说 H1e 未通过验证。农民参加农业技能培训的动作控制认知对农民参训行为态度的路径系数假说检验不显著,说明控制认知对农民参训的行为态度不存在显著影响,假说 H1f 未通过验证。

表 6-40　农民参加农业技能培训行为意向模型的路径系数与假说检验

变量	标准化路径系数	Sig.	对应假说	检验结果
行为态度→行为意向	0.546	0.000	H1a	支持
主观规范→行为意向	0.437	0.028	H1b	支持
控制认知→行为意向	0.443	0.002	H1c	支持
过去行为→行为意向	0.346	0.007	H1g	支持
主观规范→行为态度	0.298	0.034	H1d	支持
主观规范→控制认知	0.181	0.359	H1e	不支持
控制认知→行为态度	0.047	0.276	H1f	不支持

根据上述检验结果对模型中变量间的关系进行修正,删掉主观规范到控制认知的路径,以及控制认知到行为态度的路径。

6.3.3 修正后的模型检验结果

对修正后的模型重新进行估计,估计结果如表 6-41 所示。各项目对相应潜变量的估计参数也列于表中。

表 6-41 修正后的农民参加农业技能培训行为意向模型分析结果

变量	标准化路径系数	路径系数	Sig.
行为态度→行为意向	0.626	0.563	0.000
主观规范→行为意向	0.519	0.627	0.000
控制认知→行为意向	0.713	0.659	0.000
过去行为→行为意向	0.415	0.483	0.003
主观规范→行为态度	0.327	0.439	0.000
行为意向→BI_1	0.857	1.000	
行为意向→BI_2	0.829	0.829	0.000
行为意向→BI_3	0.629	0.851	0.000
行为态度→ATB_1	0.813	1.000	
行为态度→ATB_2	0.615	0.837	0.000
行为态度→ATB_3	0.617	0.861	0.000
主观规范→SN_1	0.835	1.062	0.000
主观规范→SN_3	0.816	0.968	0.000
控制认知→PBC_1	0.852	1.041	0.000
控制认知→PBC_3	0.751	0.827	0.000

评价模型优劣首先是检验参数的显著性,其次是用各种拟合指数对模型进行整体评价。

表 6-41 的显著性概率表明结构方程的参数具有良好的统计显著性。农民参加农业技能培训的行为态度、主观规范、动作控制认知以及过去行为对农民参训行为意向的路径系数在 1% 的显著性水平上统计显著,这可以有效说明农民参加农业技能培训行为意向的产生受这 4 个变量的影响,验证了研究假说 H1a、H1b、H1c 和 H1g。结构方程模型运行结果还表明,农民参加农业技能培训的行为态度受主观规范的影响,即农民对参加农业技能培训的主观规范认知能力越强,农民越有可能参加农业技能培训,验证了研究假说 H1d。

结构方程模型拟合的优劣用拟合指标反映。根据侯杰泰(2004)的分类,模型整体拟合优度指标主要有三类,绝对拟合优度指标(χ^2,χ^2/d. f.,RMSEA,SRMR,RMR),相对拟合指标(NFI,NNFI,CFI,RNI)以及简约指标(PI)。本研究选取结构方程模型常用的绝对和相对两类,共 7 个指标来评价结构方程的拟合效果。表 6-42 给出结构方程拟合检验的统计值和参考值，检验结果表明模型结构与样本数据的拟合程度良好。

表 6-42 结构方程的拟合检验

拟合指标	χ^2	$\chi^2/d.f$	CFI	TLI	IFI	NFI	RMSEA
统计值	156.519	1.862	0.958	0.973	0.976	0.958	0.03
参考值	>0	≤3	≥0.90	≥0.95	≥0.90	≥0.90	≤0.06

根据上述研究，本研究对农民参训行为意向模型进行修正，如图 6-2 所示。

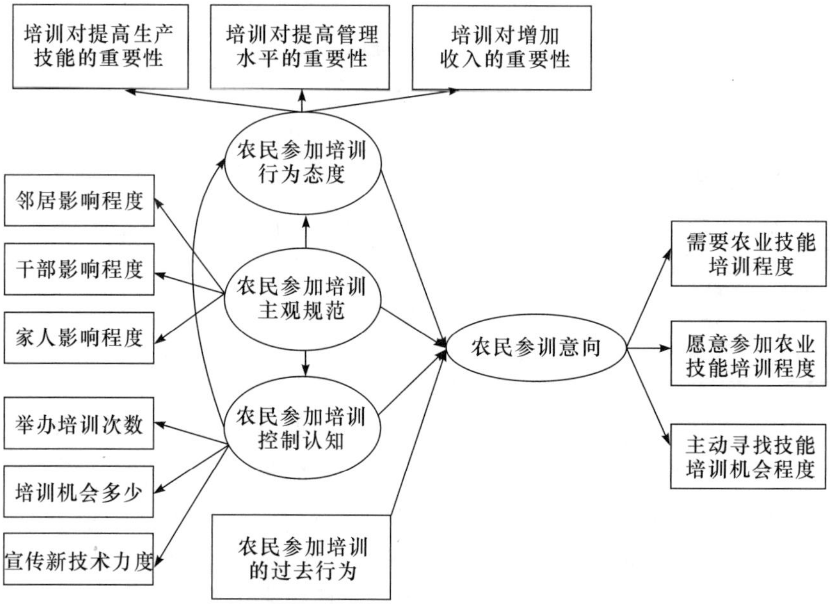

图 6-2 修正的农民参加农业技能培训行为意向模型

6.4 外在因素对农民参训行为意向的影响分析

前文主要考察了农民心理因素对农民参训行为意向形成的影响，下面从外在因素考察哪些因素影响农民参训行为意向。

6.4.1　变量选择

被解释变量是农民参训行为意向,由于参训行为意向是一个潜变量,在调查问卷中通过 3 个题项获得。因此,本研究利用因子分析法将其合成一个因子——参训行为意向。根据第 3 章的理论分析,解释变量主要包括:性别、年龄、受教育年限、是否村干部、是否当地人、参训次数、务农劳动力、种养规模取对数、是否租入土地、是否种植粮食、农业收入占比、是否合作社成员、村镇举办培训频次、参加培训机会、宣传新技术力度、主要农产品销售难易、邻居采用新技术情况、邻居对参训的影响。值得一提的是,一些变量未纳入模型,例如期望收入与实际收入差距、农业收入、种植年限和是否党员,因为这 4 个变量与其他变量高度相关,为了避免共线性而未纳入模型。具体选择变量如表 6-43 所示。模型中被解释变量和解释变量的特征如表6-44所示。

表 6-43　变量选取列表

变量		具体变量	变量名称	变量取值	方向
因变量	行为意向	Y	农民参训意向	由"您需要参加培训"、"您想参加培训"、"您会主动寻找培训机会"3 个测量指标因子分析而得	+
农户禀赋	个体特征	X_1	性别	女=0,男=1	+/-
		X_2	年龄	调查数据	-
		X_3	受教育年限	按照小学以下=0,小学=6,初中=9,高中、中专=12,大专及以上=16 的原则进行折算而得	+
		X_4	是否村干部	非村干部=0,村干部=1	+
		X_5	是否当地人	外地人=0,当地人=1	+
		X_6	参训次数	调查数据	+
	家庭特征	X_7	务农劳动力人数	调查数据	+
		X_8	种养规模	种植和养殖面积之和,调查数据	+
		X_9	是否租入土地	未租=0,租入=1	
		X_{10}	是否种植粮食	粮食=0,非粮食=1	+
		X_{11}	农业收入占比	农业收入/家庭收入	+
		X_{12}	是否合作社成员	否=0,是=1	+

续表

变量		具体变量	变量名称	变量取值	方向
培训因素	培训可得性	X_{13}	村镇举办培训次数	非常少＝1，比较少＝2，一般＝3，比较多＝4，非常多＝5	＋
		X_{14}	参加培训机会	非常少＝1，比较少＝2，一般＝3，比较多＝4，非常多＝5	＋
		X_{15}	政府宣传新技术力度	非常小＝1，比较小＝2，一般＝3，比较大＝4，非常大＝5	＋
其他因素	销售情况	X_{16}	主要农产品销售难易	非常容易＝1，比较容易＝2，一般＝3，比较困难＝4，非常困难＝5	＋
	外部压力	X_{17}	邻居采用新技术情况	非常少＝1，比较少＝2，一般＝3，比较多＝4，非常多＝5	＋
	外部压力	X_{18}	邻居对参训的影响	非常小＝1，比较小＝2，一般＝3，比较大＝4，非常大＝5	＋

表 6-44　模型所用被解释变量和解释变量的特征

变量名称	观测值	最小值	最大值	均值	标准差
被解释变量					
农民参训意向	644	−2.82	1.84	−0.01	0.999
户主特征					
性别	644	0	1	0.79	0.408
年龄	644	23	79	51.48	10.040
受教育年限	644	0	16	7.10	3.827
是否村干部	644	0	1	0.18	0.383
是否当地人	644	0	1	0.94	0.242
参训次数	644	0	70	4.08	8.628
农户特征					
务农劳动力人数	644	1	8	1.82	0.841
种养规模取对数	644	−1.71	7.21	1.75	1.203
是否租入耕地	644	0	1	0.41	0.491
是否种植粮食	644	0	1	0.69	0.463
农业收入占比	638	0.00	1.00	0.60	0.370

续表

变量名称	观测值	均值	标准差	最小值	最大值
是否合作社成员	644	0	1	0.22	0.415
培训因素					
村镇举办培训次数	644	1	5	2.81	1.179
参加培训机会	644	1	5	2.62	1.242
政府宣传新技术力度	644	1	5	3.00	1.138
其他因素					
主要农产品销售难易	644	1	5	2.26	0.858
邻居采用新技术情况	644	1	5	2.86	1.005
邻居对参训的影响	644	0	1	0.46	0.499

6.4.2 模型选择

根据因变量的情况,本研究采用两种方法对影响农民参训行为意向的因素进行分析。

第一种方法,将农民参训行为意向直接作为被解释变量,也就是将行为意向的因子得分直接作为因变量,根据因变量的特征选择多元线性模型作为分析农民参训行为意向影响因素的计量模型。

本研究使用的多元线性模型是:

$$Y = \beta_0 + \beta_1 X_1 + \beta_2 X_2 + \beta_3 X_3 + \cdots + \beta_i X_i + U$$

其中,Y 为农民参训行为意向;X_1 为性别;X_2 为年龄;X_3 为受教育年限;X_4 为是否村干部;X_5 为是否当地人;X_6 为参训次数;X_7 为务农劳动力人数;X_8 为种养规模;X_9 为是否租入土地;X_{10} 为是否种植粮食;X_{11} 为农业收入比例;X_{12} 为是否合作社成员;X_{13} 为村镇举办培训次数;X_{14} 为参加培训机会;X_{15} 为政府宣传新技术力度;X_{16} 为主要农产品销售难易;X_{17} 为邻居采用新技术情况;β_{18} 为邻居对参训的影响;β_1 为截距;$\beta_1 \cdots \beta_{18}$ 为解释变量的系数;U 为残差。

第二种方法,根据测量题项的平均得分将农民参训行为意向分为有参训行为意向和无参训行为意向两类。由于因变量是两分类变量,本研究选择 Logit 模型分析影响农民参训行为意向的因素。

Logit 模型的基本形式如下:

$$P_i = F\left(\alpha + \sum_{j=1}^{m} \beta_j + X_{ij} + u\right) = 1 / \left\{1 + \exp\left[-\left(\alpha + \sum_{j=1}^{m} \beta_j X_{ij} + u\right)\right]\right\}$$

其中,P_i 是有参训意向或者实际参训行为的概率,i 为农户编号;β_j 表示影响因素的回归系数，j 为影响因素编号；m 表示影响因素的个数；X_{ij} 是自变量，表示第 i 个样本的第 j 种影响因素；a 为截距；u 为误差项。

6.4.3 计量结果与分析

农民参训行为意向影响因素的多元回归估计结果、Logit 回归估计结果如表 6-45、表 6-46 所示。

表 6-45 农民参训行为意向影响因素的多元回归估计结果

变量	模型 I		模型 II	
	系数	标准误	系数	标准误
常数项	1.729***	0.278	1.812***	0.252
性别	0.074	0.070		
年龄	−0.010***	0.003	−0.011***	0.003
受教育年限	0.017**	0.008	0.021***	0.008
是否村干部	0.176**	0.075	0.208***	0.074
是否当地人	0.220*	0.118	0.251**	0.116
参训次数	0.005	0.004		
务农劳动力人数	0.020	0.033		
种养规模取对数	0.097***	0.030	0.134***	0.025
是否租入土地	0.035	0.066		
是否种植粮食	0.085	0.065		
农业收入占比	0.123*	0.070	0.170**	0.067
是否合作社成员	0.062*	0.074	0.095*	0.058
村镇举办培训次数	0.144***	0.042	0.244***	0.026
参加培训机会	0.065	0.040		
政府宣传新技术力度	0.048	0.034		
主要农产品销售难易	0.072**	0.033	0.061*	0.033
邻居采用新技术情况	0.121***	0.031	0.134***	0.030
邻居对参训的影响	0.253***	0.056	0.280***	0.055
回归方程统计量				
样本数	638		638	
$F(10,627)$	23.63		40.61	
Prob>F	0.000		0.000	
R^2	0.4073		0.393	
Adj R^2	0.3901		0.383	

表 6-46　农民参训行为意向影响因素的 Logit 回归估计结果

解释变量	模型 I			模型 II		
	系数	标准误	EXP(β)	系数	标准误	EXP(β)
性别	0.356	0.264	0.088			
年龄	−0.012	0.012	−0.003			
受教育年限	0.128***	0.032	0.032	0.154***	0.029	0.038
是否村干部	0.425	0.278	0.106			
是否当地人	0.877*	0.478	0.205	0.948**	0.465	0.219
参训次数	0.032	0.021	0.008			
务农劳动力人数	0.199	0.120	0.050	0.206*	0.117	0.051
种养规模取对数	0.303**	0.123	0.076	0.438***	0.104	0.109
是否租入土地	0.058	0.254	0.015			
是否种植粮食	0.298	0.244	0.074			
农业收入占比	0.531*	0.294	0.132	0.636**	0.277	0.159
是否合作社成员	0.234**	0.285	0.058	0.347**	0.212	0.069
村镇举办培训次数	0.650***	0.152	0.162	0.839***	0.100	0.209
参加培训机会	0.055	0.138	0.014			
政府宣传新技术力度	0.048	0.124	0.012			
主要农产品销售难易	0.416***	0.124	0.104	0.391***	0.122	0.097
邻居采用新技术情况	0.352***	0.117	0.088	0.404***	0.109	0.101
邻居对参训的影响	0.778***	0.210	0.192	0.844***	0.203	0.208
常数项	−7.582***	1.169	—	−8.402***	0.875	—
回归方程统计量						
Log likelihood	−303.574			−310.487		
Pseudo R^2	0.3129			0.2973		
LR χ^2(18)/ LR χ^2(8)	276.55			262.72		
Prob$>\chi^2$	0.000			0.000		
样本量	638			638		

本研究分别采用多元线性回归模型和 Logit 模型分析影响农民参训行为意向的因素,两个模型都是先将自变量全部放入模型,然后将不显著的自变量剔除,显著变量再次代入模型。在多元线性回归模型中,年龄、受教育年限、是否村干部、是否当地人、种养规模、农业收入占比、村镇举办培训次数、主要农产品销售难易、邻居采用新技术情况、邻居对参训的影响均显著地影响农民参训行为意向;在 Logit 模型中,受教育年限、是否当地人、务农劳动力人数、种养规模、农业收入占比、村镇举办培训次数、主要农产品销售难易、邻居采用新技术情况、邻居对参训的影响均显著地影响农民参训行为意向。

(1)户主特征方面。计量结果显示,年龄与农民参训行为意向呈负相关,年龄越大的农民越不愿意参加农业技能培训,其系数在多元线性回归模型中通过了 1% 的显著性检验,但是在 Logit 模型中没有通过显著性检验。文化程度与农民参训行为意向呈正相关,文化程度越高的农民越愿意参加农业技能培训,其系数在多元线性模型和 Logit 模型中均通过了 1% 的显著性检验。相比于普通农民而言,村干部更愿意参加农业技能培训,其系数在多元线性回归模型中通过了 1% 的显著性检验,但是在 Logit 模型中没有通过显著性检验。相比于当地人而言,外地人更愿意参加农业技能培训,其系数在多元线性回归模型和 Logit 模型中均通过了 5% 的显著性检验,研究假说 H2d$_1$ 通过验证。性别与农民参训行为意向没有呈现出显著的相关关系,研究假说 H2c$_1$ 没有通过验证。随着越来越多的男性劳动力外出务工,女性成为务农的主要劳动力,而且"男主外女主内"的传统思想越来越淡化,使得男女在参训行为意愿上没有显著差异。

(2)家庭特征方面。计量结果显示,务农劳动力人数与农民参训行为意向呈正相关,务农劳动力人数越多的农户其参训的行为意向越强,其系数在 Logit 模型中通过了 10% 的显著性检验,但是在多元线性回归模型中没有通过显著性检验。种养规模与农民参训行为意向呈正相关,种养规模越大的农户其参训行为意向越强,其系数在多元线性回归模型和 Logit 模型中均通过了 1% 的显著性检验,研究假说 H2e$_1$ 通过验证。是否租入土地与农民参训行为意向没有呈现出显著的相关关系,研究假说 H2e$_1^*$ 未通过验证。农业收入占比与农民参训行为意向呈正相关,农业收入占比越高的农户其参训行为意向越强,其系数在多元线性回归模型和 Logit 模型中均通过了 5% 的显著性检验。相比于非合作社成员而言,合作社成员更愿意参加农业技能培训,其系数在多元线性回归模型和 Logit 模型中均通过了 5% 的显著性检验。

（3）培训因素方面。计量结果显示，村镇举办培训次数与农民参训行为意向呈正相关，举办培训次数越多的村镇其农户参训的行为意向越强，其系数在多元线性回归模型和 Logit 模型中均通过了 1％的显著性检验。

（4）其他因素方面。计量结果显示，主要农产品销售难易与农民参训行为意向呈正相关，主要农产品销售越困难的农户其参训的行为意向越强，其系数在多元线性回归模型和 Logit 模型中分别通过了 10％和 1％的显著性检验。邻居采用新技术情况与农民参训行为意向呈正相关，邻居采用新技术越多的农户其参训的行为意向越强，其系数在多元线性回归模型和 Logit 模型中均通过了 1％的显著性检验。邻居对参训的影响与农民参训行为意向呈正相关，邻居对其参训影响越强的农户其参训的行为意向越强，其系数在多元线性回归模型和 Logit 模型中均通过了 1％的显著性检验。

6.5　本章小结

通过本章分析，一方面，验证了假说 H1a、H1b、H1c、H1d 和 H1g。据此，本研究修正了农民参训行为意向模型。根据修正后的行为意向模型，农民参训行为意向的形成主要受农民对培训的行为态度、主观规范、控制认知以及主观规范和行为态度的交互项影响。而且，农民对培训的行为态度起到了决定性的作用，其次则是动作控制认知和主观规范，影响最小的是培训经历。这给予我们的政策启示是，政府部门要提高农民参训行为意向，必须重视农民对培训的行为态度：一是加强对培训的宣传，强化农民对培训重要性的认知；二是努力提高培训质量，只有好的培训质量才能赢得好的口碑，而好的口碑对于提高农民对培训的行为态度意义重大。此外，政府相关部门要加大培训供给，为农民提供更多的培训机会，同时建立农民主导型的培训体系，完善培训方案的设计，无论内容设计、时间安排、地点、培训方式和老师等选择，都要考虑农民的需求，真正站在农民的立场上办培训。

另一方面，通过描述性统计分析了不同特征农户参训行为意向的差异，发现年纪轻、文化程度高和种养规模大的农户参训行为倾向更高。因此，今后农业技能培训应该重点关注这一类人群。此外，通过分析外部因素对农民参训行为意向的影响，发现年龄、受教育年限、是否村干部、是否当地人、务农劳动力人数、种养规模、农业收入占比、村镇举办培训次数、主要农产品销售难易、邻居采用新技术情况、邻居对参训的影响均显著地影响农民参训行为意向,验证了研究假说 $H2d_1$、$H2e_1$、$H2f_1$。这给予我们的政策启示是,政府部门在组织农业生产技能培训时,要重点考虑年纪轻、文化程度高、种养规模大、务农人数多、农业收入占比高的农户。此外,政府部门要大力宣传参加培训致富的典型,通过典型让农民认识到培训的重要性,提高其参训的行为意向。

第 7 章　农民参训行为的形成机制分析

　　第 6 章分析了影响农民参训意向的因素,揭示了农民参训意向的形成机制。本章将在上一章的基础上进一步分析农民参训行为的形成机制,重点分析参训意向及其他因素对农民参训行为的影响,揭示农民参训行为的形成机制。

　　行为变量是被解释变量,本研究的行为变量是农民参训行为,鉴于农民参训行为的多维性,不仅包括农民是否参加农业技能培训,还包括参加培训的次数和参训的天数。在不同的政策制度及外部环境下,不同个体的参训行为将在不同的参训维度上表现出多样性。因此,本研究将参训行为主要分为两种情况:一是农民是否参加培训;二是农民参加培训的次数。所以,本研究的被解释变量有两个:农民是否参加培训和农民参加培训的次数。农民是否参加培训是两分类变量,农民参训次数是农民近五年实际参训的次数。

7.1　农民参训行为意向对农民参训行为的影响分析

7.1.1　农民参训行为意向与农民参训行为的关系

(1)模型选择

　　从被解释变量的分布特征看,农民参加培训的次数是一个包括 0 在内的最大值为 70 的自然数,而非连续变量,这显然符合计数模型对数据结构的要求。① 计数模型大致分为四类(曾平,2009):泊松回归模型(Poisson Regression Model,简称 PRM)、负二项式回归模型(Negative Binomial Regression Model,简称 NBRM)、零膨胀泊松回归模型(Zero-inflated Poisson Regression Model,简称 ZIP)、零膨胀负二项式回归模型(Zero-inflated Negative Binomial Regression Model,简称 ZINB)。这 4 种模型应用的条件是不同的,泊松回归模型在应用中要满足两个条件:一是事件的发生是相互独立的;二是事件的条件均值等于条件方差,如果数据满足这两个条件则采用 PRM。如果事件的条件方差超过条件均值,则说明数据存在过度离散(overdispersion)现象,在这种情况下,则采用 NBRM(威廉·H.格林,2009;曾平,2009;王存同,2010)。如果数据生成过程中 0 结果的性质不同于取某个正值的结果,也就说,0 结果可能来自于两个不同的过程:第一个过程始终是 0 结果,另一个过程则为通常的泊松过程,可能得到 0 或其他结果(威廉·H.格林,2009)。如果数据结构出现 0 结果过多的情况,且事件的条件方差等于条件均值,则应该采用 ZIP 模型;如果数据结构出现 0 结果过多的情况,且事件的条件方差又超过条件均值,则采用 ZINB 模型(曾平,2009;王存同,2010;原静,2010)。为了选择恰当的计数模型,以保证估计结果的准确性和稳健性,首先观测农民参训次数是否存在零膨胀的情况,其次,判断计数资料是否存在过度离散。

值得一提的是,关于零膨胀计数资料的处理还有一种计量模型——Hurdle 模型。该模型由 Mullahy(1986)最先提出,模型的思想源于 Cragg(1971)的 Tobit 模型。有的学者(Heilron,1994;Greene,2007)将 Hurdle 模型称为两部模型(Two-part model),这主要由于 Hurdle 模型将计数资料中的零计数与正计数截然分开,分别包括二分类模型和零膨胀计数模型两个部分,而且该模型允许二分类模型和零膨胀计数模型包含不同的协变量向量,也就说该模型能够发现同一解释变量在二分类过程和计数过程中的不同效应。ZIP 模型与 Hurdle 模型的差别主要是在零观测的解释上。在 ZIP 模型中,零观测是"绝不"与"只是在调查期没有发生过"的混合,而 Hurdle 模型假定了两个不同的决策:"是否会发生"和"如果会,那么发生了多少

---

① 威廉·H.格林(2009)在《计量经济分析(第五版)》第 837 页举例说明托宾和泊松模型中的截取时,具体指出了,由于被解释变量婚外性行为次数是一个计数数据而非连续变量,所以,托宾模型仅被视为对这些数据的近似,而泊松模型或者其变形(负二项式回归模型、零膨胀计数模型、栅栏模型)应该是一个可取的模型框架。

次"。无论是零膨胀模型(ZIP 或 ZINB)还是 Hurdle 模型,现在都已经被广泛地应用于医学、政治学、农业经济学和市场营销学等领域。实证研究表明,该模型能够有效地处理计数数据中 0 结果过多的情况(原静,2010)。

为了选择恰当的计量模型,本研究首先对数据资料进行了初步分析,发现农民参加生产技能培训的次数为 0 的百分比明显多于其他数值,占 52.3%,取值为 1 的占 5.4%,呈现明显的偏态分布,存在零膨胀情况(见图 7-1)。农民参训次数的均值为 4.18,方差为 77.463,可见方差明显大于均值,而且离散系数 alpha 为 1.226,95% 的置信区间为 1.016~1.480,在 1% 的显著水平上统计显著。这说明农民参训次数存在严重过度离散。因此,可以判定农民参加农业技能培训的次数分布符合二项分布,应该采取零膨胀负二项回归模型(ZINB)。零膨胀负二项回归模型属于混合模型,它由一个二分类模型(Logit)和一个计数模型(NBM)组成,Logit 部分解释协变量影响事件发生与否,NBM 部分解释协变量影响事件发生次数的多少(王存同,2010)。所以,ZINB 模型的具体表达式为:

$$\Pr(y_i = 0 \mid x_i, z_i) = \Psi_i + (1 - \Psi_i)(1 - \alpha\mu_i)^{-\alpha^{-1}}$$

$$\Pr(y_i \mid x_i) = (1 - \Psi_i) \frac{\Gamma(y_i + \alpha^{-1})}{y_i! \ \Gamma(\alpha^{-1})} \left(\frac{\alpha^{-1}}{\alpha^{-1} + \mu_i} \right)$$

$$\left(\frac{\mu_i}{\alpha^{-1} + \mu_i} \right) y_i = 1, 2, 3 \cdots$$

其中,$\mu_i = \exp(x, \beta)$;Γ 为 gamma 分布函数;α 为过离散参数;$\Psi_i = \exp(z_i\gamma) / [1 + \exp(z_i\gamma)]$($z_i$ 为模型膨胀部分)。

(2)变量选择与定义

根据第 3 章理论分析框架,农民参加农业技能培训决策的影响因素主要包括心理变量(行为意向、控制认知)、农户禀赋、培训供给、政策制度等因素。为准确刻画农民参加农业技能培训决策的形成机理,本研究将影响因素分为两大类:一是心理变量(行为意向、动作控制认知);二是非心理变量(农户禀赋、培训供给、政策制度等)。我们首先研究心理变量对农民参训决策的影响,然后再分析包括心理变量在内的相关因素对农民参训决策的影响。

影响农民参训决策的心理变量包括农民参训行为意向和动作控制认知,由于这两个变量都是潜变量,为了将其纳入模型进行分析,本研究将测量参训行为意向和动作控制认知的题项进行因子分析,合成行为意向和动作控制认知两个因子,以便于进行回归分析。我们在第 6 章已经详细地对

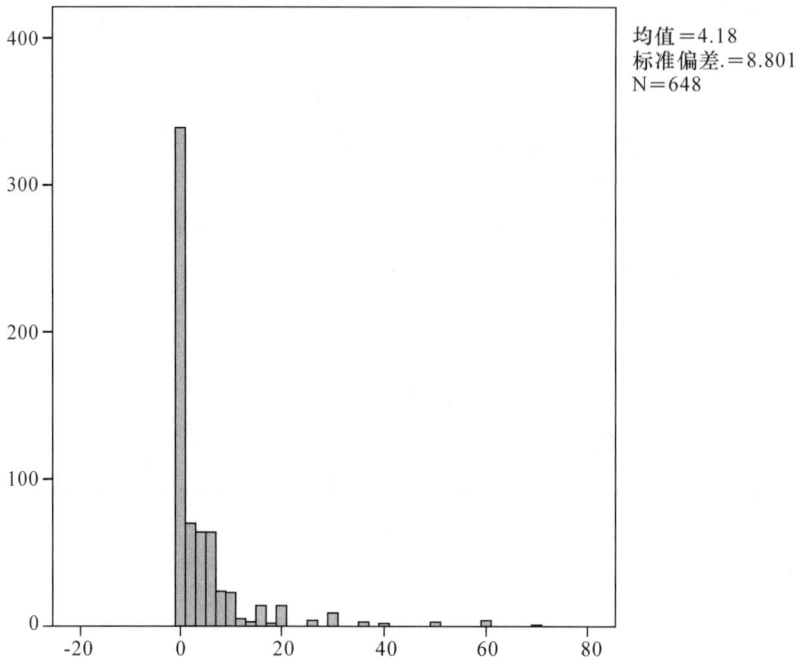

图 7-1　近五年农民参加培训次数的分布

农民参训行为意向、动作控制认知两个潜变量的测量题项进行了因子分析，并合成了两个因子，因此，本章不再赘述。

（3）计量结果与分析

本章使用统计软件 Stata12.0 中的 zinb 命令对模型进行估计，输出结果详见表 7-1。从输出结果看，模型整体显著，具体结论如下。

在零膨胀（Logit 模型）部分，农民参训行为意向和动作控制认知在 1% 的显著水平上统计显著，验证了假说 H2a 和 H2b。这表明参训行为意向和动作控制认知越强的农民参训可能性越高，行为意向每增加一个单位，不参加培训的可能性将下降 73.7%；动作控制认知每增加一个单位，不参加培训的可能性将下降 84.5%。

在主模型（NB 模型）部分，农民参训行为意向和动作控制认知在 5% 和 1% 的显著水平上统计显著，这表明参训行为意向和动作控制认知越强的农民参加培训的次数越多，行为意向每增加一个单位，参训次数相对增加 21.8%；动作控制认知每增加一个单位，参训次数相对增加 102.4%。

表 7-1　农民参训行为意向对参训行为影响的 ZINB 模型估计结果

	变量	系数	EXP(β)	%	标准误	Z	Sig.	95%的置信区间	
计数过程	行为意向	0.197	1.218	21.8	0.083	2.380	0.017	0.035	0.360
	控制认知	0.705	2.024	102.4	0.087	8.130	0.000	0.535	0.875
	截距	1.343			0.098	13.660	0.000	1.150	1.536
Inflate过程	行为意向	−1.335	0.263	−73.7	0.194	−6.870	0.000	−1.715	−0.954
	控制认知	−1.867	0.155	−84.5	0.222	−8.420	0.000	−2.302	−1.433
	截距	−0.354			0.180	−1.960	0.050	−0.708	−0.001

注:(1)模型整体显著性 $p=0.000$(Log likelihood$=-1163.166$)。(2)样本数为648,其中零值案例数339。(3)alpha 显著(lnalpha$=-0.10419$,alpha$=0.901053$,LR test of alpha$=0$:$p=0.000$),这表明数据过度离散严重。(4)Vuong 值检验(Vuong test of ZINB vs standard Negative Binomial Poison Regression)显著($p=0.000$),这说明 ZINB 模型比 NBRM 要好。

　　值得一提的是,协变量农民参训行为意向、动作控制认知在 NB 模型中的符号是正的,正号预测了较高的参训次数;农民参训行为意向和动作控制认知在 Logit 模型中的符号是负的,负号表明在 Logit 模型中预测某个样本更不可能属于参训次数取正值为零概率群体(永远为零的组),也就是说,某个样本更不可能属于"永远为零的群体"[①]。

　　为了进一步检验零膨胀负二项式回归模型估计结果的稳健性,本研究再利用 Tobit 模型对其估计。本研究的被解释变量是农民的参训次数,由于农民参训次数存在边角解[②],即对于没有参加培训的农民而言,参训次数的最优解则为 0,存在左边截取,所以应该采用左边截取回归模型——左边截取托宾模型。考虑到 Tobit 模型中的 Probit 部分可能存在异方差,本研究也使用稳健标准差,结果显示稳健标准差与普通标准差很接近,这意味着不存在异方差问题。所以,本研究使用一般估计结果进行分析。利用 Tobit 模

---

　　①　零膨胀模型是将零值分为两个不同质的亚群,一组中的个体根本不会发生事件,另一组的个体可能发生事件并服从泊松分布或负二项分布,也就说零值分为"永远为零"组和"真是零"组(王存同,2010)。

　　②　陈强(2010)研究指出,尽管被解释变量有全部的观测数据,但对于某些观测数据,被解释变量被压缩在一个点上。此时,被解释变量的概率分布就变成由一个离散点与一个连续分布所组成的混合分布。本书中的培训次数则是这样,对于没有参加过培训的农民而言,培训次数的最优解为边角解,即培训次数为 0,而参加培训的农民其培训次数一定为正数。

型进行估计的结果如表 7-2 所示。

值得一提的是,Tobit 模型对被解释变量有明确要求,即被解释变量"在严格为正值上大致是连续的,但总体中有一个不可忽略的部分取值为零。"[1]尤其是当计数取少数几个值时,不应该把 Tobit 模型应用到计数变量上[2]。所以,Tobit 模型仅仅是对这些数据的近似。采用栅栏模型是更合适的选择,但是由于缺乏相应的实现程序而放弃,退而求其次选择托宾模型。此外,为了便于揭示自变量对因变量的影响,本研究将线性回归的估计结果也进行了计算。

表 7-2   农民参训行为的 Tobit 与 OLS 估计结果

自变量	线性(OLS)系数	Tobit(MLE)
参训行为意向	1.339*** (0.355)	5.236*** (0.821)
参训动作控制认知	3.476*** (0.355)	8.189*** (0.671)
常数项	4.222 (0.304)	−44.903 (3.164)
	$N=648$	$N=648$
	$R^2=0.242$	$R^2=0.1244$
	F 值=101.952	对数似然值=−1299.85
	Sig.=0.000	似然值卡方统计量=369.3
		Sig.=0.000

模型的整体评价。无论是线性模型的 F 统计值还是 Tobit 模型的似然比卡方统计量均以 0.000 概率通过了检验,说明模型总体上是显著的。线性模型中调整后的样本决定系数 R^2 较小,说明模型的解释力不够好,可能由于有一些重要的解释变量没有纳入模型所导致,后面的研究将继续加入变量。

模型的参数检验。由表 7-2 参数的显著性检验结果看出,无论是线性回归模型还是 Tobit 模型,农民参训行为意向和动作控制认知两个变量对参训

---

① 伍德里奇:《计量经济学导论:现代观点》,费剑平等译,中国人民大学出版社 2003年版,第 521 页。

② 伍德里奇:《横截面与面板数据的经济计量分析》,王忠玉译,中国人民大学出版社2009 年版,第 442 页。

行为的影响都在 1% 的显著水平存在正向关系。

上述分析表明，无论是线性回归模型、Tobit 模型还是计数模型均得出同样的结论：农民参训行为意向和动作控制认知两个变量对参训行为有影响，且在 1% 的显著水平上呈正向相关，这验证了假说 H2a 和 H2b。值得一提的是，在 3 个模型中，动作控制认知的系数都远大于行为意向的系数，这是一个很值得关注的现象。这说明动作控制认知对农民参训行为有直接作用，而且该作用要大于行为意向对农民参训行为的直接作用，农民参训行为的发生与否主要由动作控制认知所决定。这也恰恰是农民参训意愿与参训背离的重要原因，也就是说，农民尽管有参训意愿，但是由于没有参训机会而无法将参训意愿转化为参训行为。

7.1.2　农民参训决策的心理发生机制

农民参加农业技能培训的心理发生机制可以概括为：农民参加农业技能培训行为的发生直接受控制认知和行为意向的影响，并且控制认知起着决定性的作用。这主要由于农民参加培训不是主观所能决定的，主要受外部因素影响，如果没有培训机会或者举办次数很少，农民即使主观上非常愿意参加培训也不能促使参训行为的发生。可见，农民是否能够参加农业技能培训主要取决于外部环境。此外，农民参训行为态度、主观规范和控制认知通过影响行为意向而作用于农民参训行为。其中，农民参训主观规范不仅直接影响行为意向，还通过影响行为态度间接影响行为意向。农民参加培训的机会越多、农民对自己能力的认知越强，即农民参加培训的控制认知越强，农民参加农业技能培训的行为意向就越强烈。邻居、朋友对农民参训的影响越大，即农民的主观规范越强，农民越倾向于参加培训。

可以看出，农民参加农业技能培训的能力认知、积极的态度和所受的影响使得农民具有参加农业技能培训的行为意向，并且控制认知和行为意向共同导致农民参训行为的发生与否，而且控制认知一直在农民参训决策中起着决定性的作用。上述变量的作用过程反映了农民参训行为决策的心理过程，从而在本质上揭示出农民参加农业技能培训的心理决策机制。

7.2　各因素对农民参加农业技能培训决策的综合影响分析

农户决策是一项复杂的行为过程,除了受农民的心理因素影响以外还会受到外界因素的直接或间接影响。为了考察这些因素是否影响农民参训行为以及影响方向和程度,本研究拟根据被解释变量的特点选择恰当的模型。农民参训行为作为被解释变量有两种测量方法:第一种,用农民近五年来实际参训的次数衡量农民参训行为。第二种,将农民参训行为作为二分类变量处理,参加培训为"1",未参加培训为"0"。如果用农民参训次数作为被解释变量则采用零膨胀负二项式回归模型,具体原因前面已经论述。如果用二分类变量作为被解释变量,则采取 Logit 模型。

7.2.1　农民参训频次的影响因素分析

(1)模型选择

被解释变量是农民参训次数,而农民参训次数是非零自然数。根据被解释变量的数据特点,本研究采用计数模型进行估计。由于数据中存在过多的零且过度离散,所以采用计数模型中的零膨胀负二项式模型(具体分析见 7.1.1)。

(2)变量选择

由第 3 章理论分析框架可知,影响农民参训行为的因素主要包括四类,第一类是农户心理变量;第二类是农户禀赋变量(个体和家庭);第三类是培训主体变量;第四类是政策制度等变量。具体选择变量如表 7-3 所示。

值得一提的是,本研究所指的农民参加农业技能培训的动作控制认知,从本质上看属于培训供给因素,因此,动作控制认知既属于心理变量也属于培训因素。为便于分析,此处将动作控制认知归为培训因素。

表 7-3　自变量选取列表

四方面因素		具体变量	变量名称	变量取值	方向
农户心理	行为意向	X_1	农民参训意向	由"您需要参加培训、您想参加培训、您会主动寻找培训机会"3 个测量指标因子分析而得	＋

续表

四方面因素		具体变量	变量名称	变量取值	方向
农户禀赋	个体特征	X_2	性别	女＝0,男＝1	＋/－
		X_3	年龄	调查数据	－
		X_4	受教育年限	按照小学以下＝0,小学＝6,初中＝9,高中、中专＝12,大专及以上＝16的原则进行折算而得	＋
		X_5	是否村干部	非村干部＝0,村干部＝1	＋
		X_6	与村干部关系	非常差＝1,比较差＝2,一般＝3,比较好＝4,非常好＝5	＋
	家庭特征	X_7	是否合作社成员	否＝0,是＝1	＋
		X_8	务农劳动力占比	农业劳动力比家庭劳动力总数	＋
		X_9	种养规模	调查数据	＋
		X_{10}	农业收入占比	农业收入比家庭总收入	＋
		X_{11}	是否种植粮食	粮食＝0,非粮食＝1	＋
		X_{12}	是否以农业为主	非农业为主＝0,农业为主＝1	＋
		X_{13}	种养年限	农民的实际种养年限	＋/－
培训因素	培训可得性	X_{14}	村镇举办培训次数	非常少＝1,比较少＝2,一般＝3,比较多＝4,非常多＝5	＋
		X_{15}	参加培训机会	非常少＝1,比较少＝2,一般＝3,比较多＝4,非常多＝5	＋
		X_{16}	政府宣传新技术力度	非常小＝1,比较小＝2,一般＝3,比较大＝4,非常大＝5	＋
		X_{17}	培训通知方式	非公开方式＝0,公开方式＝1	＋
政策制度因素	外部支持	X_{18}	有无培训补贴	无补贴＝0,有补贴＝1	＋
	交通条件	X_{19}	村距乡镇中心距离	调查数据	－
	区域因素	X_{20}	是否宁波	非宁波＝0,宁波＝1	＋/－

表 7-4　模型中被解释变量和自变量的特征

变量名称	观测值	最小值	最大值	均值	标准差
被解释变量					
农民参训次数	644	0	70	4.08	8.628
解释变量					
户主特征					
参训行为意向(三指标因子分析)	644	−2.82	1.84	−0.01	0.999
性别	644	0	1	0.79	0.408
年龄	644	23	79	51.48	10.040
受教育年限	644	0	16	7.10	3.827
是否村干部	644	0	1	0.18	0.383
与村干部关系	644	2	5	3.75	0.746
农户特征					
是否合作社成员	644	0	1	0.22	0.415
务农劳动力占比	644	0.13	1.00	0.74	0.291
种养规模取对数	644	−1.71	7.21	1.75	1.203
农业收入占比	638	0.00	1.00	0.60	0.370
是否种植粮食	644	0	1	0.69	0.463
是否以农业为主	638	0	6	0.61	0.434
种养殖年限	644	0.5	67	20.76	14.495
培训因素					
村镇举办培训次数	644	1	5	2.81	1.179
参加培训机会	644	1	5	2.62	1.242
政府宣传新技术力度	644	1	5	3.00	1.138
培训通知方式	311	0	1	0.91	0.291
有无培训补贴	314	0	1	0.47	0.500
交通条件:村距乡镇中心距离	644	0	15	3.55	3.279
区域因素:是否宁波	644	0	1	0.56	0.498

表 7-5　自变量与农民参加农业技能培训行为的 *T* 检验

主要指标	农民参加培训的行为意向		均值差异的 *T* 检验	
	均值	标准差	*T* 值	Sig.
女(136)	2.96	9.467	−1.708	0.088
男(508)	4.38	8.373		
45 岁以上(454)	4.16	9.230	−0.368	0.713
45 岁及以下(190)	3.91	6.999		
初中以下(298)	3.14	9.096	−2.576	0.010
初中及以上(346)	4.89	8.129		
非村干部(529)	3.64	8.620	−2.798	0.005
村干部(115)	6.11	8.405		
非合作社成员(502)	2.46	5.290	−6.105	0.000
合作社成员(142)	9.81	14.059		
以农业为主(140)	2.58	4.991	−3.257	0.001
以非农业为主(503)	4.51	9.359		
以种植粮食作物为主(200)	1.88	5.284	−5.422	0.000
以非粮食作物为主(444)	5.08	9.608		
村镇举办培训次数少(419)	1.32	4.032	−9.642	0.000
村镇举办培训次数多(225)	9.23	11.937		
参加培训机会少(439)	1.27	3.925	−10.154	0.000
参加培训机会多(205)	10.11	12.167		
政府宣传新技术力度小(383)	1.40	4.549	−9.003	0.000
政府宣传新技术力度大(261)	8.03	11.289		
培训通知方式不公开(282)	8.44	11.382	−2.420	0.018
培训通知方式公开(29)	5.79	4.632		
培训无补贴(167)	10.72	13.795	4.862	0.000
培训有补贴(147)	5.19	4.789		
丽水(283)	2.31	3.596	−5.163	0.000
宁波(361)	5.47	10.882		

表 7-6　自变量与农民参加农业技能培训行为相关关系的描述性统计

	参训次数	行为意向	年龄	受教育年限	务农劳动力占比	种养规模取对数	农业收入占比	主要作物种植年限	村镇举办培训次数	与村干部关系	村距镇中心距离
参训次数	1										
行为意向	0.348**	1									
年龄	-0.023	-0.240**	1								
受教育年限	0.144**	0.270**	-0.403**	1							
务农劳动力占比	0.044	0.060	-0.201**	0.111**	1						
种养规模取对数	0.348**	0.274**	-0.088*	0.075	0.075	1					
农业收入占比	0.169**	0.158*	-0.049	-0.011	0.349**	0.399**	1				
主要作物种植年限	-0.077	-0.201**	0.586**	-0.301**	-0.184**	-0.120**	-0.122**	1			
村镇举办培训次数	0.426**	0.486**	-0.166**	0.246**	0.020	0.062	0.030	-0.200**	1		
与村干部关系	0.265**	0.383**	-0.062	0.192**	-0.024	0.121**	0.014	-0.082*	0.330**	1	
村距镇中心距离	-0.039	0.080*	-0.059	0.016	0.034	-0.024	0.133**	-0.083*	0.106**	0.119**	1

注：* 表示在 10% 的水平上显著；** 表示在 1% 的水平上显著。

（3）计量结果与分析

计量结果显示（见表 7-7），在计数过程的模型中，合作社成员、种养年限、参加培训机会、培训信息通知方式及区域变量与农民参训次数在 1% 的显著水平上存在正向关系；是否种植粮食及与村干部关系与农民参训次数在 5% 的显著水平上存在正向关系；有无培训补贴及村庄距乡镇距离与农

表 7-7　农民参训行为影响因素的 ZINB 模型估计结果

	变量	系数	标准误	Z	Sig.	95% 的置信区间	
计数过程	参训意向	0.063	0.073	0.860	0.389	−0.080	0.207
	性别	0.120	0.134	0.900	0.370	−0.142	0.382
	年龄	0.002	0.006	0.340	0.736	−0.010	0.015
	受教育年限	0.006	0.015	0.390	0.694	−0.023	0.035
	是否村干部	−0.176	0.110	−1.600	0.111	−0.392	0.040
	是否合作社成员	0.319	0.102	3.130	0.002	0.119	0.519
	务农劳动力占比	0.198	0.176	1.130	0.260	−0.146	0.543
	种养规模取对数	0.001	0.000	1.880	0.060	0.000	0.002
	农业收入占比	−0.020	0.130	−0.150	0.880	−0.275	0.236
	是否种植粮食	0.358	0.146	2.450	0.014	0.072	0.644
	是否以农业为主	0.083	0.143	0.580	0.559	−0.196	0.363
	种养年限	0.012	0.004	2.790	0.005	0.004	0.021
	村镇举办培训次数	0.037	0.092	0.410	0.685	−0.143	0.218
	参加培训机会	0.468	0.087	5.360	0.000	0.297	0.639
	政府宣传新技术力度	0.085	0.067	1.270	0.205	−0.046	0.216
	与村干部关系	0.182	0.077	2.380	0.017	0.032	0.332
	培训信息通知方式	0.540	0.104	5.190	0.000	0.336	0.744
	有无培训补贴	−0.280	0.132	−2.120	0.034	−0.540	−0.021
	村庄距乡镇中心距离	−0.038	0.016	−2.400	0.016	−0.069	−0.007
	区域变量	0.493	0.127	3.870	0.000	0.243	0.742
	截距	−2.235	0.578	−3.870	0.000	−3.368	−1.101

续表

	变量	系数	标准误	Z	Sig.	95％的置信区间	
	参训意向	−1.209	0.240	−5.050	0.000	−1.678	−0.739
	性别	−1.216	0.463	−2.630	0.009	−2.122	−0.309
	年龄	−0.036	0.028	−1.280	0.199	−0.092	0.019
	受教育年限	−0.095	0.057	−1.670	0.094	−0.205	0.016
	是否村干部	−0.435	0.525	−0.830	0.408	−1.465	0.595
	是否合作社成员	−0.555	0.488	−1.140	0.256	−1.511	0.402
	务农劳动力占比	1.158	0.600	1.930	0.053	−0.017	2.334
	种养规模取对数	−0.037	0.020	−1.880	0.060	−0.075	0.001
	农业收入占比	−1.607	0.740	−2.170	0.030	−3.057	−0.157
	是否种植粮食	−0.236	0.485	−0.490	0.627	−1.185	0.714
零过程	是否以农业为主	0.333	0.536	0.620	0.535	−0.718	1.383
	种养年限	0.023	0.019	1.220	0.221	−0.014	0.060
	村镇举办培训次数	−0.621	0.295	−2.110	0.035	−1.199	−0.044
	参加培训机会	−0.791	0.278	−2.850	0.004	−1.336	−0.246
	政府宣传新技术力度	−0.597	0.223	−2.680	0.007	−1.034	−0.160
	与村干部关系	−0.280	0.287	−0.980	0.329	−0.843	0.283
	培训通知方式	1.198	0.421	2.850	0.004	0.374	2.023
	有无培训补贴	−0.475	0.468	−1.010	0.311	−1.393	0.443
	村庄距乡镇中心距离	−0.101	0.082	−1.230	0.217	−0.262	0.060
	区域变量	−0.315	0.459	−0.690	0.493	−1.214	0.584
	截距	10.178	2.219	4.590	0.000	5.828	14.528

注:(1)模型整体显著性 $p=0.000$(Log likelihood $=-1036.87$)。(2)样本数为641,其中零值案例数334。(3)alpha 显著(lnalpha $=-0.864$,alpha $=0.421$,LR test of alpha $=0$;$p=0.000$),这表明数据过离散严重。(4)Vuong 值检验(Vuong test of ZINB vs standard Negative Binomial Poison Regression)显著($p=0.000$),这说明 ZINB 模型比 NBRM 要好。

民参训次数在5％的显著水平上存在负向关系;种养规模与农民参训次数在10％的显著水平上存在正向关系。这验证了假说 H2f 和 H2e。行为意向、性别、年龄、受教育年限、是否村干部、农业劳动力占比、农业收入占比、是否以农业为主以及政府宣传力度与农民参训次数不存在显著的关系,也就是说 H2b、H2c 没有得到验证。无培训补贴相比于有培训补贴而言更利于农民参加培训,这与假说方向相反。这可能是由于有补贴的培训一般是劣质化的,农民更不会参加。

在零膨胀过程中,主要是检验影响农民参训次数出现过多零的因素,行为意向、性别、受教育年限、种养规模、农业收入占比、村镇举办培训次数、参加培训机会及政府宣传力度均与是否参加培训存在显著的负向关系。也就是说行为意向越强、户主是男性、受教育年限越长、种养规模越大、农业收入占比越高的农户越倾向于参加培训,因此,他们的参训次数出现零的概率较小;村镇举办培训次数越多、农民参加培训的机会越多、政府宣传新技术的力度越大,农民参训次数出现零的概率就越低。农业劳动力比例和培训信息通知方式均与是否参加培训存在显著的正向关系。这也就是说农业劳动力比例越高的农户,参训次数出现零的概率越高;培训信息通知方式越是公开,农民参训次数出现零的概率越高,这可能是培训信息越公开化的培训项目其培训质量越差,农民参加的积极性不高。

7.2.2 农民是否参加培训的影响因素分析

(1)模型选择

本研究被解释变量是"是否参加培训",属于 0—1 变量。根据被解释变量的特点,从理论上讲,有 3 种可以选择的计量模型:线性概率模型、对数单位模型(Logit 模型)和概率单位模型(Probit 模型)。由于线性概率模型的缺点(彼得·肯尼迪,1986),研究者通常采用 Logit 模型或 Probit 模型,二者差异主要是误差项的概率分布不同。Logit 模型的误差项服从 Logistic 分布,该分布除了尾部明显更厚之外,其他方面类似正态分布,Probit 模型的误差项服从标准正态分布。二者均采用极大似然值估计法对模型进行估计,在大多数应用中,两种模型的估计结果基本相同。[①] 因为 Logit 模型更加通用和便于解释,本研究采用该模型分析影响农民是否参加培训的因素。

Logit 模型的一般形式:

$$P_i = F(\alpha + \sum_{j=1}^{m} \beta_j + X_{ij} + u) = 1/\{1 + \exp[-(\alpha + \sum_{j=1}^{m} \beta_j X_{ij} + u)]\}$$

---

① 威廉·H.格林:《计量经济学》(第五版),费剑平译,中国人民大学出版社 2009 年版,第 722—723 页。

其中,P_i 是第 i 个农民参加培训的概率,i 为农民编号;β_j 表示第 j 种影响因素的回归系数;m 表示影响因素的个数;X_{ij} 是解释变量,表示第 i 个农民的第 j 种影响因素;α 为截距;u 为误差项。

(2)变量选择与定义

本模型中的解释变量不仅包括决策个体的因素,还包括选择属性(培训主体因素)的变量(详细论述参见威廉·H.格林(2009)的《计量经济学》,第719页)。因为,农民面临某个培训项目决定是否参加时,还会考虑培训内容是否需要、培训地点是否方便以及培训时间长短等因素。此外,政策制度和外部环境也会影响农民是否参加培训。目前一些培训通常由村干部负责通知,所以和村干部的关系可能也会影响农民是否参加培训,关系好的可能更容易获取培训机会,给予参训农民补贴也会影响农民是否参加培训。所以,本模型中包括了农户因素、培训主体因素以及政策等外部因素。由于本研究假设"最近一次您有机会参加的农业技能培训,您是否参加了?",所以不考察区域变量的影响。此外,培训因素中有培训地点是否便利,所以不考虑村庄区位变量,防止共线性。选择的具体变量如表 7-8 所示。

表 7-8　自变量选取列表

三方面因素		具体变量	变量名称	变量取值	方向
农户心理	行为意向	X_1	农民参训意向	由"您需要参加培训"、"您想参加培训"、"您会主动寻找培训机会"3 个测量指标因子分析而得	+
农户禀赋	个体特征	X_2	性别	女=0,男=1	+/-
		X_3	年龄	调查数据	-
		X_4	受教育年限	按照小学以下=0,小学=6,初中=9,高中、中专=12,大专及以上=16 的原则进行折算而得	+
		X_5	是否村干部	非村干部=0,村干部=1	+
		X_6	与村干部关系	非常差=1,比较差=2,一般=3,比较好=4,非常好=5	+
	家庭特征	X_7	是否合作社成员	否=0,是=1	+
		X_8	务农劳动力占比	农业劳动力比家庭劳动力总数	+
		X_9	种养规模	调查数据	+
		X_{10}	农业收入占比	农业收入比家庭总收入	+
		X_{11}	是否种植粮食	粮食=0,非粮食=1	+
		X_{12}	是否以农业为主	非农业为主=0,农业为主=1	+
		X_{13}	种养年限	农民的实际种养年限	+/-

续表

四方面因素		具体变量	变量名称	变量取值	方向
培训 因素	培训 可得性	X_{14}	村镇举办培训次数	非常低=1,比较低=2,一般=3, 比较高=4,非常高=5	+
		X_{15}	参加培训机会	非常少=1,比较少=2,一般=3, 比较多=4,非常多=5	+
		X_{16}	政府宣传新技术 力度	非常小=1,比较小=2,一般=3, 比较大=4,非常大=5	+
	培训 安排	X_{17}	培训内容	传统农业知识=0,现代农业知识 =1	+
		X_{18}	培训通知时间	当天=0,提前1天=1,提前2天 =2,提前3天=3,提前4天=4, 提前5天=5,5天以上=6	+
		X_{19}	培训通知方式	非公开方式=0,公开方式=1	+
		X_{20}	培训地点是否便利	不便利=0,便利=1	+
		X_{21}	培训时间长度	半天=1,1天=2,2~3天=3, 4~7天=4,7天以上=5	+
		X_{22}	有无培训补贴	无补贴=0,有补贴=1	+

　　注:培训地点便利与否与村庄距离乡镇中心的距离具有共线性,所以模型中仅纳入了培训地点便利与否;因为最近一次培训是否参加,农民是在知道有培训的情况下决定是否参加了本次培训,所以区域变量未纳入模型。

　　(3)计量结果与分析

　　在分析计量结果以前有必要对被解释变量进行简单说明。被解释变量是"最近一次您有机会参加的农业技能培训,您是否参加了?"(参加为1,不参加为0),主要考察培训主体因素对农民参加培训的影响。这是一个情境题,也就是说回答这一问题的农民是知道这次培训的,而且有机会参加。如果没有听说最近这次培训或者从未听说有培训的农民不对此进行回答。

　　计量结果显示(见表7-9),种养规模、参训机会、与村干部的关系以及培训地点与农民是否参加培训呈正向关系。这表明农户种养规模越大、参训机会越多、与村干部关系越密切、培训地点越便利,农民越倾向于参加培训。培训通知方式与农民是否参加培训呈负向关系。这表明非公开的传播方式更有助于农民参加培训。这可能是由于非公开的传播方式(村干部口头通知、培训机构通知、书面通知和电话通知)已经暗含了培训信息通知者对农民的筛选,并且直接通知不仅是对农民的重视而且也使得农民碍于情面而参加培训。这可能是导致"非公开培训信息传播方式"更有助于农民参加培训的原因。此外，参训意向对农民是否参加培训没有影响，这可能也是调查对象被筛选所致。关注培训的农民和被通知参加培训的农民一般都是参训意向比较强的，之所以这些农民没有参加培训，可能主要是因为培训主体因素所致。

表 7-9　农民是否参加培训影响因素的 Logit 模型估计结果

变量	系数	标准差	Z	$P>z$	95％的置信区间	
参训意向	0.123	0.212	0.580	0.564	−0.294	0.539
性别	−0.559	0.432	−1.290	0.196	−1.406	0.288
年龄	0.034	0.021	1.590	0.112	−0.008	0.076
受教育年限	0.045	0.047	0.960	0.338	−0.047	0.137
是否村干部	0.531	0.420	1.270	0.206	−0.291	1.354
是否合作社成员	0.254	0.338	0.750	0.454	−0.410	0.917
务农劳动力占比	−0.192	0.556	−0.350	0.730	−1.282	0.898
种养规模取对数	0.040	0.016	2.570	0.010	0.009	0.070
农业收入占比	0.061	0.486	0.120	0.901	−0.893	1.014
是否种养粮食	0.024	0.448	0.050	0.957	−0.854	0.902
是否主要从事农业	0.355	0.437	0.810	0.416	−0.501	1.210
种植年限	0.011	0.014	0.780	0.438	−0.017	0.039
村镇举办培训次数	−0.262	0.267	−0.980	0.326	−0.786	0.261
参加培训机会	0.503	0.225	2.230	0.026	0.061	0.944
政府宣传新技术力度	0.258	0.196	1.320	0.188	−0.126	0.641
与村干部的关系	0.662	0.248	2.670	0.008	0.177	1.148
培训内容	−0.014	0.357	−0.040	0.969	−0.713	0.686
培训通知时间	−0.137	0.085	−1.610	0.107	−0.303	0.030
培训通知方式	−1.098	0.555	−1.980	0.048	−2.185	−0.011
培训地点是否便利	0.753	0.318	2.370	0.018	0.129	1.376
培训时间长度	0.004	0.138	0.030	0.976	−0.266	0.274
有无培训补贴	0.250	0.168	1.490	0.136	−0.079	0.579
截距	−5.294	1.879	−2.820	0.005	−8.976	−1.612

Number of obs＝301；LR $\chi^2(22)$＝77.63
Prob＞χ^2＝0.0000；Pseudo R^2＝0.2145

7.3　外在因素与参训行为意向的交互作用验证

7.3.1　变量选择与定义

根据表 7-7 的计量结果,行为意向、性别、受教育年限、合作社成员、农业劳动力占比、种养规模、农业收入占比、是否种植粮食、种养年限、村镇举办培训次数、农民参训机会、政府宣传新技术力度、与村干部关系、培训通知方式、培训有无补贴、村庄距乡镇中心距离以及区域变量与农民参训次数具有显著影响。根据第 3 章的理论分析,上述解释变量与农民参训行为意向有可能产生交互作用。因此,本研究将这些交互项作为解释变量模型,以验证它们对农民参训行为产生的交互影响。

当两个自变量都是可观测的连续变量时(许多定序变量都可以被合理地当作连续变量),为了分析交互作用,可以使用两项乘积的回归模型(温忠麟和侯杰泰,2003,2004)。因此,模型中的交互项被定义为农民参训行为意向与外在变量的乘积。农民参训行为意向变量的取值用因子值,其他被解释变量与表 7-3 中的变量定义是相同的。被解释变量是农民参训频次。

7.3.2　方法与模型

为验证交互项对农民参训行为产生的效应,本研究分别采用零膨胀计数模型分析交互项对被解释变量产生的效应。模型形式如 7.1.1 节所示,只是本部分的计数模型中纳入的解释变量有所不同,所以不再赘述。

7.3.3　计量结果与分析

计量结果显示(见表 7-10),在计数过程的模型中,是否合作社成员、农业收入占比、是否种植粮食、种养年限、农民参训机会、培训通知方式、村庄距乡镇中心距离以及区域变量与农民参训次数有显著相关关系。其中,是否合作社成员与农民参训次数呈显著正向关系,这验证了假说 H2f_2。参训意向 * 宣传力度、参训意向 * 有无补贴以及参训意向 * 村庄距离与农民参训次数有显著相关关系。其中,参训意向 * 有无补贴与农民参训次数呈显著负向关系,假说 H4a 没有通过验证。

在零膨胀过程中,这里主要是检验影响农民参训次数出现过多零的因素,性别、务农劳动力占比、种养规模、农业收入占比、培训机会、政府宣传新技术力度、培训信息通知方式以及村庄距离均与是否参加培训存在显著相关关系。参训意向＊种养年限、参训意向＊是否种植粮食、参训意向＊参训机会、参训意向＊村庄距离以及参训意向＊区域变量与农民是否参加培训有显著相关关系。

表 7-10　农民参训行为影响因素的 ZINB 模型估计结果(加入交互项)

	变量	系数	标准误	Z	Sig.	95％的置信区间	
计数过程	参训意向	0.135	0.656	0.210	0.836	−1.150	1.421
	性别	0.102	0.179	0.570	0.568	−0.248	0.453
	受教育年限	0.023	0.020	1.130	0.258	−0.017	0.063
	是否合作社成员	0.403	0.159	2.530	0.011	0.091	0.716
	务农劳动力占比	0.281	0.235	1.200	0.232	−0.180	0.742
	种养规模取对数	0.001	0.001	0.650	0.518	−0.002	0.003
	农业收入占比	0.397	0.221	1.790	0.073	−0.037	0.830
	是否种植粮食	0.382	0.183	2.090	0.036	0.024	0.741
	种养年限	0.015	0.005	2.750	0.006	0.004	0.025
	村镇举办培训次数	0.172	0.112	1.530	0.125	−0.048	0.392
	参加培训机会	0.523	0.107	4.880	0.000	0.313	0.733
	政府宣传新技术力度	−0.108	0.091	−1.190	0.233	−0.287	0.070
	与村干部关系	0.160	0.107	1.510	0.132	−0.048	0.369
	培训通知方式	0.477	0.137	3.490	0.000	0.210	0.745
	有无培训补贴	−0.087	0.181	−0.480	0.631	−0.442	0.268
	村庄距乡镇中心距离	−0.112	0.020	−5.450	0.000	−0.152	−0.071
	区域变量	0.313	0.167	1.870	0.061	−0.015	0.640
	参训意向＊性别	−0.101	0.201	−0.500	0.614	−0.495	0.293
	参训意向＊教育	−0.027	0.022	−1.220	0.223	−0.071	0.017
	参训意向＊合作社成员	−0.110	0.171	−0.640	0.520	−0.445	0.225
	参训意向＊劳动力占比	−0.315	0.247	−1.280	0.202	−0.798	0.169
	参训意向＊种养规模	0.000	0.001	−0.150	0.880	−0.002	0.001
	参训意向＊农业收入占比	−0.305	0.187	−1.630	0.103	−0.672	0.062

续表

	变量	系数	标准误	Z	Sig.	95％的置信区间	
计数过程	参训意向＊是否种植粮食	−0.161	0.191	−0.840	0.399	−0.536	0.213
	参训意向＊种植年限	−0.003	0.006	−0.520	0.603	−0.014	0.008
	参训意向＊村庄培训	−0.072	0.111	−0.650	0.517	−0.290	0.146
	参训意向＊参训机会	−0.065	0.098	−0.670	0.506	−0.257	0.127
	参训意向＊宣传力度	0.196	0.087	2.260	0.024	0.026	0.366
	参训意向＊干部关系	0.079	0.097	0.820	0.414	−0.111	0.269
	参训意向＊通知方式	0.059	0.156	0.380	0.704	−0.246	0.365
	参训意向＊有无补贴	−0.329	0.198	−1.660	0.097	−0.718	0.060
	参训意向＊村庄距离	0.089	0.019	4.640	0.000	0.051	0.126
	参训意向＊区域变量	0.278	0.174	1.600	0.110	−0.063	0.618
	截距	−2.268	0.664	−3.420	0.001	−3.570	−0.967
零过程	参训意向	0.656	2.318	0.280	0.777	−3.888	5.199
	性别	−2.344	0.668	−3.510	0.000	−3.652	−1.035
	受教育年限	−0.039	0.075	−0.520	0.601	−0.187	0.108
	是否合作社社员	−1.003	0.646	−1.550	0.120	−2.268	0.262
	务农劳动力占比	2.143	0.798	2.690	0.007	0.580	3.706
	种养规模取对数	−0.105	0.039	−2.680	0.007	−0.182	−0.028
	农业收入占比	−0.366	0.669	−0.550	0.584	−1.676	0.945
	是否种植粮食	−0.749	0.570	−1.310	0.189	−1.866	0.368
	种植年限	0.012	0.018	0.640	0.525	−0.024	0.047
	村镇举办培训次数	−0.320	0.405	−0.790	0.429	−1.113	0.473
	参加培训机会	−1.038	0.415	−2.500	0.012	−1.851	−0.225
	政府宣传新技术力度	−1.362	0.388	−3.510	0.000	−2.122	−0.602
	与村干部关系	0.037	0.396	0.090	0.925	−0.740	0.814
	培训通知方式	1.525	0.599	2.540	0.011	0.350	2.700
	有无培训补贴	−0.299	0.622	−0.480	0.631	−1.518	0.921
	村庄距乡镇中心距离	−0.397	0.137	−2.890	0.004	−0.666	−0.128
	区域变量	0.236	0.602	0.390	0.695	−0.944	1.416
	参训意向＊性别	−0.170	0.729	−0.230	0.816	−1.600	1.259

续表

	变量	系数	标准误	Z	Sig.	95%的置信区间	
零过程	参训意向 * 教育	−0.064	0.093	−0.690	0.493	−0.247	0.119
	参训意向 * 合作社成员	−1.413	1.048	−1.350	0.178	−3.467	0.642
	参训意向 * 劳动力比例	0.049	1.012	0.050	0.961	−1.934	2.033
	参训意向 * 种养规模	−0.046	0.044	−1.050	0.296	−0.131	0.040
	参训意向 * 农业收入占比	0.646	0.839	0.770	0.441	−0.999	2.291
	参训意向 * 是否种植粮食	−1.922	0.758	−2.540	0.011	−3.408	−0.437
	参训意向 * 种植年限	−0.051	0.023	−2.170	0.030	−0.096	−0.005
	参训意向 * 村庄培训	0.336	0.394	0.850	0.394	−0.436	1.107
	参训意向 * 参训机会	−0.762	0.415	−1.840	0.066	−1.575	0.052
	参训意向 * 宣传力度	−0.064	0.332	−0.190	0.847	−0.715	0.586
	参训意向 * 干部关系	−0.211	0.384	−0.550	0.582	−0.965	0.542
	参训意向 * 通知方式	0.284	0.660	0.430	0.667	−1.009	1.578
	参训意向 * 有无补贴	0.465	0.798	0.580	0.560	−1.099	2.029
	参训意向 * 村庄距离	0.445	0.140	3.170	0.002	0.170	0.720
	参训意向 * 区域变量	1.592	0.758	2.100	0.036	0.106	3.078
	截距	9.753	2.057	4.740	0.000	5.721	13.786

注:(1)模型整体显著性 $p=0.000$(Log likelihood$=-1015.516$)。(2)样本数为642,其中零值案例数335。(3)alpha 显著(lnalpha$=-0.854$,alpha$=0.426$,LR test of alpha$=0$,$p=0.000$),这表明数据过离散严重。(4)Vuong 值检验(Vuong test of ZINB vs standard Negative Binomial Poison Regression)显著($p=0.000$),这说明 ZINB 模型比 NBRM 要好。

7.4 本章小结

本章分析参训行为意向对农民参训行为的影响,结果发现,农民参加培训的控制认知对农民参训行为的影响远大于行为意向的影响。这主要由于农民参加培训不仅仅由主观决定,还受外部因素影响。如果没有培训机会或者举办次数很少,农民即使主观上非常愿意参加培训也不能促使参训行为发生。可见,目前农民参加农业技能培训外部环境的制约成为主因。此外,农民参加培训的行为态度、主观规范和控制认知通过影响行为意向而作用于农民参训行为。其中,农民参加培训的主观规范不仅直接影响行为意向,还通过影响行为态度间接影响行为意向。农民参加培训的机会越多、农户对自己能力的认知越强,即农民参加培训的控制认知越强,农民参加农业技能培训的行为意向也越强烈。邻居、朋友对农民参训的影响越大,即农民的主观规范越强,农民越倾向于参加培训。这给予我们的政策启示是:一是政府要加大对培训的宣传和引导,让农民充分认识到农业技能培训的重要性,提高农民对培训的认知,进而促进农民参训行为意向的形成;二是增加农业技能培训的供给,让更多的农民有机会参加培训;三是发挥典型示范和引导的作用,对种养大户、村干部和合作社成员进行培训和扶持,使其影响和带动周围农民学技术、用技术;四是积极营造学技术、用技术的良好氛围,促进参训意向到参训行为的转化。

根据以往研究,农户心理变量与外在因素可能存在交互作用,基于此,模型中纳入参训意向与外在因素的交互项。实证结果表明,参训意向 * 种植规模、参训意向 * 是否种植粮食、参训意向 * 参训机会、参训意向 * 宣传力度、参训意向 * 有无补贴、参训意向 * 村庄距离以及参训意向 * 区域变量等交互项对农民参训行为有显著影响。这进一步说明,这些外在变量不仅直接影响农民参训行为,并且与参训意向产生交互作用共同影响农民参训行为。

第8章　农民参训意向与参训行为背离分析

农民是发展现代农业、建设新农村的主体,农民的素质如何,对新农村建设和农业发展至关重要。随着农村劳动力转移的持续推进,特别是农村青壮年劳动力和高素质劳动力的大量外出,农村留守劳动力老弱化、妇幼化的现象迅速凸显(姜长云,2008),妇女和老人逐渐成为农业劳动力的主体(鲁可荣,2010,贺雪峰等,2010)。然而,当今科学技术发展迅猛,用于农业生产的新品种、新技术、新标准大量涌现,尤其是公众对农产品安全越来越重视,客观上要求农业从业者不断提高科技文化素质,以适应现代农业发展的要求。党和政府历来重视农民培训工作,尤其是进入 21 世纪以来,不仅每年中央一号文件都对农民培训工作提出明确规定和要求,而且农业部还连续制定了两个"农民培训规划"。此外,2010 年 8 月 1 日,天津市颁布实施了《天津市农民教育培训条例》,这是我国第一部地方性农民教育培训法规,标志着我国农民教育培训工作将逐步步入法制化轨道。与政府部门大力推进农业技能培训形成鲜明对比的是,农民参加培训的比例并不高。王海港、黄少安等(2009)所调查的珠江三角洲 5 个区(市)仅有不到 13％的农村劳动力参加培训;黄祖辉、俞宁(2007)也指出,浙江省一些地方报名参加地方政府组织的职业技能培训班的农民仅占总数的很小一部分。一般说来,农户接触培训机会的可能性和农户家庭经济收入状况会影响其培训需求。但是,在实际生活中,即使在培训供给充足的情况下,农户也未必会参加培训。这也就是说,需求方面的因素对农户参加培训的影响更大(高升,2011)。一些学者研究发现,农民存在持续而稳定的培训需求(姜长云,2005),农民参加科技培训的愿望强烈(潘贤春,2006;陈华宁,2007;石火培、成新华,

2008)，陈华宁(2007)和石火培、成新华(2008)也指出，农民参加科技培训的
愿望强烈。但是，我国农民科技培训的参与率低，农民培训需求得不到满足
(李彤等，2008)。由此可见，农民对生产技能培训有需求，而且具有比较强
的参训意向，但是实际中农民参加培训的比例不高、次数不多，参训意向与
参训行为呈现出明显的背离。而农民参训意向与参训行为的背离直接影响
我国农民培训工作的顺利开展和实施效果，只有找出参训意向与参训行为
背离的原因，政府部门才能有的放矢地采取针对性强、可操作的措施，积极
引导农民参加培训，以便切实提高农民的生产技能，为转变农业发展方式、
发展现代农业提供智力支撑。而现有文献对这一问题鲜有涉及，更缺乏基
于调查问卷基础上的计量分析。本章将重点研究参训意向与参训行为背离
的影响因素和原因，特别是"有参训意愿而没有参加培训的农民"将是重点
研究对象。

　　第 7 章在分析农民参训决策形成机制时发现，参训意向对农民参训次
数的预测并不显著，这与计划行为理论矛盾。然而，现有文献和实际调查均
发现农民参训意向与参训行为背离的现象，且在一些地方该问题还比较突
出。本章将重点分析农民参训意向与参训行为背离的原因。

8.1　农民参训意向与农民参训行为背离现状

　　根据计划行为理论，农民参训行为意向对农民参训行为发生具有直接
影响，但是现实中农民参训意向与参训行为却出现了背离的现象。Fishbein
和 Ajzen(1975)指出："因为行为总是处于完全自主到完全不自主这一连续
体的某些点上，所以，当行为主体的行为完全自主时，可以运用理性行为理
论来预测。然而，在行为主体的行为无法完全自主时，即使行为主体对该行
为有很好的态度和主观规范，因为周围环境条件的影响，它也未必有实际的
行为。在这种情况下，可以用计划行为理论来预测，因为计划行为理论考虑
的几乎都是处于不完全自主情况下的行为。"因此，本研究采用拓展的计划
行为理论来分析农民参训意向与参训行为的背离。

　　农民是否参加农业技能培训有自己的理性判断和感性思考，农民的参
训行为是在其参训行为意向的指引下，通过对结构性因素和自身主体性因
素的综合判断而作出的一种参与或不参与的社会行动。具体而言，农民是
否参加农业技能培训、为什么参加农业技能培训以及如何参加农业技能培

训形成一个完整的参训行为模式。从农民参训行为意向的形成(行动准备)到参训行为的发生并不是一种简单的因果关系,中间还受到一些外部条件的制约,不同的制约条件会造就农民参训意向与参训行为关系的多样性。韦伯在《经济与社会》中对社会行动的含义作了详尽的阐述,"社会行为(包括不为和容忍)可能是以其他人过去的、当前的或未来所期待的举止为取向",并从理想类型的思想出发,将行动分为四种类型,即目的合理的行动、价值合理的行动、情感或情绪的行动和传统的行动。本章根据有限理性和感性选择理论,对"农民参训行为意向与参训行为"进行理想类型划分,以便于更好地分析和理解农民参训行为意向与参训行为之间的关系。本研究主要是根据参训行为意向与参训行为交叉分为四种情况,即"有意愿有行为、有意愿无行为、无意愿有行为、无意愿无行为"。如表 8-1 所示,参训意向与参训行为存在显著的相关关系,而且参训意向和参训行为存在显著的背离。其中,有意愿无行为农民占样本的 21.9%,无意愿有行为的农民占样本的 6.2%,二者合计达 28.1%。具体而言,在未参加培训的农民中,有 43.6%的农民有参训意向;在参加培训的农民中,有 12.4%的农民没有参训意向。而且愿意参训的农民和不愿意参训的农民其参训次数在 1%的显著水平上存在显著差异。

表 8-1 农民参训意向与参训行为的交叉列联表

项目类别			参训意向		合计
			不愿意参加培训	愿意参加培训	
参训行为	未参加过培训	样本量	184	142	326
		占未参加过培训的百分比	56.4%	43.6%	100.0%
		占不愿意参加培训的百分比	82.1%	33.5%	50.3%
		占总数的百分比	28.4%	21.9%	50.3%
	参加过培训	样本量	40	282	322
		占参加过培训的百分比	12.4%	87.6%	100.0%
		占愿意参加培训的百分比	17.9%	66.5%	49.7%
		占总数的百分比	6.2%	43.5%	49.7%

项目类别		参训意向		合计
		不愿意参加培训	愿意参加培训	
合计	样本量	224	424	648
	占参加过培训的百分比	34.6%	65.4%	100.0%
	占愿意参加培训的百分比	100.0%	100.0%	100.0%
	占总数的百分比	34.6%	65.4%	100.0%

注,卡方值 138.778,p 值 0.000。参训意向与参训行为的交叉系数 0.463,φ 为 0.450,Cramer 的 V 为 0.450。

表 8-2　农民不同参训意向在参训行为上的差异

农民培训次数	不愿意 (样本量 224)	愿意 (样本量 424)	均值差异的 T 检验 $H_0 = B - A = 0$	
	均值 A (标准差)	均值 B (标准差)	T 值	Sig.
农民参加培训的次数	0.56 (1.798)	6.10 (10.303)	−10.764	0.000

8.2　农民参训意向与参训行为背离原因分析

为了考察参训意向与参训行为背离的影响因素,本研究将样本分为两类子样本,重新构成"有意愿样本"和"无意愿样本"两个子样本。这主要是为了使农民在同样的环境下作出选择,排除干扰因素。"有意愿无行为"在"有意愿子样本"中进行考察,"无意愿有行为"在"无意愿子样本"中考察,这样则排除了"有无参训意向"对农民参训决策的影响。

8.2.1　经济激励不足还是培训供给约束:有意愿无行为的原因分析

(1)模型选择

是否背离是本研究的被解释变量,如果不背离则为"1",背离则为"0"。由于被解释变量是二分类变量,所以采用 Logit 模型进行分析。

(2)变量选择

假定理性农民的行为目标是追求效用最大化。因此,农民是否参加培训以及参加培训的次数取决于培训是否能够增加效用，或者参加培训收益大于参加培训成本。由第 3 章理论框架可知，影响农民参训意向与行为背离的因素主要包括四类，第一类是农户心理变量；第二类是农户禀赋变量（个体和家庭）；第三类是培训主体变量；第四类是政策制度等变量，以及参训意向与农户禀赋变量、培训主体变量、政策制度等外部环境变量的交互项。在有培训意愿样本中相关变量的描述性统计如表 8-3 所示。

表 8-3　有培训意愿样本中相关变量的描述性统计

变量	N	极小值	极大值	均值	标准差
性别	424	0	1	0.82	0.386
年龄	424	24	78	50.29	9.804
受教育年限	424	0	16	7.55	3.833
是否村干部	424	0	1	0.22	0.416
是否合作社成员	424	0	1	0.31	0.462
务农劳动力	424	1	8	1.92	0.863
种养规模	424	0.40	1350.00	26.24	100.844
农业收入	420	0.00	2811.00	22.86	165.097
村镇举办培训次数	423	1	5	3.17	1.142
参加培训机会的多少	424	1	5	2.99	1.239
邻居参加培训影响与否	424	0	1	0.55	0.498
政府宣传新技术力度	424	1	5	3.27	1.118

（3）计量结果与分析

计量结果显示（见表 8-4），性别、是否合作社成员、农业收入、参加培训机会以及政府宣传新技术力度都与农民参训意向和行为是否背离存在显著的正向关系。男性相比女性而言，其意愿和行为更不会背离，这主要是女性承担更多的家务，容易被家务或家庭事务牵绊而影响其参加培训。此外，受男主外、女主内传统思想的影响，培训这种抛头露面的事情男性往往更会参加，尤其是在培训名额有限的情况下，男性更易于参加培训。这些因素阻碍了女性将参训意向转化为参训行为。

表 8-4　农民培训有意愿无行为的影响因素分析

解释变量	有意愿无行为影响因素分析				
	B	标准差	Wald 值	Sig.	EXP(β)
性别	1.031	0.405	6.486	0.011	0.357
年龄	0.017	0.018	0.880	0.348	0.983
受教育年限	0.077	0.047	2.669	0.102	0.926
是否村干部	0.569	0.433	1.726	0.189	0.566
是否合作社成员	0.738	0.401	3.387	0.066	0.478
务农劳动力	−0.182	0.192	0.893	0.345	1.200
种养规模取对数	0.032	0.021	2.316	0.128	0.968
农业收入取对数	0.095	0.037	6.686	0.010	0.909
村镇举办培训次数	0.226	0.216	1.093	0.296	0.798
参加培训机会	1.160	0.196	35.079	0.000	0.313
邻居参训影响与否	−0.111	0.318	0.122	0.727	1.117
政府宣传新技术力度	0.496	0.184	7.253	0.007	0.609
截距	−7.418	1.420	27.311	0.000	1666.519

LR $\chi^2(21)=320.794$　Prob $> \chi^2=0.0000$
-2Log likelihood$=491.787$　Pseudo $R^2=0.550$
Hosmer-Lemeshow 的 $\chi^2(8)=7.512$　Prob$>\chi^2=0.520$
1 表示不背离,有意愿有行为;0 表示背离,有意愿无行为

　　合作社成员相比于普通农户,其参训意愿和参训行为更不会背离。这是因为,一方面,合作社成员往往种养规模大、专业化强,更需要新技术、新知识,参训动机强烈,将参训意愿转化为参训行为的动力也强;另一方面,合作社成员有更多的参训机会,不但合作社自身组织各种培训,而且政府部门举办的培训也会优先考虑他们。因此,合作社成员更容易将参训意愿转化为参加培训的行为。

　　农业收入越高的农户,其参训意愿和参训行为更不会背离。这主要是因为,一方面,农业收入越高,参训的收益越大越有动机参训,而不参训的损失也比较大;另一方面,农户收入越高的农户往往是种养大户、合作社骨干、家庭农场主等新型农业经营主体,这些对象往往是农民培训优先考虑的对象,他们有更多参训的机会,因此收入越高的农户越容易将参训意愿转化为参训行为。我们在宁波市鄞州区新型农民培训中心座谈时,李培明主任说:

"新型经营主体是农民培训的主要对象,种养大户、合作社骨干、家庭农场主的电话经管站都有,往往是经管站负责通知他们参加培训。"

农民的培训机会越多,其参训意愿和参训行为越不会背离。这主要是参训机会越多,对培训了解更多,更容易将参训意愿转化为行为,更不会受到培训机会的约束。宁波市象山县晓塘镇一位种植柑橘的妇女说:"我们很想参加柑橘病虫害防治和土壤改良的培训,但是没有人通知我们参加培训。"我们在调查中也发现,有些农民有强烈的参训意愿,但是没有参训的机会和渠道,无法参加培训。政府对新技术的宣传力度越大,农民参训意向和参训行为越不会背离。这表明,政府对新技术的宣传力度越大,农民对新技术和新知识接触越多,越对新知识渴求,越能理解培训的重要性,进而强化农民学习新技术和新知识的动机,促进其将参训意向转化为参训行为。

综合上面的分析,农民有参训意愿而无参训行为的原因主要有以下几个方面:一是性别。女性相比男性更容易出现有参训意愿而无参训行为。二是经济激励不足。计量分析表明,农业收入高的农户一般不会出现有参训意愿而无参训行为的情况,而农业收入低的农户则更容易出现这种情况。这是因为农业收入低的农户参训成本高而参训收益低,缺乏足够的经济激励促使其将参训意愿转化为参训行为。三是外部培训供给约束。计量分析表明,相比于参训机会多的农民而言,参训机会少的农民越容易出现有参训意愿而无参训行为,这表明外部培训供给影响农民将参训意愿转化为参训行为。四是政府推力。计量分析表明,政府对新技术宣传力度越大,越有助于农民将参训意愿转化为参训行为。

因此,本研究将参训意向和参训行为背离的原因归纳为性别、经济激励不足和外部培训机会缺失。这些结论给予我们的政策启示:一是要积极宣传女性参加培训的重要性,多举办针对女性的培训班,促进女性参训意愿转化为参训行为。二是要通过各种途径增加农业收入(积极推进土地流转,扩大农户经营规模,增加农业收入),提高农民参训的经济激励。三是政府要加大对培训的投入,增加培训供给,提高农民参训机会;同时积极发展农民合作社,鼓励农民入社,提高农民参训的机会。四是要加强对新技术和新知识的宣传力度,强化农民对新技术和新知识的认知。

8.2.2 补贴诱惑还是迫于压力:无意愿有行为的原因分析

模型选择和变量选择与 8.2.1 相同,故在此不再赘述。无意愿样本中相关变量的描述性统计如表 8-5 所示。

表 8-5 无意愿样本中相关变量的描述性统计

变量	N	极小值	极大值	均值	标准差
性别	224	0	1	0.72	0.448
年龄	224	23	79	53.72	10.090
受教育年限	224	0	15	6.27	3.705
是否村干部	224	0	1	0.10	0.298
是否合作社成员	224	0	1	0.07	0.251
务农劳动力	224	1	8	1.68	0.832
种养规模	224	0.18	200.00	7.91	17.504
农业收入	222	0.00	200.00	3.64	14.475
村镇举办培训次数	224	1	5	2.16	0.943
参加培训机会的多少	224	1	5	1.95	0.924
邻居参加培训影响与否	224	0	1	0.28	0.451
政府宣传新技术力度	224	1	5	2.53	1.015

表 8-6 农民培训无意愿有行为的影响因素分析

解释变量	无意愿有行为影响因素分析				
	B	标准差	Wald 值	Sig.	EXP(β)
性别	0.451	0.517	0.760	0.383	0.637
年龄	0.018	0.025	0.531	0.466	0.982
受教育年限	0.056	0.071	0.638	0.424	0.945
是否村干部	0.144	0.701	0.042	0.837	0.866
是否合作社成员	1.864	0.807	5.331	0.021	0.155
务农劳动力	−0.315	0.332	0.903	0.342	1.370
种养规模取对数	0.047	0.020	5.700	0.017	0.954
农业收入取对数	0.019	0.047	0.157	0.692	0.981
村镇举办培训次数	0.543	0.323	2.820	0.093	0.581
参加培训机会	0.640	0.293	4.781	0.029	0.527
邻居对参训的影响	0.927	0.472	3.850	0.050	0.396
政府宣传新技术力度	0.563	0.270	4.342	0.037	0.570
截距	−7.980	2.035	15.379	0.000	2923.149

LR $\chi^2(21)=320.794$　Prob $> \chi^2=0.0000$
−2Log likelihood$=491.787$　Pseudo $R^2=0.550$
Hosmer-Lemeshow 的 $\chi^2(8)=7.512$　Prob$>\chi^2=0.520$
1 表示不背离,无意愿无行为;0 表示背离,无意愿有行为。定义哪一个是 1 很关键,直接影响系数的正负号

　　计量结果显示(见表 8-6),是否合作社成员、种养规模、村镇举办培训次数、参加培训机会、政府宣传新技术力度,以及邻居对参训的影响都与农民参训意向和参训行为背离存在显著的相关关系。具体而言,合作社社员相比非社员而言,其参训意向和参训行为更不会背离;种养规模越大的农户,其参训意向和参训行为越不会背离;村镇举办培训次数越多,农民参训意向和参训行为越不会背离,这主要是因为举办的培训次数越多,农民参训的机会就越多,有意愿的农民不会受到参训机会的制约;政府宣传新技术的力度越大,农民参训意向和参训行为越不会背离;农民参训意向和参训行为的背离主要是由于缺乏参训机会;邻居参训对其影响越大,越不会出现背离。因此,非合作社社员、种植规模小的农户更容易发生无意愿有行为,这可能是非社员农户农业收入比重小、种植规模小,虽然缺乏参训的经济激励,但是由于外部的刺激(发肥皂、毛巾、培训补助等)和推动(村干部发动)而参加培训。这给予我们的政策启示是:一是尊重农民的选择,杜绝强制农民参加培训的行为;二是取消为吸引农民参加培训而采用的刺激政策,将资金用于提高培训的质量。

　　合作社成员相比普通农民而言,更不容易出现无参训意愿而有参训行为的现象。这主要是因为合作社成员往往从事专业化生产,不会因为培训发放补贴就去参加培训,也不会因为村干部的发动而去参加培训。

8.2.3　进一步的讨论

　　为了使研究结果更加稳健和准确,采用多项式 Logit(MNL)模型(mutinominal logit model)进行计量分析。因变量为 Y:当 $Y=0$ 时,农民有培训意愿而且参加了培训,即有意愿有行为;当 $Y=1$ 时,农民有培训意愿但没有参加培训,即有意愿无行为;当 $Y=2$ 时,农民无培训意愿但参加了培训,即无意愿有行为;当 $Y=3$ 时,农民无培训意愿也未参加培训,即无意愿无行为。遵循经典的假设,把 Z 作为影响农民参训意向与行为因素的线性函数,则有:

$$Z = \beta + \sum_{i=1}^{n} \alpha_i x_i + \mu$$

其中,μ 为服从极值分布的随机变量;x_i 表示第 i 个影响因素;β 和 α 分别表示待估参数。根据多项式 Logit 模型,有:

$$\log\left(\frac{\text{prob(event)}}{\text{prob(nonevent)}}\right) = \log\left(\frac{\text{prob}(y=j)}{\text{prob}(y=0)}\right)$$

$$= \beta + \sum_{i=1}^{n} \alpha_i x_i, j = 1, 2, 3$$

可得：

$$\mathrm{prob}(y = j) = \frac{\exp(\beta + \sum_{i=1}^{n} \alpha_i x_i)}{1 + \exp(\beta + \sum_{i=1}^{n} \alpha_i x_i)} = \frac{\mathrm{e}^z}{1 + \mathrm{e}^z} = E(y) \qquad (8.1)$$

对式(8.1)求 Z 的导数，得：

$$\frac{\mathrm{d}E(y)}{\mathrm{d}Z} = \frac{1}{(1 + \mathrm{e}^z)^2} > 0$$

所以，$E(y)$ 即 $\mathrm{prob}(y = j)$ 的值随 Z 值的增大而单调递增。

运用 Stata12.0 软件对数据进行 Mutinominal Logit 回归分析，由表 8-7 可以看出，模型似然比卡方（LR χ^2）检验统计性显著[①]，因此可认为模型整体效果比较理想，方程总体显著。

（1）个体特征变量

性别在 3 个模型中通过了 5% 和 1% 统计水平的显著性检验，3 个模型中该解释变量的系数分别是 -0.86、-0.98 和 -1.26。这表明，性别对农民参训意向和行为的选择有显著的负影响，男性相比于女性而言，其行为选择依次为无意愿无行为、无意愿有行为和有意愿无行为，而且参训意向和参训行为更不会背离，即使背离也是无意愿有行为在前，而后才是有意愿无行为。这可能说明，男性的参训意向更容易转化为参训行为（不管是愿意参加培训还是不愿意参加培训）。受教育年限在模型 1 和模型 3 中通过了 10% 的统计水平的显著性检验，其解释变量的系数均为 -0.08。这表明受教育年限对农民参训意向与行为的选择有显著的负向影响，也就是说受教育年限越长的农民越会选择有意愿有行为，而不容易发生参训意向和参训行为的背离。是否村干部在模型 1 中通过了 10% 的统计水平的显著性检验。这表明是否村干部对农民参训意向与行为的选择有显著的负向影响，即相比于普通群众而言，村干部更会选择有意愿有行为，参训意向与参训行为更不会发生背离。这是因为村干部更容易将参训意向转化为参训行为（不管是愿意参训还是不愿意参训），村干部掌握着一定的权力，他们不仅可以优先获得想参加的

---

①　模型的似然比卡方值（LR Chi-square）是检验自变量是否与所研究事件的对数发生比（Log odds）线性相关的统计量，即检验对模型"除常数项外，其他各项系数都等于 0"的零假设。如果模型的卡方值统计性显著，便可以拒绝零假设。

培训,也可以将不愿意参加的培训安排给其他农民。

表 8-7 农民参训行为选择的影响因素分析

变量	有意愿无行为		无意愿有行为		无意愿无行为	
	系数	Z统计量	系数	Z统计量	系数	Z统计量
性别	-0.86**	-2.31	-0.98**	-2.14	-1.26***	-3.32
年龄	-0.02	-1.29	0.03	1.30	0.01	0.36
受教育年限	-0.08*	-1.88	-0.02	-0.42	-0.08*	-1.68
是否村干部	-0.76*	-1.81	-0.87	-1.63	-0.60	-1.43
是否合作社社员	-0.69*	-1.74	-0.80	-1.62	-1.96***	-3.96
务农劳动力	0.38*	1.98	-0.29	-1.05	0.13	0.67
种养规模取对数	-0.01	-1.06	0.00	-0.15	-0.04**	-2.17
农业收入取对数	-0.70***	-4.81	-0.23	-1.40	-0.58***	-3.81
村镇举办培训次数	-0.29	-1.44	-0.64**	-2.34	-0.88***	-4.02
参加培训机会	-1.13***	-5.96	-0.26	-1.04	-0.84***	-4.20
邻居对参训的影响	0.10	0.34	-0.45	-1.20	-1.19***	-3.86
政府宣传新技术力度	-0.55***	-3.13	0.32	1.31	-0.46***	-2.52
截距	7.43	5.70	0.72	0.43	8.13	6.08

Log likelihood$=-498.79$ LR $\chi^2(36)=552.28$
Prob $> \chi^2=0.000$ Pseudo $R^2=0.3564$

注:* 、** 和 *** 分别表示变量在 10%、5% 和 1% 的统计水平上显著。

(2)农户特征变量

是否合作社社员在模型 1 和模型 3 中通过了 10% 和 1% 的统计水平的显著性检验,其解释变量的系数分别是 -0.69 和 -1.96。这表明是否合作社社员对农民选择参训意向与参训行为有显著的负向影响。合作社社员的行为选择依次是无意愿无行为、有意愿无行为,也就是说合作社社员更不会发生参训意向和参训行为的背离。种养规模在模型 3 中通过了 5% 的显著性检验,其系数为 -0.04。这表明种养规模对农民的选择行为有负向影响,种养规模越大,农民越倾向于选择有意愿有行为,而不会选择无意愿无行为。农业收入在模型 1 和模型 3 中通过了 1% 统计水平的显著性检验,其解释变量的系数分别是 -0.70 和 -0.58。这表明农业收入对农民的选择行为有显著的负向影响,其行为选择依次是有意愿无行为、无意愿无行为。也就是说,农业收入越高,农民越愿意选择参加培训,而且参训意向越会转化为参训行为。

(3)培训供给、政策制度等变量

村镇举办培训频次在模型 2 和模型 3 中通过了 5% 和 1% 的统计水平的显著性检验,其系数分别是 -0.64 和 -0.88。这表明农民培训频次对农民的选择行为有显著的负向影响,农民的选择行为依次是无意愿无行为和无意愿有行为。也就是说,培训次数越多,农民越不会发生参训意向和参训行为背离,即使发生也是发生无意愿有行为。这可能是因为举办培训越多,农民越认识到培训的重要性,越能激发农民参训的意愿,而且意愿越容易转化为参训行为。但是培训次数越多,可能会出现被发动参加培训的现象,可能会出现参训意向和参训行为的背离。参加培训机会在模型 1 和模型 3 中通过了 1% 的统计水平的显著性检验,其系数分别是 -1.13 和 -0.84。这表明参加培训机会对农民的选择行为有显著的负向影响,农民的选择行为依次是有意愿无行为、无意愿无行为。也就是说,培训机会越多,农民越愿意参加培训,农民首先选择有意愿无行为,其次是有意愿无行为,再次才是无意愿无行为。邻居对参训的影响在模型 3 中通过了 1% 的统计水平的显著性检验,其系数为 -1.19。这表明邻居参训行为对农民的选择行为有显著的负向影响,具有从众思想的农民越会受到邻居参训行为的影响,越倾向于选择无意愿无行为。政府对新技术的宣传力度在模型 1 和模型 3 中通过了 1% 的统计水平的显著性检验,其系数分别是 -0.55 和 -0.46。这表明该变量对农民的行为选择有显著的负向影响,政府对新技术的宣传力度越大,农民选择的参训行为依次是有意愿无行为、无意愿无行为。

Logit 模型和多项式 Logit 模型的实证结论基本上是一致的,更进一步说明了结果的稳健性。

8.3　本章小结

通过农民参训意向和参训行为的背离分析得出,男性、加入合作社、种养规模、农业收入、村镇举办培训频次、参加培训机会、政府宣传新技术力度以及邻居对参训的影响都与农民参训意向和参训行为背离存在显著的正向关系。男性相比女性而言,其意愿和行为更不会背离。农业收入越高的农户,其意愿和行为更不会背离,这主要是农业收入越高,参训的收益越大越有动机参训。合作社社员相比非社员而言,其参训意向和参训行为更不会背离。种养规模越大的农户,参训意向和参训行为越不会背离,村镇举办培训频次越多,农民参训意向和参训行为越不会背离,这主要是因为举办的培训次数越多,农民参训的机会就越多,有意愿的农民不会受到参训机会的制约。农民参加培训机会越多,其意愿和行为越不会背离,这主要是因为参训机会越多,对培训了解更多,更容易将意愿转化为行为,更不会受到培训机会的约束。政策对新技术的宣传力度越大,农民参训意向和参训行为越不会背离,这主要是因为政府对新技术的宣传力度越大,农民对新技术和新知识接触越多,越对新知识渴求,越能理解培训的重要性,越强化了农民学习新技术、新知识的动机,促进了其参训意向转化为参训行为。这些结论给我们的政策启示是:一是大力支持农民合作社开展培训,解决培训需求与供给不对应的问题,促进农民的参训意向转化为参训行为。二是教育培训向种养大户、家庭农场和农民合作社成员倾斜,有助于农民的参训意向转化为参训行为,提高培训资源的利用效率。三是鼓励农业部门、合作社、协会以及农业企业等机构举办农民培训,增加培训供给,解决教育培训供给不足导致的参训意向未能转化为参训行为的问题。四是提高教育培训的附加值,促进参训意向转化为参训行为。

第 9 章　农民参训行为绩效分析

农民是农业生产的主体,也是农业科技成果转化为农业生产力的重要载体。通过农民培训提高农民的科技文化素质和生产技能,对于发展现代农业,建设社会主义新农村,促进农业增产、农民增收具有重要的现实意义。党和政府历来重视农民培训工作,20 世纪 80 年代由国家科委组织实施"星火计划"、国家教委组织实施"燎原计划"、1994 年农业部推行"绿色证书工程",到 1999 年开始实施《跨世纪青年农民科技培训工程》、2004 年实施"农村劳动力转移培训阳光工程"、2005 年实施"新型农民培训工程"、2006 年实施"新型农民科技培训工程"、2014 年实施"新型职业农民培育工程"。近年来每年的中央一号文件都对农民培训工作提出了明确要求,各级政府对农民培训也给予了专项资金支持。据统计,"十一五"期间,中央财政投入新型农民科技培训工程和阳光工程的专项资金是"十五"的 6.5 倍,达 56 亿元,农民培训的资金投入呈现快速增长的趋势。在《2003—2010 年全国新型农民科技培训规划》实施的基础上,2012 年农业部又出台了《全国农民教育培训"十二五"发展规划》,该规划明确提出,"'十二五'末农民教育培训将覆盖全国所有乡村,围绕农民生产生活实际开展实用技术培训 5 亿人次,使每个受训农民掌握 1~2 项实用技术"。党的十八大报告和 2013 年中央一号文件都明确提出:培育新型农业经营主体,尤其是种养大户、家庭农场、农民合作社,新型农业经营主体的培育给农民培训赋予了更多的内涵,也对农民培训工作提出了更高的要求。

随着中央政府对农民培训的重视和大量资金的投入,农民培训工作取得了显著成效。"十一五"期间培训农民 1900 多万人,是"十五"期间培训人数的 2.3 倍。推广了一大批农业新技术、新成果、新品种和新方法,培养了一大批农民技术骨干。一些学者研究指出,农民培训增加了农民知识,开阔了农民视野,提高了农民生产技能,提高了农民的决策水平和生产效率,增加了农民收入(姜长云,2004;张景林、刘永功,2005;陈华宁,2007;赵邦宏、张亮,2011;徐金海、蒋乃华,2011;魏树珍,2012)。但是,也有些学者质疑农民培训的成效。一些学者指出,农民培训内容老化,缺乏针对性、实用性和可操作性;老师照本宣科,上课方式单一等等。甚至一些学者指出,农民培训没有作用、农民培训走过场、农民培训是演戏等(赵树凯,2009)。一些农民也提出,种庄稼还要培训吗? 在农民中存在着靠经验种田的老观念,他们认为"庄稼活不用学,人家咋弄咱咋弄"。如果不能准确地回答"农民培训对农民收入有没有影响以及影响程度"这一问题,人们对农民培训的重要性就很难达成共识,这不仅会影响农民培训政策的贯彻实施和基层农民培训工作的顺利开展,也会影响农民参加培训的积极性。尽管增加农民收入不是农民培训的所有目标,但却是农民培训的最终落脚点,也是农民最为关心的问题。

本书第 8 章已经分析了农民参训决策形成的机制,并且根据参训意向和参训行为将农民的参训行为分为四种:有意愿有行为、有意愿无行为、无意愿有行为和无意愿无行为。那么不同的农民参训行为对其家庭收入有何影响以及影响程度有多大呢? 这是本章要重点探讨的问题。只有在充分认识和把握农民参训行为绩效的基础上,才能更为深刻地理解农民的参训决策机制。本章重点分析培训对农民农业收入的影响,尤其是四种农民参训行为绩效有何差异,教育培训对行为绩效差异的贡献有多大等。

9.1 农民参训绩效及影响因素的描述性分析

9.1.1 农民参训对农民收入影响的描述性分析

(1)农民培训有助于增加农民收入

从农民收入看,无论是农民家庭收入、农业收入还是人均家庭收入、人均农业收入,参加过培训的农户均显著高于未参加培训的农户,且在 1% 或 5% 的显著水平统计显著(见表 9-1)。未参加培训的农户收入虽然较低,但其分布状况较之参加过培训的农户农业收入要集中得多。就人均农业收入而言,参加过培训的农户是 6.2523 万元,群体收入的离散度比较高,也就是群体间收入差距比较大(标准差为 35.502),比较分散;未参加培训的农户是 0.7051 万元,群体间收入差距比较小(标准差为 2.684),比较集中;二者平均的人均农业收入相差高达 4.5 万多元。此外,农业收入分组与农民是否参加过培训的交叉列联表显示(见表 9-2),二者存在显著的相关关系,而且随着农业收入组的提高,每组中参训农户比例是逐渐提高的。最高收入组中,参训农民达 88.1%,未参加培训的农民仅为 11.9%。从 T 检验的结果看,参加过培训的农户其收入高于未参加培训农户,但是这一结论是在没有控制其他影响农民收入因素的情况下得出的。该结论是否准确可靠还有待进一步分析。

表 9-1 是否参加培训在家庭收入、农业收入等指标上的差异情况

主要指标	参加过培训(样本量 320)	未参加培训(样本量 326)	均值差异的 T 检验 $H_0=B-A=0$	
	均值 A(标准差)	均值 B(标准差)	T 值	Sig.
家庭收入(万元)	33.7953 (197.366)	6.0351 (9.552)	−2.517	0.012
农业收入(万元)	29.9321 (188.979)	2.5775 (5.006)	−2.588	0.010
家庭人均收入(万元)	7.2009 (37.364)	1.5303 (5.006)	−2.712	0.007
人均农业收入(万元)	6.2523 (35.502)	0.7051 (2.684)	−2.792	0.006

表 9-2 农民培训与农业收入的交叉列联表

变量名称	变量分类	是否参加过培训(%)			卡方(Sig.)
		未参加培训	参加过培训	合计	
农业收入	1 万元及以下	70.3	29.7	100.0	106.935 (0.000)
	1 万~3 万元	51.9	48.1	100.0	
	3 万~5 万元	50.6	49.4	100.0	
	5 万~10 万元	26.3	73.7	100.0	
	10 万~20 万元	5.7	94.3	100.0	
	20 万元以上	11.9	88.1	100.0	

(2)农民参训的四种行为绩效存在差异

本研究不仅关注培训与否对农民农业收入的影响,还关注农民不同的参训意向和行为对农民农业收入的影响。为此,本研究对农民的不同参训意向和行为与农民农业收入进行了方差分析和多重比较分析,具体结果如表 9-3 至表 9-5 所示。有意愿有行为农户的收入最高,其次为无意愿有行为农户和无意愿无行为农户,而有意愿无行为农户的收入最低。不同农户参训意向和行为的行为绩效排序为:有意愿有行为>无意愿有行为> 有意愿无行为>无意愿无行为。而且,在 5%的显著水平上,有意愿有行为的农户收入显著高于无意愿有行为和无意愿无行为的农户。这表明,农业技能培训对有培训意愿的农民增收效果更为明显,这从有意愿有行为农户的农业收入明显高于无意愿有行为农户可以看出。因此,从培训资源利用效率的角度讲,应该让有意愿参训的农民参加更多的培训。而且,无论有无参训意向,参加过培训的农户其农业收入明显高于未参加培训的农户。这在一定程度上反映出,培训对于增加农业收入是有帮助的,不管农民主观上是否愿意参训(有些农民不愿参加培训的原因,一是经济激励不足,种养规模小没有培训规模收益,参训动力不足;二是观念落后,认为种地靠经验并非培训,没有认识到培训的重要性;三是农民培训效果差,学不到东西,打击了农民的参训积极性),只要参加了培训,对增加农业收入还是有帮助的。

表 9-4 显示,不同参训行为的农户在农业收入上有显著差异,有意愿有行为的农户在人均农业收入上要显著高于有意愿无行为和无意愿无行为的农户,也高于无意愿有行为的农户,但统计上不显著。此外,有意愿无行为的农户在人均农业收入上略高于无意愿无行为的农户,但统计上不显著。无意愿无行为的这些农户往往农业收入不是家庭的主要收入来源,所占比重不高,这在不同农户参训行为与农业收入占家庭收入比重的多重比较中可以得知(见表 9-5)。经济激励不足很可能是这些农户没有参训意向的主要原因。

表 9-5 显示,有参训意向农户的农业收入占家庭收入比重要高于无参训意向的农户,且在统计上是显著的;无意愿有行为的农户的农业收入占家庭收入比重要高于无意愿无行为农户的比重,且在统计上是显著的。我们可以得出,有意愿有行为、有意愿无行为、无意愿有行为农户的农业收入占家庭收入比重要高于无意愿无行为的农户,而且无意愿有行为农户的农业收入高于有意愿无行为的农户,尽管这在统计上不显著,但却反映出这种

趋势。

表 9-5 显示,有意愿无行为的农户可能是一些虽然以农业收入为主但却是种养殖小户,没有进入培训机构的视野,从而使其没有获得参加培训的机会或者是没有资格。这部分人可能恰恰是应该进行培训的,因为他们不参加培训其农业收入就不能增加,个人能力无助于增加其收入,必须通过培训才能改变观念,提高生产技能,引进新技术和新品种等。这也是王海港、黄少安等(2009)所说的那部分农民——"不参加培训其收入就无法得到提高"。

这给予我们的启示是,这些无意愿有行为的农户,参加培训可能是被发动去的,他们可能是种养殖大户或者经纪人等,为了响应政府号召或者碍于村镇干部的面子而参加培训。调查中,一位村干部讲:"有时为了完成上级分配的培训名额,我们则轮流让种养大户、合作社领办人或者村干部等参加,如果不参加,政府的优惠政策或项目扶持资金就享受不到。"

表 9-3　不同参训行为的农户在人均农业收入等指标上的差异情况

变量名称	频次	人均农业收入 (万元)	家庭人均收入 (万元)	农业收入占家庭收入 比重(%)
有意愿有行为	277	3.1067	4.0286	68.18
有意愿无行为	140	0.7502	1.3612	60.65
无意愿有行为	39	3.0571	3.4043	68.85
无意愿无行为	182	0.6705	1.6604	48.91
总数	638	1.8916	2.7316	61.07

表 9-4　不同参训行为的农户在人均农业收入上的多重比较分析

农民参训意向 与行为(I)	农民参训意向 与行为(J)	均值差(I−J)	标准误	显著性	95% 置信区间	
					下限	上限
有意愿有行为	有意愿无行为	2.35651*	0.56061	0.000	1.2556	3.4574
	无意愿有行为	0.04953	0.92462	0.957	−1.7662	1.8652
	无意愿无行为	2.43618*	0.51585	0.000	1.4232	3.4492
有意愿无行为	有意愿有行为	−2.35651*	0.56061	0.000	−3.4574	−1.2556
	无意愿有行为	−2.30697*	0.97887	0.019	−4.2292	−0.3848
	无意愿无行为	0.07968	0.60774	0.896	−1.1138	1.2731

续表

农民参训意向与行为(I)	农民参训意向与行为(J)	均值差(I−J)	标准误	显著性	95% 置信区间	
					下限	上限
无意愿有行为	有意愿有行为	−0.04953	0.92462	0.957	−1.8652	1.7662
	有意愿无行为	2.30697*	0.97887	0.019	0.3848	4.2292
	无意愿无行为	2.38665*	0.95394	0.013	0.5134	4.2599
无意愿无行为	有意愿有行为	−2.43618*	0.51585	0.000	−3.4492	−1.4232
	有意愿无行为	−0.07968	0.60774	0.896	−1.2731	1.1138
	无意愿有行为	−2.38665*	0.95394	0.013	−4.2599	−0.5134

注：* 表示均值差的显著性水平为 0.05。

表 9-5　不同参训行为的农户在人均农业收入比重上的多重比较分析

农民参训意向与行为(I)	农民参训意向与行为(J)	均值差(I−J)	标准误	显著性	95% 置信区间	
					下限	上限
有意愿有行为	有意愿无行为	0.07955	0.04407	0.072	−0.0070	0.1661
	无意愿有行为	−0.00237	0.07280	0.974	−0.1453	0.1406
	无意愿无行为	0.19698*	0.04053	0.000	0.1174	0.2766
有意愿无行为	有意愿有行为	−0.07955	0.04407	0.072	−0.1661	0.0070
	无意愿有行为	−0.08192	0.07713	0.289	−0.2334	0.0695
	无意愿无行为	0.11743*	0.04789	0.014	0.0234	0.2115
无意愿有行为	有意愿有行为	0.00237	0.07280	0.974	−0.1406	0.1453
	有意愿无行为	0.08192	0.07713	0.289	−0.0695	0.2334
	无意愿无行为	0.19935*	0.07517	0.008	0.0517	0.3470
无意愿无行为	有意愿有行为	−0.19698*	0.04053	0.000	−0.2766	−0.1174
	有意愿无行为	−0.11743*	0.04789	0.014	−0.2115	−0.0234
	无意愿有行为	−0.19935*	0.07517	0.008	−0.3470	−0.0517

注：* 表示均值差的显著性水平为 0.05。

　　值得一提的是，上述分析没有考虑农民参加培训自选择和参加培训农民的异质性问题，这仅是对农业技能培训绩效的初步分析。更为重要的是，农民培训变量与农业收入、农户经营规模、农民组织化以及产业结构调整等变量的关系很可能是相互影响、互为因果的关系。因此,关于农民培训绩效更为深入和细致的分析将在计量部分展开。

9.1.2　其他因素对人均农业收入影响的描述性分析

调查结果显示(见表 9-6),在调查样本中,受访者是女性的农户农业人均收入高于男性受访者,但是这种差异在统计上并不显著。尽管这种差异不显著,但是却反映出一种趋势,即女性户主的人均农业收入比较高,这是因为女性能成为户主的,一般都是素质高、能力强和社会资本丰富的人员。初中以上文化程度的农户其农业人均收入要明显高于初中以下文化程度的农户,且在 10% 的显著水平上统计显著。种养年限 10 年及以下的农户在人均农业收入上高于 10 年以上的农户,这表明种养年限越长,农业收入越低。这一方面反映了在发展现代农业的背景下,种田主要靠知识、技术,而并非经验;尤其是年龄大的农民种养经验主要体现在传统作物上(水稻、一般性蔬菜、水果),这些作物往往经济效益低。而种养年限短的农民往往是年轻、有知识、有文化的农民,他们往往种植经济效应高的作物或者养殖。农村带头人的农户在农业人均收入上明显高于普通农户,差距近一倍,但是在统计上并不显著。外地农户的人均农业收入高于本地农户,但差距不大,而且在统计上也不显著。出现这种结果的原因是,尽管外来农民务农是主业,而且有一定的种养规模,但是由于是"外来农民",在租入土地、享受农业政策上不如"本地农民"。调查样本中有 4 个农户的农业收入超过 1000 万元,这 4 个农户均为本地农户,其中收入最高的达 2811 万元,这可能是外来农民收入平均高于本地农民但在统计上不显著的原因。加入合作社的农户农业人均收入明显高于未入社的农户,二者相差 4 万元,且在 10% 的显著水平上统计显著。这主要是合作社成员往往年轻、学历高,种植附加值比较高的作物或者从事养殖且经营规模比较大,这可以从"是否合作社成员与人均农业收入"的 T 检验看出。种粮农户在人均农业收入上明显低于非粮农户,二者差距较大,且在 1% 的水平上显著,种粮的效益低已经成为不争的事实。平原村的人均农业收入明显高于丘陵村和山区村,但在统计上不显著。

表 9-6　人均农业收入在是否参训、是否农村带头人等指标上的差异情况

主要指标	人均农业收入（万元）		均值差异的 T 检验	
	均值	标准差	T 值	Sig.
女	0.893	1.432	−4.211	0.000
男	2.160	6.152		
初中及以下	1.506	5.472	−1.633	0.103
初中以上	2.221	5.557		
种养年限 10 年及以下	2.755	7.467	2.478	0.014
种养年限 10 年以上	1.424	4.045		
非农村带头人	1.643	5.539	−1.620	0.106
农村带头人	2.392	5.476		
外地人	2.478	5.478	0.674	0.500
当地人	1.854	5.531		
未参加合作社	1.447	4.230	−2.718	0.007
参加合作社	3.472	8.526		
粮食作物	0.597	2.484	−5.368	0.000
非粮食作物	2.483	6.370		
丘陵山区村	1.522	4.974	−2.116	0.035
平原村	2.552	6.350		

表 9-7 显示，人均农业收入与受教育年限、培训次数、培训天数、务农劳动力、种养面积、距乡镇中心距离、村人均收入有显著相关关系，但是，相关系数并不高，没有达到中度相关。农业人均收入与种养面积相关系数最高，也仅有 0.390；其次是培训次数，相关系数为 0.347。此外，除农业收入外，其他变量两两相关系数不高，均低于 0.5。相关系数最高的是受教育年限与种养年限，二者仅为 0.301。邱皓政（2005）、吴明隆（2010）等认为，应用多元线性回归时，各变量（解释变量或预测变量）彼此之间不能存在严重的多元共线性（multicollinearity），也就是回归模型中自变量彼此之间不存在高度相关（相关系数＞0.7 以上），多元回归分析中变量之间的最佳关系为自变量与因变量（被解释变量或效标变量）有中高度的相关，而自变量彼此间有中度

或低度相关。[①]

表 9-7　农户特征与 ln 人均农业收入相关关系的描述性统计

变量	ln 人均 农业收入	受教育 年限	种养 年限	培训 次数	培训 天数	务农 劳动力	种养 规模	村距镇 中心 距离	村家庭 人均 收入
ln 人均农业 收入	1								
受教育年限	0.197**	1							
种养年限	−0.276**	−0.301**	1						
培训次数	0.347**	0.153**	−0.078*	1					
培训天数	0.260**	0.161**	−0.137**	0.088*	1				
务农劳动力	0.205**	0.058	−0.170**	0.067	0.092*	1			
种养规模	0.390**	0.041	−0.105**	0.218**	0.085*	0.027	1		
村距镇中心 距离	0.098*	0.017	−0.082*	−0.043	0.100*	0.043	0.020	1	
村家庭人均 收入	0.167**	−0.086*	0.165**	0.164**	0.029	0.025	0.069	0.204**	1

注：* 表示在 10% 的水平上显著；** 表示在 1% 的水平上显著。

9.2　基于明瑟模型的农民参训行为绩效分析

9.2.1　模型设定和变量选择

估计农业技能培训对农民家庭经营收入的影响，目前科学、有效的方法是双倍差分法。但是双倍差分法对数据有特殊要求，调查样本既要有参加培训的农户也要有不参加培训的农户，调查数据必须包含培训前和培训后的农民家庭经营收入。由于缺乏培训前和培训后的数据，致使双倍差分法无法使用，只得退而求其次，本研究采用明瑟（Mincer）收入函数作为基本的计量模型。尽管明瑟收入函数存在诸多不足，例如，该模型过分简化了决定收入的因素，仅将受教育年限和工作年限纳入模型，忽略个人能力、教育质

---

① 吴明隆：《问卷统计分析实务——SPSS 操作与应用》，重庆大学出版社 2010 年版，第377 页。

量等重要变量对收入的影响,这会影响研究估计结果的稳健性和可靠性,而且假设条件过于苛刻(Krueger et al.,2000;Heckman et al.,2003)。但是,明瑟收入函数结构简洁、操作性强(杨晓军,2011),对数据要求比较低,尤其是对教育回报率估计的经济含义非常明确(岳昌君,2004),这些优点使得明瑟收入函数至今仍被广泛使用,成为衡量教育回报率最为常用的方法(陈玉宇、邢春冰,2004;许玲丽、冯帅章等,2008)。这也是本研究选择使用明瑟收入函数估计培训对收入影响的原因。明瑟收入函数的一般形式如下:

$$\ln income = \beta_0 + \beta_1 edu + \beta_2 \exp + \beta_3 \exp^2 + \mu \tag{9.1}$$

其中,income 是工人的真实工资收入;edu 是工人的受教育年限;exp 是工人的工作经验;μ 是误差项。系数 β_1 表示教育收益率,含义是工人多接受一年教育个人收入的变化率;β_2 和 β_3 表示工作经验和工作经验的平方项对工资收入的影响。尽管明瑟模型主要是用来测量教育回报率的计量模型,但是在该模型中加入我们所关心的解释变量并同时将教育、工作经验等其他变量加以控制时,该模型同样可以提供一个简便、经济含义清晰的方法(叶静怡、薄诗雨等,2012)。具体而言,在本研究中我们采用的回归方程表达式如下:

$$\ln peragriincome = \beta_0 + \beta_1 edu + \beta_2 \exp + \beta_3 exp^2 + \gamma X + \alpha Z + \mu \tag{9.2}$$

其中,peragriincome 是人均农业收入;edu 是农民的受教育年限;exp 是农民种植主要作物的年限或者从事机械耕作、农产品购销等年限;X 是一组农民培训向量。

农业技能培训的数量(培训次数)和培训质量(培训天数)都会对农民收入产生影响,而且农业技能培训的质量可能影响更大,这主要是因为农业技能培训形式多种多样。就培训时间而言,既有半天甚至 1 个小时的培训,也有 15 天以上的培训;就培训方式而言,既有以会代训、参观学习,也有课堂讲授、田间示范等。因此,仅仅使用是否参加培训或者参加培训的次数不足以反映农业技能培训对农民家庭经营收入的影响以及影响程度,进而导致对农业技能培训回报率的高估或低估。因此,本研究从"培训次数"和"培训天数"两个维度考察培训对农民收入的影响,这两个培训变量及其系数是本研究最为关心的。Z 是一组控制变量,包括性别、是否村干部、是否当地人、农业劳动力数量、土地面积、是否加入合作组织以及村庄类型、村庄距乡镇中心的距离、村庄农民人均收入(该变量是为了控制自然条件和区域差异对农民收入的影响)等。

本研究所使用的"农民培训次数"是农民近 5 年来参加农业技能培训的次数。之所以用近 5 年来农民参训的次数而不用是否参加过培训,这主要是因为培训的收益具有滞后性,而且本研究所使用的数据是横截面数据,这样可以较为准确地衡量培训对农业人均收入的影响。此外,农业生产技术培训由于千差万别,不仅内容差异性很大,而且培训形式、培训时间长度等都有很大差异,用近 5 年累计的培训次数作为自变量,检验培训对收入的影响更为准确和科学。

本研究将培训满意度作为培训质量的替代变量,用来解释培训质量变量对农民收入的影响,但是模型估计结果不稳定。具体表现为,如果将培训满意度和培训次数、培训天数一起放入模型,则会发现三者均显著,而且培训满意度的系数最大(见附表 1 和附表 2)。但是,如果将样本选择成"都是参加过培训"的子样本——培训样本,则发现培训满意度不显著,而培训次数、培训天数依然显著。从理论上讲,无论是总体样本还是培训样本,培训质量对农民收入的影响在这两个样本上应该是一致的,而且利用培训样本检验培训质量对农民收入的影响更为严谨,这样可以排除一些干扰因素。"培训效果变量"估计结果不稳定的原因,可能是因为"培训效果"取值调整所致。由于没有参加培训的农民对培训效果没有评价,表现为系统缺失值,为了便于比较培训效果对农民收入的影响,本研究将未参加培训农民的培训效果选项统一设置为"0"。

本研究主要是对式(9.2)进行 OLS 回归估计,以便验证培训对农业收入的影响。针对样本自选择和异质性问题可能引起 OLS 回归估计的偏误问题,本研究也给予足够关注。首先,本研究选择"是否农村带头人"、"是否本地人"两个变量来代表农民能力,如果这两个变量能够较好地控制个人能力,那么自选择引起的估计偏误就比较小。其次,通过在回归模型中逐步加入能力代理变量,并比较培训变量的系数及其显著性变化,来判断自选择对回归估计结果影响程度及其方向。关于样本的异质性问题,本研究通过分位数回归(quantile regression)来检验(许玲丽、冯帅章等,2008)。

估计结果表明,通过 OLS 估计的培训回报率受自选择影响出现估计偏误的可能性不大。[①] 同时分位数回归的结果显示,培训回报的异质性问题在本样本中并不严重。在以后的研究中,将采用李雪松和赫克曼(2004)、周亚宏等(2008)、王海港等(2009)所使用的方法,解决样本的异质性问题。

---

　　①　国外有关教育回报的研究往往发现 OLS 与工具变量法在结果上区别不大。使用不恰当的工具变量的估计结果可能比 OLS 有更大的偏误。参见 Card(2001)对文献的综述和相关的分析。

模型中引入的变量以及变量的定义、均值和预期作用方向如表 9-8 所示。

表 9-8 解释变量的定义、描述性统计分析结果及预期作用方向

变量	定义	平均值	预期作用方向
性别	女＝0,男＝1	0.79	＋
受教育年限	小学以下＝0,小学＝6,初中＝9,高中、中专＝12,大专、本科及以上＝16 折算而得	7.10	＋
是否村干部	没有担任＝0,担任＝1	018	＋
是否当地人	当地人＝0,不是当地人＝1	0.94	不确定
务农劳动力人数	16～70 岁务农劳动力数量	1.82	＋
种养规模	种植和养殖面积的总亩数	19.90	＋
经营类型	以"粮食"作为参照变量,设置 4 个虚拟变量:①是否果蔬,是＝1,其他＝0;②是否养殖,是＝1,其他＝0;③是否经济作物,是＝1,其他＝0;④是否农机、销售等,是＝1,其他＝0	2.35	＋
主要作物种植年限	实际种植年数	20.76	不确定
是否合作社成员	否＝0,是＝1	0.22	＋
培训次数	农民实际参与的培训次数	4.08	＋
培训天数	农民参加培训的天数,半天按一天算		＋
村家庭人均收入	村的农民家庭人均收入	9890.62	＋
村庄距乡镇中心距离	村庄到本乡镇中心的公里数	3.28	－
村庄类型	以"山区村"作为参照变量,设置 2 个虚拟变量:①丘陵村,是＝1,其他＝0;②平原村,是＝1,其他＝0	2.07	＋
参训意向与行为 有意愿有行为 有意愿无行为 无意愿有行为	以"无意愿无行为"为参照,设置 3 个虚拟变量:①有意愿有行为,是＝1,其他＝0;②有意愿无行为,是＝1,其他＝0;③无意愿有行为,是＝1,其他＝0	1.26	＋

9.2.2 计量结果与分析

利用 OLS 估计的结果如表 9-9 所示。

表 9-9　农民培训对农业收入影响的估计结果

解释变量	1(培训)		2(能力)		3(农户)		4(村庄)		5(意愿)	
	系数	标准误	系数	标准误	系数	标准误	系数	标准误	系数	标准误
常数项	-0.879	0.207	-0.372	0.281	-2.003	0.274	-2.181	0.312	-2.190	0.318
受教育年限	0.017	0.015	0.017	0.015	0.029**	0.013	0.031**	0.013	0.028**	0.013
性别	0.415***	0.134	0.399***	0.134	0.295***	0.112	0.283***	0.111	0.254**	0.112
主要作物种植年限	-0.022	0.014	-0.020	0.014	0.014	0.011	0.011	0.011	0.011	0.011
作物种植年限平方	-4.794E-5	0.000	-6.641E-5	0.000	0.000	0.000	0.000	0.000	0.000	0.000
培训次数	0.052***	0.006	0.052***	0.006	0.025***	0.006	0.023***	0.006	0.016**	0.006
培训天数	0.092***	0.017	0.094***	0.017	0.046***	0.015	0.050***	0.015	0.032***	0.016
是否农村带头人			0.102	0.120	0.085	0.099	0.077	0.098	0.034	0.100
是否本地人			-0.601***	0.229	-0.637***	0.190	-0.584***	0.191	-0.577***	0.190
务农劳动力人数					0.189***	0.053	0.180***	0.053	0.192***	0.053
种养规模取对数					0.006***	0.001	0.005***	0.001	0.005***	0.001
经营类型										
果蔬、经济作物					1.050***	0.110	1.004***	0.113	0.986***	0.114
畜禽、水产养殖					2.966***	0.254	2.873***	0.276	2.825***	0.276
非作、农产品购销					-0.100	0.569	-0.129	0.564	-0.167	0.562
是否合作社成员					0.250**	0.118	0.243**	0.118	0.219*	0.119

续表

解释变量	1（培训）		2（能力）		3（农户）		4（村庄）		5（意愿）	
	系数	标准误	系数	标准误	系数	标准误	系数	标准误	系数	标准误
村庄类型										
丘陵村							-0.184	0.116	-0.180	0.115
平原村							0.085	0.128	0.084	0.128
村庄距乡镇中心距离							-0.029**	0.015	-0.033**	0.015
村家庭人均收入							4.009E-5**	0.000	4.323E-5**	0.000
参训意向与参训行为										
有意愿有行为									0.260*	0.142
有意愿无行为									-0.130	0.125
无意愿有行为									0.140	0.201
Adjusted R^2	0.230		0.236		0.483		0.493		0.497	
样本量	634		634		634		634		634	

注：数字四舍五入保留三位小数。***，**，*分别表示在 1%、5% 和 10% 的水平上显著。农村带头人是指村干部、党员、村民代表。

本研究首先将受教育年限、性别、种植年限、种植年限平方、培训次数、培训天数几个基本变量放入模型进行回归,然后逐步放入能力、农户、村庄、参训意向等控制变量,主要检查是否有自选择问题。关于异质性问题,本研究采用分位数回归,根据控制变量的多寡,表 9-9 中的结果分别对应 4 个回归方程。表 9-9 中的第 1 列,对应于最基本的明瑟收入方程,包括受教育年限、性别、种植年限及其平方项、培训次数、培训天数等 6 个变量;第 2 列中包括了个人能力变量:是否农村带头人、是否本地人;第 3 列中包括了与收入相关的农户变量:务农劳动力、种植面积、经营类型、是否合作社成员等 4 个变量;第 4 列中包括村庄类型、村庄距乡镇中心距离、村庄人均收入等 3 个反映区域差异的变量;第 5 列包括一个参训的意愿行为变量,目的是考察农民四种行为对农业收入的影响。

(1)农民个体特征因素方面

计量结果显示,性别与农业收入在 10% 的显著水平上正相关,也就是相对于女性户主而言,男性户主的农业收入更高;是否本地人与农业收入在 1% 的显著水平上负相关,表明相对于外地农民而言,本地农民的农业收入低于外来农民的农业收入。这也反映出外来务农人员一般都是承包土地从事规模化经营或者从事经济价值比较高的作物生产。我们在实地调查中也发现,外来农民一般选择经济价值比较高的蔬菜、林果、莲藕等进行种植,而且他们以农业为主业。

值得一提的是,教育在回归中是不显著的,这主要由于教育与农民培训具有较强的关联性,如果模型中去掉培训次数,教育变量则变得显著。其中自变量的共线性检验结果也表明,模型中的解释变量间存在轻微的共线性问题。种植年限的平方不显著,这是因为农民从事农业生产经营主要依赖的不是种养经验,而是文化知识和资本,而且在发展现代农业的背景下,后者的作用远远大于前者。

(2)农民家庭特征因素方面

计量结果显示,农业劳动力数量、种植面积与农业收入在 1% 的水平上显著。这表明农业劳动力数量越多、种植面积越大,农户农业收入就越高。农户是否加入合作组织与农户家庭农业收入在 1% 的水平上显著正相关,也就是说参加合作组织的农户在农业收入上要高于未参加合作组织的农户。此外,以果蔬和经济作物或养殖,以及农机和农资购销为主的农户与种植粮食的农户相比而言,其家庭农业收入要高。

　　此外,通过方差分析(见表 9-10),不同经营类型农户在收入上具有显著差异,而且是在 5% 的水平上显著。为了进一步发现不同类型农户的收入差异情况,我们进行了多重比较分析(见表 9-11),可以看出以畜禽或水产养殖为主的农户其农业收入是最高的,平均家庭农业收入是 195.63 万元,最高值是 2811 万元,最小值是 3 万元。其次是从事机械耕作、农产品销售、农资购销的农户,其平均家庭农业收入是 17.22 万元,最高值是 1000 万元,最小值是 0.2 万元。再次是以蔬菜、水果、经济作物种植为主的农户,其平均家庭农业收入是 8.61 万元,最高值是 300 万元,最低值是 0;从事粮食生产的农户收入最低,与最高的养殖农户相比,二者相差高达 193.63 万元。但是,仅有养殖农户的农业收入在 5% 的显著性水平上高于其他类型的农户。

表 9-10　不同经营类型农户在农业收入上的差异分析　　单位:万元

经营类型	频数	均值	标准差	极小值	极大值
粮食	200	2.001	7.464	0.00	100.00
蔬菜、水果、经济作物	219	8.614	24.311	0.00	300.00
畜禽、水产养殖	24	195.625	609.495	3.00	2811.00
机械耕作、农产品等购销	199	17.218	100.775	0.20	1000.00
总数	642	16.212	134.063	0.00	2811.00

表 9-11　不同经营类型农户在农业收入上的多重比较分析

农户经营类型 (I)	农户经营类型 (J)	均值差(I-J)	标准误	显著性	95% 置信区间	
					下限	上限
粮食	果蔬、经济作物	-6.613	12.663	0.602	-31.480	18.254
	养殖	-193.624*	27.969	0.000	-248.547	-138.701
	机械耕作等	-15.217	12.964	0.241	-40.674	10.239
果蔬、经济作物	粮食	6.613	12.663	0.602	-18.254	31.480
	养殖	-187.010*	27.839	0.000	-241.678	-132.344
	机械耕作等	-8.604	12.680	0.498	-33.503	16.296

续表

农户经营类型 （I）	农户经营类型 （J）	均值差（I−J）	标准误	显著性	95% 置信区间	
					下限	上限
养殖	粮食	193.624*	27.969	0.000	138.701	248.547
	果蔬、经济作物	187.011*	27.839	0.000	132.344	241.678
	机械耕作等	178.407*	27.977	0.000	123.469	233.344
机械耕作、农 产品等购销	粮食	15.217	12.964	0.241	−10.239	40.674
	果蔬、经济作物	8.604	12.680	0.498	−16.296	33.503
	养殖	−178.407*	27.977	0.000	−233.344	−123.469

注：* 表示均值差的显著性水平为 0.05。

（3）区域变量方面

村农民人均收入与农业收入在 1% 的水平上显著正相关，这说明如果村农民人均收入越高，则村民的农业收入就越高。村庄类型与农业收入没有显著关系。村庄距乡镇中心的距离与农业收入在 5% 的水平上显著负相关，也就是说，村庄距乡镇中心越近，农业收入就越高。

（4）培训变量方面

农民参训次数、农民培训天数与农户农业收入在 1% 的水平上显著正相关，这表明农民参加培训次数和天数的多少显著地影响农业收入。农民每多参加一次培训，其人均农业收入就增加 2.7%；农民每多参加一天培训，其人均农业收入就增加 4.4%。农业技能培训对农户农业收入的显著影响，充分说明了农业技能培训的价值和意义，也是对当前"农民培训没有作用"、"农民培训走过场、演戏"的一个回应。我们不排除个别地方、个别培训项目存在弄虚作假、"走过场、演戏"等现象，但是，总体而言，农业技能培训对提高农民的生产技能、增加农业收入是有作用的，而且在统计上是显著的，验证了假说 H5a。

（5）农民参训意向和行为变量方面

计量结果显示，有意愿有行为的农户收入与无意愿无行为的农户相比，其农业收入显著高于无意愿无行为的农业收入，而且在 5% 的水平上显著。为了进一步分析不同农户行为在农业收入上的差异，本研究进行了方差分析和多重比较分析。方差分析的结果显示（见表 9-12），不同行为农户在农业收入上具有显著的差异,且在 5% 的水平上显著。具体而言,收入最高的农户是有意愿有行为的农户,农业收入平均值是 32.82 万元,最高值是 2811 万元,最小值是 0.1 万元;其次是无意愿有行为的农户,农业收入平均值是 9.13 万元,最高值是 200 万元,最低值是 0.1 万元;再次是有意愿无行为的农户,农业收入的平均值是 2.71 万元,最高值是 31 万元,最低值是 0;无意愿无行为的农户其农业收入均值是 2.48 万元,与有意愿有行为的农户差距达 29.33 万元。为了进一步发现不同意愿行为农户在农业收入上的具体差异情况,我们进行了多重比较分析(见表 9-13),发现有意愿有行为农户的农业收入在 5% 的水平上显著地高于有意愿无行为和无意愿无行为的农户,验证了假说 H5a。尽管,有意愿有行为农户的农业收入也高于无意愿无行为的农户,但是在统计上并不显著。

表 9-12　不同意愿行为农户在农业收入上的差异分析　　　单位:万元

农户行为类别	频次	均值	标准差	极小值	极大值
有意愿有行为	281	32.820	201.188	0.10	2811.00
有意愿无行为	140	2.706	4.640	0.00	31.00
无意愿有行为	39	9.125	32.374	0.10	200.00
无意愿无行为	182	2.479	5.280	0.00	60.00
总数	642	16.212	134.063	0.00	2811.00

表 9-13　不同意愿行为农户在农业收入上的多重比较分析

农户意愿行为 类别(I)	农户意愿行为 类别(J)	均值差($I-J$)	标准误	显著性	95% 置信区间	
					下限	上限
有意愿有行为	有意愿无行为	30.114*	13.817	0.030	2.982	57.246
	无意愿有行为	23.695	22.823	0.300	−21.123	68.512
	无意愿无行为	30.341*	12.708	0.017	5.386	55.296
有意愿无行为	有意愿有行为	−30.114*	13.817	0.030	−57.246	−2.982
	无意愿有行为	−6.419	24.183	0.791	−53.908	41.070
	无意愿无行为	0.228	15.015	0.988	−29.257	29.712

续表

农户意愿行为类别(I)	农户意愿行为类别(J)	均值差($I-J$)	标准误	显著性	95% 置信区间	
					下限	上限
无意愿有行为	有意愿有行为	-23.695	22.823	0.300	-68.512	21.123
	有意愿无行为	6.419	24.183	0.791	-41.070	53.908
	无意愿无行为	6.647	23.568	0.778	-39.633	52.926
无意愿无行为	有意愿有行为	-30.341*	12.708	0.017	-55.296	-5.386
	有意愿无行为	-0.228	15.015	0.988	-29.712	29.257
	无意愿有行为	-6.647	23.568	0.778	-52.926	39.633

注：* 表示均值差的显著性水平为 0.05。

9.3　基于异质性处理效应模型的农民参训行为绩效分析

本节研究农业技能培训对农业人均收入的影响,在这一问题中农民是否参加培训是处理变量。由于农民是否参加培训受到诸多因素影响,这些影响因素可能恰恰也影响农业人均收入。例如,种养规模越大的农民,越倾向于参加培训,培训有规模收益,而种养规模大的农民其农业收入也越高,这会造成处理变量与解释变量存在共线性;又如能力高的人越倾向于参加培训,能力越高的人农业收入也是越高的,而能力这个变量无法测量,而未纳入模型,重要解释变量的遗漏也会造成处理变量和误差项相关。因此,不能将农民是否参加培训作为外生变量处理,应该将其作为内生变量处理。在这种情况下,如果采用 OLS 估计将会使得估计结果有偏差且不一致。为了获得处理变量(是否参加培训)无偏一致估计,本研究采用处理效应模型(Treatment-effects model)进行估计。值得一提的是,处理效应模型是样本选择模型(Sample selection model)的进一步扩展,二者都可以被看作是 Heckman 类的模型(Heckman-type model)。但是二者在应用方面存在差异:样本选择模型是对只有个体参与时才能被观察到的数据进行分析的一种模型,而处理效应模型是对个体无论是否参与都能观察到的数据进行分析的一种模型(郭申阳、马克·W. 弗雷泽,2012)。例如,对于劳动力市场中已婚妇女的工资报价,只有进入劳动力市场的妇女才能观察到其工资报价,没有进入劳动力市场的妇女无法观察其工资报价,这样的数据结构则使用样本选择模型;农业技能培训对农业收入的影响,不管农民是否参加培训都能观察到农业收入的数据,这样的数据结构则使用处理效应模型。处理效应模型关注项目评估,而样本选择模型则不然。下面将具体分析为什么选择异质性处理效应模型分析农民参加农业技能培训对农民农业收入的影响。

9.3.1 模型选择

(1)传统方法的局限性

使用普通最小二乘法,把农业技能培训作为自变量,定义 D 代表农民是否参加了农业技能培训,$D=0$ 代表农民不参加培训;$D=1$ 代表农民参加培训。

$$Y = \beta D + \lambda X + \varepsilon$$

其中,Y 是农业收入;X 是方程中的协变量;ε 为模型中的残差项。在这个模型中,β 就是培训对于农业收入的净影响。

但是,不断有学者指出这种模型中的假定并不能得到很好的满足。首先,个体是否参与培训是受到方程中协变量影响的,即不满足 $D \perp X$,也就是培训决策不满足严格外生性假定。比如,农民的年龄、收入和性别均可能影响农民是否参与培训,一般越是年轻、具有较高文化程度的农民,越有可能参加培训。其次,不满足 $D \perp \lambda$,即存在一种可能性:培训的决策部分地预测到了 λ,因而参与培训的倾向因人而异。越是能够认识到培训对于提高农业收入的作用,越有可能参加农业技能培训。再次,不满足 $D \perp \gamma$,即模型中的残差项不满足高斯-马尔科夫假定,造成这一现象的原因在于能力偏误或测算误差,即当事人并不一定能够准确地预测到培训对自身经济收益带来的影响。

(2)反事实框架思路

当上述情况存在时,则存在不可观测异质性因素,应用传统的最小二乘法不能够准确地估计出农业技能培训对于农民农业收入的影响。因此,有学者借助反事实框架的分析方法,比如倾向值匹配方法,在协变量相同的条件下,找到两组参与培训和不参与培训的农民,进行配对比较,来衡量参与培训的处理效应。

倾向值匹配方法,假定个体 i 存在两种潜在的结果 (Y_0, Y_1),Y_0 表示个体没有参与农业技能培训的收入,Y_1 表示个体参与了农业技能培训的收入,

对于个体 i 而言，其处理效应(treatment effect)是：

$$\beta = Y_1 - Y_0$$

但是，问题的关键在于农民参加或者不参加农业技能培训，都只有一种结果。对于一个参加了农业技能培训的农民来说，其观测到的结果为 Y_1，而未参加培训的结果 Y_0 我们在调查中是无法观测到的；对于没有参加农业技能培训的农民，其参加培训的收入也是不可观测的。很明显，这是一个数据缺失的问题。因此，需要使用反事实框架来估计他们的潜在结果，如表 9-14 所示。

表 9-14　农业技能培训对农业收入影响的处理效应模型(MLE)估计结果

项目	Y_1	Y_0
参加培训($D=1$)	观测到的	未观测到的(反事实框架)
没有参加培训($D=0$)	未观测到的(反事实框架)	观测到的

使用倾向值匹配方法，根据倾向值进行匹配，然后运用加权方法，估计出个体 i 的反事实结果，即可以得出 3 种不同的处理效应。

平均处理效应(Average treatment effect，ATE)，对所有样本来说，参加培训收入比不参加培训收入高出多少。

$$E(Y) = E(Y_1 - Y_0) = E(Y_1) - E(Y_0)$$

处理组的处理效应(Average treatment effect for the treated，ATT)，对于那些参加了培训的人，参加培训比不参加培训会带来收入的增加值。

$$ATT = E(Y_1 - Y_0 \mid D=1)$$

控制组的处理效应(Average treatment effect for the untreated，ATU)对于那些没有参加培训的人，如果参加培训，那么培训对他们的效应是多少。

$$ATU = E(Y_1 - Y_0 \mid D=0)$$

(3)异质性效应模型的处理方法

倾向值匹配方法仍然未能解决倾向值估计过程中，不可观测异质性对于农民培训决策的影响。因此 Heckman 等学者，引入工具变量模型，即存在不可观测因素 U，影响个体决策。

$$Y = \beta D + \lambda X + U + \varepsilon$$

U 会影响到个体是否参加培训的过程，即不满足 $U \perp D$，并进而影响到工资收益。这时，引入局部工具变量 $P(Z)$ 和培训成本 u_D，

当 $P(Z) > u_D$ 时，个体参加培训；

当 $P(Z) < u_D$ 时，个体不参加培训；

当 $P(Z) = u_D$ 时，个体参加培训与不参加培训的效果无差异。

这里 u_D 可以使用总体参加培训的概率来代表，即倾向值分数的门限值（threshold）。而局部工具变量 $P(Z)$ 即为个体参加培训的概率或者倾向分数（propensity score），可以由一组工具变量 Z 推导出。

（4）处理效应的分解

Heckman 等人证明使用 $P(Z)$ 作为工具变量可以得出存在不可观测异质性条件下的处理效应。并且，Heckman 引入了边际处理效应（marginal treatment effect，MTE）为：

$$MTE(x, u_D) = E(\beta \mid X = x, P(Z) = u_D)$$

Heckman 等指出，在假设成立的条件下，所有常见的处理效应都是 MTE 的加权平均。

$$ATE = \int_0^1 MTE(x, u_D) \mathrm{d}u_D$$

$$ATT = \int_0^1 MTE(x, u_D) \mathrm{d}u_D \quad P(Z) - u_D \geqslant 0$$

$$ATT = \int_0^1 MTE(x, u_D) \mathrm{d}u_D \quad P(Z) - u_D < 0$$

边际处理效应，为当不同个体面临参加培训的选择收益相同条件下，培训对于个体的效应。

根据边际处理效应的估计值，可以分别求出培训的分类收益（sorting gain）和选择偏差（selection bias）。分类收益和选择偏差具有重要政策意义。如果参加者和未参加者的选择偏差都是负的，那么参加者若不参加，他的收入将比不上事实上的未参加者；而目前的未参加者即使参加了也比不上实际上的参加者，这种选择遵循了比较优势的原则（the principle of comparative advantage）。如果参加者的选择偏差是正的，而未参加者的选择偏差是负的，那么参加者即使未参加也比事实上的未参加者能获得更高的收入，未参加者即使参加了也只获得低收入。这种选择是由于能力分层（hierarchical ability），即参加者的平均能力高于未参加者而导致的。分类收益显示了经济人将自己归类到哪一类别是出于"有意的"（purposive）还是"不情愿的"（involuntary），甚至是被迫的。正的分类收益与自愿的选择相连，而负的分类收益则是由于不可观测因素导致经济人不情愿的选择。

总的选择偏差为普通最小二乘法的估计值与平均处理效应之差：

$$\beta_{OLS} - ATE$$

对参加培训的农民而言，不可观测异质性，在影响他们是否参加农业技能培训的决策过程中，也起到了作用。参加者的选择偏差为 $\beta_{OLS} - ATT$，表示 OLS 估计值对于参加者的处理效应估计的偏差。对于参加者而言，其分类收益为 $ATT - ATE$，是参加者因为选择了参加培训所得到的收益，也即经济人选择参加培训是基于自己从参加培训中获得的收益。

正的分类收益与自愿的选择相连，而负的分类收益则是由于不可观测因素导致经济人不情愿地选择参加培训。例如，村干部迫使农民参加培训。

对未参加培训的农民而言，也存在分类收益和选择偏差。选择偏差为 $ATU - \beta_{OLS}$，分类收益为 $ATE - ATU$。全样本、参加培训者与未参加培训者的分类收益和选择偏差如表 9-15 所示。

表 9-15　全样本、参加培训者与未参加培训者的分类收益和选择偏差

全样本	选择偏差	$\beta_{OLS} - ATE$
参加培训者	选择偏差	$\beta_{OLS} - ATT$
	分类收益	$ATT - ATE$
未参加培训者	选择偏差	$ATU - \beta_{OLS}$
	分类收益	$ATE - ATU$

9.3.2　分析结果

(1)模型结果

本调查中，参加培训的农民有 321 名，未参加的有 327 名。使用异质性处理效应模型，首先要估计出局部工具变量，也就是使用 Probit 模型或者 Logit 模型估计出农民参与农业技能培训的概率值。本研究中，选择农民的基本人口学特征变量比如性别、年龄、受教育年限、是否村民代表、家庭中劳动力数量以及农业种植面积作为解释变量。另外，是否村干部和农民所在村参加培训的比例，这两个变量会影响到村民个人参加培训的可能性。因此，将这两个变量也作为解释变量用来估计倾向值。

计量结果显示(见表 9-16)，从影响农民是否参加农业技能培训的决策模型中可以看出：农民的性别、受教育年限、种植面积、所在村参加培训比例、是否村干部或村民代表都对农民参加培训的决策过程产生影响。具体而言，男性农民参加培训的倾向高于女性；农民的文化程度越高，那么他们

参加培训的可能性也就越大;而村干部或村民代表,比普通村民更有可能参加培训。与此同时,农民参加农业技能培训的可能性也与他们的种植面积、所在村参加农业技能培训的比例正相关。

表 9-16　影响农民参加农业技能培训决策和农业收入的因素

变量	选择模型		收入模型	
	系数	标准误	系数	标准误
性别	0.145^{**}	0.048	0.165^{**}	0.074
年龄	0.011	0.015	0.007	0.02
受教育年限	0.020^{***}	0.006	0.003	0.01
家庭劳动力	-0.001	0.023	0.162^{***}	0.03
是否参加培训			0.226^{**}	0.025
村家庭人均收入取对数			0.272^{***}	0.076
种养规模取对数	0.006^{***}	0.001	0.025^{***}	0.002
村参加培训比例	0.003^{**}	0.001		
是否村干部或村民代表	0.210^{***}	0.051		
截距	-0.362	0.633	-1.891	0.827

从影响农民农业收入的模型来看,农业技能培训对于农民农业收入(采用对数形式)有显著的影响,验证了研究假说 H5a。参加农业技能培训的农民比不参加培训的农民,平均收入高出 26%。同时对农民农业收入有较大影响的变量还有家庭劳动力、村家庭人均收入、种养规模,这些变量均与农民农业收入呈正相关关系。

根据决策模型,可以预测出每一个农民参加农业技能培训的概率,即倾向值。在图 9-1 中,$D=0$ 和 $D=1$ 分别代表未参加者和参加者的倾向值分数的 Kernel 密度。未参加农业技能培训的农民其倾向值分数集中在 0.45 以下,分布比较均匀。从图中可以看出,两组人的倾向值分数有重合的部分。重合部分表明:预测不会参加农业技能培训的农民中,也有部分人参加了农业技能培训;而预测应该参加农业技能培训的农民中,也有部分人实际上没有参加。这表明,不可观测的异质性存在,并且影响农民参加农业技能培训的决策,验证了假说 H5b。

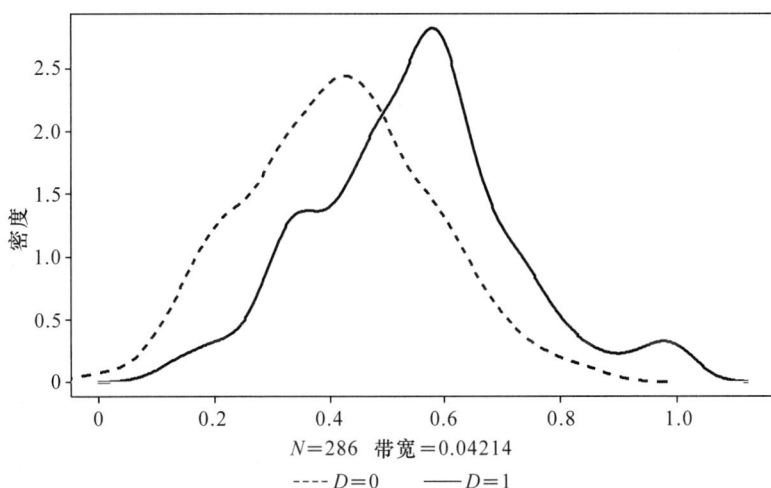

图 9-1　参加培训者与未参加培训者的倾向值分数 Kernel

（2）边际处理效应

在给定不可观测异质性后，我们来考察农业技能培训的边际处理效应。图 9-2 描绘了不可观测变量 Ud 对边际收益的影响。从图中可以看出，边际处理效应随着 Ud 呈现凹型分布。Ud 可以认为是农民参与农业技能培训的成本。因此，参加农业技能培训成本低的时候，农民能够从农业技能培训中获得的收益也相对较高；而培训的成本升高的时候，获得的收益反而降低。但是当参加农业技能培训的成本继续升高时，培训的边际收益也随之升高。这说明农业技能培训对于农民的收入增长基本上都是正的效果，农民只要参加农业技能培训，就会给他们带来收入上的提高。相比较而言，那些参与成本较低和较高的农业技能培训都有较明显的效果。联系到实际调查情况，其实一些培训成本较低的农业技能，比如农业栽培技术和新品种推广，可以明显地提高农民的收益。另外一些培训成本较高的农业技能，比如机械操作和测土配方，这些技术对当前我国农民来说，进入成本非常高，但是这些技术如果能够推广，那么也会给农民带来较高的收益。

MTE 随着 Ud 的增加而上升，ATT 的大部分权重落在那些 Ud 较低而更有可能参加培训的个体身上，而 ATE 的权重均匀地落在所有的个体身上，ATU 的权重落在那些 Ud 较高而更不可能参加培训的个体身上。

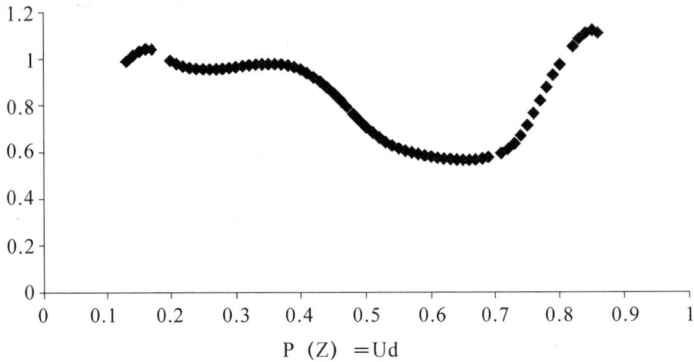

图 9-2　边际处理效用是不可观测的异质性变量的函数

计量结果显示（见表 9-17），ATT 为 0.916，ATU 为 0.763，ATE 为 0.830，ATT>ATE>TUT，这与边际处理效应的图形相吻合。这说明，越是那些可能参加农业技能培训的人，他们如果选择参加培训，那么他们更加能够得到很好的培训回报，验证了假说 H5c。该研究结果与美国的几个培训项目一致（Heckman et al.，1999）。

表 9-17　不同处理效应的比较、选择偏差和分类收益

OLS	Match	ATE	ATT	ATU	偏差	参加培训者		未参加培训者	
						选择偏差	分类收益	选择偏差	分类收益
0.380	0.453	0.830	0.916	0.763	−0.45	−0.536	0.086	−0.383	0.067

本研究中，使用普通最小二乘方法、倾向值匹配方法和异质性处理效应模型三种方法来考察农业技能培训对农民收入的影响，验证了假说 H5a。OLS 的估计值为 0.38，倾向值匹配方法的估计值为 0.453。这两种估计方法低估了农业技能培训对农民收入的影响。OLS 估计的选择偏差为 −0.45，说明有很大一部分是由于农民参与过程中的选择偏误造成的。

将 OLS 的偏差分解后，参加者的选择偏差和分类收益分别为 −0.536 和 0.086，未参加者的选择偏差和分类收益分别为 −0.383 和 0.067。参加者和未参加者都有负的选择偏差，这说明在农民收入的估计过程中，如果使用 OLS 估计方法，会低估 53.6% 的参加者的收入效应，存在估计偏误，这种偏误可能是由于农民的能力分层所导致的。而参加者和未参加者的分类收益都为正数，这说明农民参与培训的决策，基本上是他们的自愿选择。

总体来看，农业技能培训既有分类收益也有选择偏差，这造成了农民培

训的收入差距。越是不可能参加农业技能培训的农民,其参加培训的收入越低;越是有可能参加农业技能培训的农民,其参加培训的收入也越高。

9.4　本章小结

农民参加农业技能培训对农民家庭农业收入具有显著的影响,培训的次数越多、培训天数越多,农民的农业收入就越高。而且,有意愿有行为农户收入显著地高于其他三类农户,并且无意愿有行为的农户高于有意愿无行为和无意愿无行为的农户。此外,土地规模、是否加入合作组织也显著地影响农民农业收入。研究还发现,农业技能培训既有分类收益也有选择偏差,这造成了农民培训的收入差距;不可观测变量影响农民参加培训的决策。这些结论给予我们的政策启示是:一是各级政府要一如既往地重视农业技能培训工作,进一步加大对农民培训的投入力度,增加培训供给,让更多农民受益;二是加强对农民培训宣传,提高农民的参训意识和积极性,鼓励农民参加培训;三是各级政府要积极稳妥地推进土地流转,积极培育种养殖大户、家庭农场和农民专业合作社等新型农业经营主体,通过规模化、专业化和组织化提高农民的家庭经营收入。

第10章 农业技能培训绩效评价

"三农"问题是关系到 21 世纪新阶段改革开放和现代化建设全局的大问题,也是关系到社会稳定的大问题。"三农"问题中尤为重要的是农民问题,在现阶段,农民问题的核心是收入问题。增加农民收入除了增加工资性收入以外,主要还是家庭经营性收入。而增加家庭经营收入,主要依靠农民科技文化素质的提高。但是,由于农民科技文化素质偏低,导致接受新技术、新观念的能力较差。这种状况导致大量先进的农业科技成果不能转化为现实生产力,先进的农业技术也不能得到很好的普及应用,制约了农业生产效率的进一步提高,同时也成为影响农民增收的关键因素。解决这些问题的关键和核心是提高农民的科技文化素质,尤其是现代农业生产技能。在发展现代农业、建设社会主义新农村、创新农业经营主体的时代背景下,提高农民的科技文化素质具有十分重要的现实意义。提高农民科技文化素质的主要途径则是兴办教育,大力开展农民培训工作。

浙江省虽然不是农业大省,但却是我国农村经济发展最快、农民人均收入最高的地区之一,在统筹城乡发展方面走在了全国前列。这与浙江省对农民教育培训的重视是紧密相关的(闻海燕,2010)。从 2004 年起,浙江省大力实施农业专业技能实用技术培训、农村剩余劳动力转移就业技能培训、农村后备劳动力技能培训和外出务工农民培训等。到 2005 年,浙江省颁布实施"千万农村劳动力素质培训工程",并明确提出全省培训农村劳动力 150万人。到 2006 年,浙江省共培训农民 498 万人,各级财政共投入培训资金7.8 亿元。到 2007 年,浙江省已经建立起"以政府为主导、以市场为主体、以需求为导向"的农村劳动力培训运作机制和"政府主导、多方筹集"的培训资金投入机制。在政府带动下,不少企业也加入了农民技能培训的行列。2010 年,开展"千万农村劳动力素质提升工程"。近年来,通过实施以上培训工程,农民学技术、用技术的能力明显提高,农产品安全生产意识、品牌意识明显增强。

在开展农民培训的过程中,很多因素会影响农民培训的效果和质量。面对这一问题,哪些因素影响培训效果,如何提高培训效果,怎样最大限度地发挥培训的作用,逐渐成为开展农民培训工作需要考虑的重要问题。2012 年,《全国农民教育培训"十二五"发展规划》明确提出:"建立健全农民教育培训质量评估体系,确保农民教育培训质量和效果稳步提升。"无论是从农民培训过程的完整性,还是从现实需求的角度,农民培训效果评价研究将成为今后的研究重点(张亮、赵帮宏,2012)。研究农民培训效果有着重要的理论意义和实践价值。在实践上,通过研究农民培训效果有助于政府调整和完善农民培训政策,以便优化培训资源配置和提高培训资金的使用效率,切实提高农业技能培训的效果。在理论上,该研究有助于客观、科学地评估农业技能培训效果,明确影响农民培训效果的各类因素,进一步深化农民培训效果方面的研究,丰富和拓展农民培训理论,为今后研究农民培训问题提供新的视角。

10.1　农业技能培训绩效评价的指标选择

农民培训是一个系统工程,起点是培训需求评估,培训的最终目的是培训效果,并根据效果反馈修正原来的培训方案开展下一轮培训。由此可见,农民培训是一个循环往复的动态过程,而培训效果恰恰处于农民培训整个链条的核心环节,也是农民培训评估体系的最终评估目标。农民培训效果分为主观培训效果和客观培训效果。为了较为全面地反映农业技能培训的效果,本研究从主观培训效果和客观培训效果两个维度进行评价,客观指标主要使用农民收入、培训证书、农民合作组织参与度等指标;主观指标主要从培训组织实施过程、受训者培训预期、受训者结果评价等三个维度进行构建。培训组织实施过程评价从培训内容、培训方法、培训时间、培训地点、培训教师等维度测量;受训者培训预期评价从农民生产技能预期、农民生产满意预期等维度测量;培训结果评价从培训目标达成性和培训收获实效性等维度测量。其指标的测量方法采用李克特量表。本章主要从主观的角度分析农民培训的效果,这主要源于以下三个方面的原因:一是农民培训效果的客观指标难以确定。由于农业技能培训属于公共产品属性,一般都是由政府买单,甚至给参加培训的农民发放误工补贴,参训培训机构的数量众多,既有农业技术推广部门、农广校和成人文化学校等准政府组织,也有农业技术协会、农业合作社和农业龙头企业等市场组织,这些培训机构尚没有形成完整的培训评估体系,大部分培训项目没有具体的评估指标。此外,我国幅员辽阔,地域差别很大,致使培训项目千差万别,即使相同的培训项目也缺乏统一、标准化的培训内容,因此对农业技能培训项目尚难以进行统一化评估。二是主观性评价指标适用性强。目前对培训项目的评估采用的主要是主观评价指标,最常用的指标是培训满意度。主观评价指标具有广泛的适用性,可以对不同类型培训项目、不同培训方式、不同区域培训及不同时间培训进行培训效果评估(戴烽,2010)。三是数据原因。由于调查数据是横截面数据,没有农民参加培训前的收入,无法使用双重差分法(DID)。即使有该数据,由于所调查的农民不是参加同类型项目,而同类型项目其培训内容也不一样(例如阳光培训工程),双重差分法也不适用。

10.2　农业技能培训绩效的主观性评价

10.2.1　过程性评价:总体比较满意但培训内容有待优化

　　培训机构在农民培训体系中扮演着举足轻重的角色,是农业技能培训的具体实施者,关系着农民培训效果的好坏。从农民培训机构组织实施培训的过程分析影响农民培训效果的因素,主要包括培训内容、培训方式、培训老师、培训时间、培训长度、培训地点和培训设施等因素。我们将从这些维度对农民培训机构实施培训的过程进行评价,这些评价指标仅从某个方面衡量了培训过程的效果,可能遗漏了某些指标,将在今后的研究中不断完善。本研究是探索性研究,希望起到抛砖引玉的作用。我们运用李克特五级量表对上述评价指标进行测量,借此反映受训农民对培训组织实施过程的评价。

　　调查数据显示(见表10-1),参训农民对培训老师、培训方式、培训设施和培训地点给予了较高评价,得分分别为4.21、4.15、4.14和4.19,超过4分(80分,按百分制折算而得),其中,得分最高的是培训教师;受训农民对培训内容、培训时间和培训长度的评分分别为 3.94、3.99 和 3.99,很接近 4 分(80 分)。从过程性评价的整体得分来看,受训农民对培训过程评价总体满意,其得分为 4.09。从评价指标选项的百分比来看(见表 10-1、表 10-2、表 10-3),14.6% 的参训农民对培训内容非常满意,67.8% 的参训农民对培训内容比较满意,二者合计高达 82.4%,这表明培训内容总体上迎合了农民的需求;35.8% 的农民对培训老师的教学水平非常满意,51.1% 的农民比较满意,二者合计高达 86.9%,参训农民普遍认可培训老师的水平;对培训方式比较满意或非常满意的受训农民合计达 83.0%,培训方式也得到了大部分受训农民的认可。89.8%(选择比较同意和非常同意之和)的农民认为到达培训地点方便,其中 32.3% 的农民认为到培训地点很方便,而只有 3.2% 的农户认为到培训地点不方便;87.9%(选择比较同意和非常同意之和)的农户认为培训时间的安排比较合理,有 2.5% 的农户认为培训时间安排不合理;87.3%(选择比较同意和非常同意之和)的农民认为培训长度安排得当,10.8% 的农户对这个问题说不清楚。无论从李克特量表得分还是从评价指标的选项百分比看,绝大部分受训农民(80% 以上)对培训内容、培训方式等 7 个指标是满意的。这表明受训农民对培训过程的总体评价比较高,培训方案设计和实施符合了农民的需求。

但是,培训过程某些环节还有优化提升的空间,调查数据显示,即使受训农民评价最高的培训老师,其得分也仅为 4.21,没有超过 4.5(90 分),而且,培训内容、培训时间和培训长度的得分均低于 4 分,其中培训内容的得分为 3.94,这也表明,尽管受训农民对培训过程评价比较好,但是培训过程在培训内容设计、培训时间安排以及培训长度选择上还有一定的优化空间。

表 10-1　受训农民对培训的过程性评价

名称	项目	均值	标准差	频数
培训内容实用性	F_1 培训的内容有效实用,我能用得上	3.94	0.64	314
培训时间得当性	F_2 培训时间安排得当	3.99	0.58	314
培训长度适宜性	F_3 培训时间长短安排得当	3.99	0.57	314
培训老师称职性	F_4 培训老师专业水平高,我很满意	4.21	0.71	313
培训方式恰当性	F_5 培训方式(课堂讲授等)很好,我很满意	4.15	0.70	314

续表

名称	项目	均值	标准差	频数
培训设施良好性	F_6 培训设施(教室、住宿等)好,我很满意	4.14	0.67	314
培训地点方便性	F_7 我到培训地点很方便	4.19	0.70	313
培训过程评价	$(F_1+F_2+F_3+F_4+F_5+F_6+F_7)/7$	4.09	0.44	312

表 10-2　受训农民对培训机构实施培训的评价

项目	内容实效有用		培训方式好		老师水平高	
	频数	百分比(%)	频数	百分比(%)	频数	百分比(%)
非常不同意	0	0.0	1	0.3	0	0
比较不同意	9	2.9	9	2.9	6	1.9
说不清楚	46	14.6	43	13.6	35	11.2
比较同意	213	67.8	192	61.5	160	51.1
非常同意	46	14.6	67	21.5	112	35.8
合计	314	100	312	100	313	100

表 10-3　受训农民对培训时间、长度、地点安排的评价

项目	时间安排得当		培训长度适当		培训地点方便	
	频数	百分比(%)	频数	百分比(%)	频数	百分比(%)
非常不同意	0	0.0	1	0.3	0	0
比较不同意	8	2.5	6	1.9	10	3.2
说不清楚	30	9.6	34	10.8	22	7.0
比较同意	233	74.2	213	73.6	180	57.5
非常同意	43	13.7	43	13.7	101	32.3
合计	314	100	314	100	313	100

10.2.2　培训结果评价:总体评价较高但个别指标评价低

我们从农业技能培训达到培训目标的程度、农业技能培训受益程度两个角度评价农民培训效果,并运用李克特五级量表进行测量。调查数据显示(见表 10-4),受训农民对农民生产技能目标达成性、培训收获实现性两个指标的得分分别为 3.80、3.97,两项指标得分比较接近 4 分,但是均未达到 4分;两项指标的简单算术平均数为 3.88。从评价指标的选项百分比来看(见

表 10-5),69.7%(选择比较同意和非常同意之和)的受训农民认为生产技能培训达到了预期目标,5.1%(选择比较不同意和非常不同意之和)的受训农民认为没有达到期望目标;80.8%的参训农民认为农业技能培训后有很大收获,仅有 3.5%(选择比较不同意和非常不同意之和)的参训农民认为农业技能培训后几乎没有收获。从对评价得分和选项百分比的分析可以看出,受训农民对培训效果的评价是比较高的,但是进一步提升的空间仍比较大。无论是培训目标达成性和培训收获实现性还是培训效果评价得分均没有达到 4 分。

表 10-4　受训农民对培训效果的评价

名称	项目	均值	标准差	频数
培训目标达成性	F_8 本次培训达到了我所期望的目标	3.80	0.76	311
培训收获实现性	F_9 本次培训我有很大的收获	3.97	0.72	312
培训效果评价	(F_8+F_9)/2	3.88	0.67	311

表 10-5　农业技能培训过程性总体性评价

项目	达到了期望目标		有很大收获	
	频数	百分比(%)	频数	百分比(%)
非常不同意	1	0.3	1	0.3
比较不同意	15	4.8	10	3.2
说不清楚	79	25.2	49	7.6
比较同意	169	54.0	189	60.4
非常同意	49	15.7	64	20.4
合计	313	100	313	100

10.2.3　培训预期评价:总体评价高但个别指标评价低

农民培训效果的预期评价从两个角度分析:一是测量指标得分;二是测量指标的选项百分比。首先从测量指标得分看(见表 10-6),技能提升性、技能运用性和生产自信性的得分别是 3.93、4.01 和 4.09 分,3 个指标得分在 4 分附近,生产技能预期指标(3 个指标简单算术平均数)是 4.01,这说明大部分样本农户对生产技能培训效果的预期评价比较高,也就是说大部分受训农民对培训效果满意。受训农民对收入增加感、前景乐观感、生产满意度 3 个测量指标的评价得分分别是 3.99、3.96 和 4.01 分,3 个指标简单算术平均数是 3.99,也就是生活满意预期得分。这说明大部分样本农户对生活满意预期的评价较高,也表明受训农民对培训效果比较满意。培训预期总评价的均值为 3.99,非常接近 4 分,这说明大部分的样本农户对农民培训效果比较满意。但是,我们也能从测量指标得分看出,某些方面还有提升的空间。比如技能提升、收入增加和前景乐观感等指标评价得分均不到 4 分,也就是说没有达到 80 分(按百分制折算),这也反映了目前农业技能培训在培训内容设计、培训方法和培训老师选择上还有优化的空间,通过改进这些方面可以提高培训效果,进而提高农民的生产技能和他们对农业生产前景的预期。

表 10-6　培训预期及各项目描述性统计分析

名称	项目	均值	标准差	频数
技能提升性	F_1 我觉得农业生产技能与经营管理水平有了提高	3.93	0.63	312
技能运用性	F_2 我会将所学的技术和知识用到生产经营上	4.01	0.69	312
生产自信性	F_4 我对自己从事农业生产经营更加有信心了	4.09	0.69	312
生产技能预期	$(F_1+F_2+F_4)/3$	4.01	0.55	312
收入增加感	F_3 我估计农业收入会增加	3.99	0.73	312
前景乐观感	F_5 我觉得从事农业生产的前途更好了	3.96	0.72	311
生产满意感	F_6 我比以前更加满意农业生产状况了	4.01	0.71	312
生产满意预期	$(F_3+F_5+F_6)/3$	3.99	0.59	311
培训预期总评价	$(F_1+F_2+F_3+F_4+F_5+F_6)/6$	3.99	0.52	310

其次,从测量指标选项的百分比看(见表 10-7、表 10-8),82.3％(比较同意和非常同意之和)的农民认为培训后生产技能提高了,只有 2.9％的农民认为培训后生产技能没有提高,由此可见大部分的农民对培训是认可的。从培训知识技术方面来看,85.3％(选择比较同意和非常同意之和)的农民认为培训知识技术能运用到生产经营上,3.8％(比较不同意和非常不同意之和)的农民认为培训知识技术不能运用到生产经营上,原因可能在于培训的内容没有符合这部分农民的实际生产需求。从农业增收方面来看,81.1％(选择比较同意和非常同意之和)的农民认为农业收入会增加,而3.5％的农民认为农业收入不会增加,这部分农民可能是因为不能理解和掌握所学的知识,而认为培训对增加收入没有帮助。从农业生产信心看,85.9％(选择比较同意和非常同意之和)的农民表示培训后对生产更有信心,

只有 2.2％的农民不这么认为,这部分农民可能是没有从培训中获取对生产有益的知识和技能。但是总体而言,大部分受训农民培训后生产更有信心了。从生产状况方面来看,83.0％(选择比较同意和非常同意之和)的农民表示培训后更满意现在的生产状况,3.2％的农民表示不满意现在的生产状况,这可能还是因为农民没有掌握所学的生产技能,使得自己的生产状况与原来一样。从前途方面来看,80.5％(选择比较同意和非常同意之和)的农民认为培训后从事农业生产的前途更好了,而有 1.9％的农民不这样认为,这也是因为生产技能没有提高和生产观念没有改变,所以也不会感觉农业前途会更好。

　　总体来看,无论从测量指标得分还是从选项的百分比来看,受训农民对农民培训效果的预期评价比较高,大部分农民对目前的培训是满意的,尤其是在技能运用性、生产自信性和生活满意感方面。但是,技能提升性、收入增加性以及前景乐观感的得分也反映出,目前农业技能培训在内容安排、培训方式和培训老师选择上还有优化的空间,这些方面直接影响培训的效果,而培训效果则直接会影响农民对培训效果的预期。

表 10-7　受训农民的生产技能预期

项目	生产技能提高了		培训知识技术能运用		生产更有信心	
	频数	百分比(％)	频数	百分比(％)	频数	百分比(％)
非常不同意	0	0.0	1	0.3	1	0.3
比较不同意	9	2.9	11	3.5	6	1.9
说不清楚	46	14.7	34	10.9	37	11.9
比较同意	216	69.2	205	65.7	189	60.6
非常同意	41	13.1	61	19.6	79	25.3
合计	213	100.0	312	100.0	312	100.0

表 10-8　受训农民的生产满意预期

项目	农业收入会增加		生产状况更满意		农业前途更好	
	频数	百分比(％)	频数	百分比(％)	频数	百分比(％)
非常不同意	0	0	1	0.3	0	0
比较不同意	10	3.5	9	2.9	6	1.9
说不清楚	48	15.4	43	13.6	63	20.3
比较同意	186	59.6	192	61.5	176	59.6
非常同意	67	21.5	67	21.5	65	20.9
合计	313	100.0	312	100.0	311	100.0

10.3 农业技能培训绩效的影响因素分析

上面我们分析了农民培训效果的总体现状,尽管农民对培训实施过程和培训的总体效果评价比较高,但是依然存在一些问题。特别是农民对培训实施过程中的培训内容、培训时间安排和培训时间长度等方面的评价不是很高,而且从选项百分比能更加清楚地看出,选择非常同意和比较同意的农民比例低于 85%。而且,我们在第 4 章农业技能培训供求分析中发现,农业技能培训在培训内容、培训方式、培训老师、培训机构等方面存在较为明显的错位。从理论上讲,这些方面的错位会影响农民培训的效果。而且,一些学者(张景林,2005;高翠玲,2006;丁林,2008;张扬,2009)通过问卷调查,根据农民对影响培训效果的原因选择,从描述性分析的角度,已经得出培训方面的因素(培训内容、培训方式、培训老师、培训时间安排、培训长度、培训地点等)会影响培训效果,培训内容的适用程度是影响培训效果的首要因素。但是,上述结论的得出要么是理论上分析所得,要么是根据农民主观判断而得出,缺乏实证检验。本研究拟通过实证分析,研究哪些因素会真正地影响培训效果以及影响的程度,以便提出更有针对性的政策建议,为政府制定政策,尤其是为培训机构设计培训方案提供参考。

10.3.1 模型选择与变量选择

(1)模型设定

本部分通过实证模型进一步分析农民培训效果与影响因素之间的关系以及影响程度。根据前文关于农民培训效果测量指标和影响因素的文献综述,结合笔者问卷调查和实地调查结果,将农民培训效果作为被解释变量,为了比较全面地研究农民培训效果及影响因素,本研究从农民培训过程评价效果和农民培训总体效果两个维度对影响农民培训效果的因素进行实证检验。农民培训效果采用李克特五级量表测量,吴明隆(2010)认为,李克特量表测量的数据可以作为连续变量使用,因此,本研究采用多元线性模型研究农民培训效果的影响因素,多元线性模型的一般形式是:

$$Y = \beta_0 + \beta_1 X_1 + \beta_2 X_2 + \beta_3 X_3 + \beta_4 X_4 + \cdots + \beta_i X_i + U$$

其中,Y 为农民培训效果;X_1 为性别;X_2 为年龄;X_3 为受教育年限;X_4 为是否村干部;X_5 为是否当地人;X_6 为农业劳动力;X_7 为种植面积;X_8 为种养类型；X_9 为主要作物种植年限；X_{10} 为是否加入组织；X_{11} 为培训次数；X_{12} 为村农民人均收入；β_0 为截距，$\beta_1\cdots\beta_{12}$ 为解释变量的系数；U 为残差。

（2）变量选择

根据前面的文献综述，结合实地调查的情况，本研究将影响农民培训效果的因素归纳为农民个体因素和培训主体因素。这主要是因为本研究选择的因变量是农民自评培训效果，也就是农民从主观上评价的农民培训效果，影响自评培训效果的因素主要是农民个体因素和培训主体因素。

①农民个体因素

男性相对女性来讲往往与外界接触更多，更易于接受新事物，更具有创新性，也更愿意将所学到的知识、技术运用于农业生产中。这使得男性劳动力更具有较强的理解力，更易于理解所学的培训知识和内容，进而对培训效果评价也越高。因此，提出如下假说：男性劳动力相对于女性劳动力而言对培训效果评价更高。

年龄越小的农民理解力越强、接受新事物的能力也越强，对农民培训理解和掌握程度就越强，进而年龄越小的农民对培训效果的评价也就越高。因此，提出如下假说：年龄越大的农民对培训效果的评价越低。

文化程度高低直接影响农民对培训知识、技术的理解和掌握程度，文化程度越高的农民其接受能力、理解能力、应用能力也就越强，越能理解所学的培训知识。但是，文化程度越高的农民对农民培训质量要求也越高，也可能因为培训内容、方式、老师达不到他们的要求，而对培训效果评价低。因此，农民文化水平对农民培训效果的评价不确定。

村干部相比于普通农民而言，往往科技文化素质更高，接触外界的机会更多，而且一些培训（如新型农民培训、农村人才培训等）方案的设计，往往提前征询农村干部，这些培训方案更符合他们的需求，自然这样的培训也会得到村干部的积极评价。因此，提出如下假说：村干部相对于普通村民而言对农民培训效果的评价更高。

主要作物种养年限也会影响农民的培训效果，种养年限越长的农民对作物的种养技术、知识掌握得越多越熟练，积累的种养经验也就越多，尤其是农业生产更加注重经验的积累和传承。因此，提出如下假说：种养年限越长的农民对培训效果的评价也越高。

②培训主体因素

培训次数的多寡会影响农民对培训的认知,农民受训次数越多,对培训的了解也就越充分,越能准确地作出参训决策(哪些培训值得参加),选择的培训往往是自己需要的,而且是优质的培训,从而对这样的培训效果也越高。因此,提出如下假说:培训次数越多的农民对培训的效果评价越高。

培训内容分为现代农业技术和传统农业技术,农民往往通过代际传承和干中学等对传统农业技术掌握得比较多,而对于现代农业技术掌握得则比较少。如果培训内容是现代农业技术可能更让农民感兴趣,特别是对于传统农业技术而言,可能农村的老把式、土专家比所谓大学教授、农业技术人员在某些方面都精通。但是,对于标准化生产、测土配方、农产品营销知识等现代农业技术则掌握得比较少。因此,提出如下假说:相对于传统农业技术而言,现代农业技术培训内容有更高的培训效果。值得一提的是,不同的种养类型也会影响农民对培训内容的需求,因此培训内容与种养类型具有交互影响。从科学严谨的角度讲,应该引入二者的交互项进行实证检验,这样得出的实证结果更具有针对性和操作性。由于比较复杂,不易于测量,所以留作以后作更深入的研究。

培训方式主要包括参观学习、课堂讲授、田间示范、课堂讲授加田间示范。由于农业生产更具有实践性,农民也更倾向于那些看得见、摸得着、见效快的技术培训。因此,比较好的培训方式是既有课堂讲授又有田间示范,其次是田间示范和参观学习,尤其是参观学习,虽然时间短,但是可以通过参观典型,更直观地学到相关的技术和经验,从视觉和感觉上给予参加者更大震撼,这也使得受训者对于参观学习的效果给予较高的评价。基于上述分析,提出如下假说:课堂讲授加田间示范的效果>田间示范>参观学习>课堂讲授。值得一提的是,不同的培训内容要选择与其相适应的培训方式,而培训内容和培训方式具有交互影响,但是这样考虑比较复杂,本文仅从总体上考察几种培训方式对培训效果的影响。

培训老师的类型对培训效果也会有一定影响,技术员类型相对于专家而言对农业生产的实用技术更加熟悉,其讲授往往也越贴近农民,他们的培训往往更能得到农民的认可。虽然专家、教授对某些方面具有比较高深的研究,但是他们的研究成果往往与农民的需求有差距,或者他们不能用农民易于接受的方式和语言将其研究成果传授给农民,致使专家、教授的培训并未达到预期的效果。因此,提出如下假说:相对于专家、教授而言,农业技术人员提供的培训效果更好。值得一提的是,选择培训老师的类型往往与培训内容具有密切关系,如果是技术性强的培训内容,选择农业技术人员、土专家进行讲授,其培训效果可能更好;如果是产后贮藏加工、农产品销售、设施农业栽培技术等培训内容,选择专家、教授,其培训效果可能会更好。但是这种交互影响的研究比较复杂,将在以后进一步探讨。

培训时间安排往往也会影响农民培训的效果,相对于无确定时间的培训安排而言,将培训安排在农闲季节,可降低农民参加培训的机会成本,有助于农民参加培训,也会影响农民对培训效果的评价;将农民培训根据农时安排,有助于农民将所学的知识及时应用于农业生产中。因此,提出如下假说:相对于无确定时间的培训安排而言,根据农闲季节或农时安排的培训,其培训效果比较好。

培训长度越长培训越系统,农民收获往往也越多,农民对培训的效果评价也越好。因此,提出以下假说:培训时间越长的培训,其培训效果越好。

培训地点的便利性也会影响农民对培训效果的评价,尤其是对培训地点便利性的评价。相对于在乡镇、县城举办的培训而言,在本村或邻村举办的培训的效果更好。值得一提的是,对于一些设施农业、现代都市农业的培训,往往将培训地点安排在国内比较发达的地区,甚至国外。也就是说,培训地点的选择不仅仅考虑到培训的便利性,也取决于培训内容。因此,为了研究的严谨性和科学性应该将培训内容和培训地点的交互项加入模型,但由于比较复杂,留作以后研究。

培训机构的类型也会影响农民培训的效果。政府主导型的培训机构往往是根据上级的任务安排培训,不是根据农民的实际需求安排培训,往往会出现培训供求的错位。而市场主导型的培训机构,比如农民合作社,它是内生于农村社区的培训组织,而且合作社所有者与惠顾者合二为一,他们所举办的农民培训,更贴近农民需求,培训更具针对性,培训效果也越好。农业龙头企业为了提高收购的农产品的质量,往往对其农户进行培训,他们的培训针对性一般都很强、很实用。因此,提出如下假设:市场主导型培训机构提供的培训,其培训效果要优于政府培训机构提供的培训。

值得一提的是,本部分包括农民培训过程评价效果影响因素分析和农民培训总体效果影响因素分析两个模型。这主要是出于更加严谨和科学的考虑,以确保回归结果的稳健性和研究结论的可靠性。表 10-9 是和研究所选择的被解释变量和解释变量。

表 10-9　农民培训效果的主要测量指标定义

变量名称	变量定义
被解释变量	
农民培训过程评价效果	培训内容、培训方式、培训老师等 7 个指标的简单算术平均数
农民培训总体效果	培训目标达成性、培训获益性、培训技能提高性、培训技术应用性等 4 个指标的简单算术平均数
解释变量	
性别	女=0;男=1
年龄	农民的实际年龄
受教育年限	按照小学以下=0,小学=6,初中=9,高中、中专=12,大专及以上=16 的原则进行折算而得
是否村干部	没有担任=0;担任=1
主要作物种植年限	农民种养或者主要经营的年数
培训次数	农民实际参加培训的次数
培训内容	传统农业技术=0,现代农业技术=1
培训老师	技术人员=0,专家=1
培训方式	以"课堂讲授"作为参照变量,设置 3 个虚拟变量:①是否参观学习,是=1,其他=0;②是否田间示范,是=1,其他=0;③是否田间示范+课堂讲授,是=1,其他=0
培训时间安排	以"没有固定时间"作为参照变量,设置两个虚拟变量:①是否农闲季节,是=1,其他=0;②是否随生产季节安排,是=1,其他=0
培训时间长度	调查数据
培训地点	本村及邻村=1,乡镇、县城及其他=0
培训机构	政府主导型机构=0,市场主导型机构=1

表 10-10　变量的描述性统计结果及预期方向

变量名称	最小值	最大值	均值	标准差	预期方向
被解释变量					
农民培训过程评价效果	2.570	5	4.086	0.438	
农民培训总体效果	2	5	3.909	0.557	
解释变量					
性别	0	1	0.790	0.411	+

续表

变量名称	最小值	最大值	均值	标准差	预期方向
年龄	23	79	51.480	10.030	不确定
受教育年限	0	16	7.110	3.835	+
是否村干部	0	1	0.180	0.384	+
主要作物种植年限	0.5	67.0	20.757	14.466	不确定
培训次数	0	70	4.210	8.828	+
培训内容	0	1	0.149	0.357	不确定
培训老师	0	1	0.460	0.499	+
培训方式					
参观学习	0	1	0.034	0.181	+
田间示范	0	1	0.046	0.210	+
课堂讲授和田间示范	0	1	0.165	0.372	+
培训时间安排					
农闲季节	0	1	0.233	0.423	+
随生产季节安排	0	1	0.528	0.499	+
培训时间长度	1	5	2.670	1.286	+
培训地点	0	1	0.500	0.501	+
培训机构	0	1	0.290	0.455	+

　　计量模型中各变量的描述性统计结果见表 10-10,从表中可以看出,受训农民对培训过程的评价效果和培训总体效果的评价得分分别是 4.086 和 3.909。从受训者个体特征来看,被调查的受训者中男性占 79.0%,受训者的平均年龄是 51.48 岁,平均受教育年限是 7.110 年,受训者中 18.0%是村干部,受训者的主要种养年限平均为 20.757 年,平均受训次数为 4.210 次。从培训主体因素看,培训内容中现代农业技术占 14.9%,培训老师中专家占 46.0%;培训方式中参观学习占 3.4%,田间示范占 4.6%、课堂讲授＋田间示范占 16.5%;培训时间安排中,农闲季节占 23.3%,随生产季节安排占 52.8%;培训时间平均为 2.670 天,培训地点中本村和邻近村占 50.0%,实施培训的机构中市场主导型培训机构占 29.0%。

10.3.2 计量结果与分析

因变量是 4 个评价培训效果的指标加权平均而得的数值,4 个指标分别为:培训目标达成性、培训收益获得性、培训技能提高性以及技术应用性。将解释变量代入模型进行实证检验。

表 10-11 农民培训效果影响因素的估计结果

变量	总体培训效果		培训过程效果	
	系数	标准误	系数	标准误
常数项	3.541***	0.242	4.134***	0.196
性别	0.163	0.084	0.038	0.068
年龄	−0.007*	0.004	−0.009***	0.003
受教育年限	0.031***	0.010	0.017**	0.008
是否村干部	0.202***	0.071	0.117**	0.058
主要作物种植年限	0.001	0.003	0.002	0.002
培训次数	0.006**	0.003	0.002	0.002
培训内容	−0.009	0.071	−0.033	0.057
培训老师	−0.040	0.065	−0.007	0.052
培训方式(课堂讲授对照组)				
参观学习	0.165	0.179	−0.111	0.145
田间示范	−0.161	0.143	−0.194*	0.116
课堂与田间示范	−0.042	0.086	−0.002	0.070
培训时间安排(无固定时间对照组)				
农闲季节	0.108	0.088	0.019	0.071
随生产季节安排	0.133*	0.078	0.064	0.063
培训时间长度	0.046*	0.027	0.036*	0.022
培训地点	−0.031	0.064	0.026	0.052
培训机构	0.141**	0.072	0.148**	0.058
	回归方程统计量		回归方程统计量	
样本量	294		292	
R^2	0.1503		0.1444	
Prob>F	0.0001		0.0002	

注:* 表示在 10% 的水平上显著;** 表示在 5% 的水平上显著;*** 表示在 1% 的水平上显著。

利用 SPSS18.0 统计分析软件,对调查数据进行多元回归,估计结果如表 10-11 所示。在农民总体培训效果模型中,TOL 值的最小值为 0.585>大于 0.1,VIF 值的最大值为 1.710<10,CI 值的最大值为 29.272<30,其特征值最小值为 0.010=0.01;特征值略等于临界值,可以忽略。因此,本研究认为解释变量间不存在多元共线性问题。在农民过程培训效果模型中,TOL 值的最小值为 0.579>大于 0.1,VIF 值的最大值为 1.728<10,CI 值的最大值为 24.268<30,其特征值的最小值为 0.11>0.01,这表明解释变量间不存在多元共线性问题。下面具体分析个体特征因素和培训主体因素对农民培训总体效果的影响。

(1)个体特征因素方面

计量结果显示,性别对农民培训总体效果和培训过程效果的影响在统计上均不显著,这说明男性与女性在培训效果的评价上没有显著性差异;年龄与农民培训总体效果和培训过程效果在 10% 和 1% 的显著水平上呈现负相关关系,这表明年龄越大对培训效果的评价越低,验证了假说;受教育年限与农民培训总体效果和培训过程效果在 1% 和 5% 的显著水平上呈现正相关关系,也就是说受教育年限越长对培训效果的评价越高,验证了假说;是否村干部在 1% 和 5% 的显著水平上对农民培训总体效果和培训过程效果影响显著且系数为正,这表明村干部相对于普遍村民而言对培训效果的评价要好,验证了假说;培训次数在 5% 的显著水平上对农民培训总体效果影响显著且系数为正,这表明培训次数越多的农民对培训效果的评价越高,验证了假说,但是培训次数对培训过程效果无显著性影响。主要作物种植年限对农民培训效果的影响在统计上不显著,但是,其系数的符号是正,表明种植年限对培训效果影响可能是正向影响,即种植年限越长对培训效果的评价越高。

(2)培训主体因素方面

计量结果显示,培训时间长度在 10% 的水平上均对农民培训总体效果和农民培训过程效果影响显著并且系数为正值,这表明培训时间长度对培训总体效果和培训过程效果具有显著的正向影响,即培训的时间越长,农民对培训效果的评价越好。这主要是因为培训时间长的培训项目一般都是优质培训项目,而且政府还会给予培训补助、交通补助、食宿补助等,所以农民对其评价也比较高。培训机构在 5% 的水平上均对培训总体效果和培训过程效果影响显著并且系数为正值,这表明市场主导型的培训机构提供的培训项目的效果好于政府主导型的培训机构提供的培训项目的效果。相比于课堂讲授,田间示范会降低培训过程效果,且在10％的水平上显著,但是对培训总体效果的影响并不显著。此外,培训时间安排在10％的水平上对培训总体效果影响显著且系数为正值,但是对培训过程效果的影响却不显著。这两个解释变量(培训方式和培训时间安排)在 Probit 模型中均不显著,说明这两个变量对培训效果的影响并不稳健。

　　培训内容、培训老师、培训地点对农民培训过程评价效果、农民培训总体效果的影响并不显著。这是因为影响培训效果的不是培训内容类型而是培训内容是否符合农民的需求。同样,培训老师类型也不是影响培训效果的原因,关键是培训老师是否有水平,是否能够将知识、技术有效地传授给农户,不在于你是否专家或农业技术人员,关键是看你的水平。为了进一步分析,我们进行了农民培训总体效果与培训实施过程评价指标的相关分析(见表10-12),结果显示,农民培训总体效果与培训内容有效实用、培训方式、培训老师、培训时间安排和培训地点在1％的显著水平上相关,而且相关系数均在0.3以上,而培训内容与培训总体效果的相关系数高达0.756。这在一定程度上说明,培训内容实用性、培训老师水平以及培训方式恰当是决定农民培训效果的因素,而非培训类型,也就是说适合农民需求的才是最好的。

　　培训地点是否本村或邻村对培训效果影响不显著,这可能是因为浙江省属于经济发达省份,基础设施普遍较好,交通便利,即使培训安排在乡镇或者县城也不会影响农民参加培训,甚至因为在这些地点举办的培训层次更高农民更愿意参加。在实地走访农民培训主管部门时也发现,在村庄举办的培训一般是常规性农业技术培训,甚至是相关部门与农资经销商联合举办培训,讲解病虫害防治、农药使用、肥料使用等常规性的知识或技术;在乡镇举办的培训往往是针对某个产业进行较为系统的培训,参加的一般是种养大户;在县城举办的培训层次更高,受训对象往往都是种养殖规模非常大、具有一定示范带动作用的种养殖明星。

表 10-12　农民培训总体效果与培训主体因素的两两相关性

相关系数	农民培训总体效果	培训内容实用	时间安排得当	长度安排得当	老师水平高	培训方式好	培训地点方便
农民培训总体效果	1						
培训内容实用	0.756**	1					
时间安排得当	0.347**	0.301**	1				
长度安排得当	0.336**	0.238**	0.466**	1			
老师水平高	0.493**	0.402**	0.351**	0.413**	1		
培训方式好	0.481**	0.319**	0.412**	0.277**	0.599**	1	
培训地点便利	0.384**	0.235**	0.311**	0.289**	0.295**	0.306**	1

注：** 表示在 5% 的 水平（双侧）上显著相关。

　　为了保证研究结果的稳健性，本研究将被解释变量培训效果由等距变量转化为等级变量，运用 Ordered Probit 模型进行回归。被解释变量由等距变量转化为等级变量主要基于农民培训效果是用李克特量表测量的数据，该数据既可以作为连续变量使用，也可以作为有序变量使用（吴明隆，2010）。而对于本研究而言，将农民培训效果作为有序变量使用更加贴近实际情况，因为农民对培训效果的评价不是严格意义上的等距评价，更倾向于等级评价，非常满意与比较满意之间相差并不是严格意义上的单位 1，仅仅是等级或序次差异而已，所以运用 Ordered Probit 模型更恰当。我们利用 Stata12.0 统计分析软件，对样本数据进行 Ordered Probit 回归，估计结果如表 10-13 所示。估计结果表明：模型的 LR 统计量为 49.93 和 46.50，其相应的概率值为 0.0000 和 0.0001；同时模型中临界点的估计值呈现总体递增，其他统计变量也显示，Ordered Probit 模型整体拟合效果较好。因此，可以根据回归结果进行解释，如果估计系数为正，表明被解释变量与解释变量之间存在正向关系，也就是说解释变量值的增加或者程度的增强，农民对培训效果的评价越高；如果估计系数为负值，反之。模型回归的结果显示，年龄、受教育年限、是否村干部、培训次数、培训长度以及培训机构对培训效果的影响依然显著，且在统计上显著。

表 10-13　农民培训效果影响因素 Ordered Probit 估计结果

变量	总体培训效果			过程培训效果		
	系数	标准误	偏效应	系数	标准误	偏效应
性别	0.427***	0.193	0.113	0.102	0.191	0.036
年龄	−0.028***	0.009	−0.007	−0.021**	0.009	−0.007
受教育年限	0.046**	0.022	0.011	0.049**	0.022	0.017
是否村干部	0.372**	0.164	0.078	0.417***	0.162	0.136
主要作物种植年限	0.009	0.006	0.002	0.001	0.006	0.000
培训次数	0.011*	0.007	0.003	0.003	0.007	0.001
培训内容	−0.164	0.163	−0.039	−0.128	0.161	−0.045
培训老师	−0.255*	0.148	−0.059	−0.014	0.147	−0.005
培训方式						
参观学习	−0.479	0.421	−0.097	0.154	0.411	0.054
田间示范	−0.695	0.524	−0.210	−0.151	0.517	−0.054
课堂讲授和田间示范	−0.545	0.448	−0.150	0.143	0.438	0.048
培训时间安排						
农闲季节	0.121	0.179	0.028	0.162	0.177	0.056
随生产季节安排	−0.091	0.202	−0.022	−0.038	0.201	−0.013
培训时间长度	0.109*	0.061	0.025	0.072*	0.060	0.025
培训地点	−0.080	0.148	−0.018	0.110	0.146	0.038
培训机构	0.346**	0.165	0.074	0.548***	0.162	0.176
	回归方程统计量			回归方程统计量		
Pseudo R^2	0.0887			0.0784		
LR $\chi^2(16)$	49.93			46.50		
Prob $> \chi^2$	0.0000			0.0001		

　　注：* 表示在 10% 的水平上显著；** 表示在 5% 的水平上显著；*** 表示在 1% 的水平上显著。

10.4　本章小结

通过对农业技能培训效果的分析,得出以下结论:(1)农民对培训实施过程和培训的总体效果评价比较高,但依然存在一些问题,特别是农民对培训实施过程中的培训内容、培训时间安排、培训长度等方面的评价不是很高。(2)年龄、受教育年限、培训次数、培训长度、培训机构是影响农民培训效果的因素。这些结论给予我们的政策启示是,今后培训可选择年纪轻、文化水平高的农民参加培训,这样有助于提高培训资源的利用效率,也有助于培训新型农民,创新农业经营主体。同时,增加农民培训的供给,增加培训的长度,将更多的培训项目委托给市场主导型的培训机构,减少政府主导型农民培训项目的开展。(3)培训内容类型、培训老师类型、培训方式类型、培训时间安排类型、培训地点是否本村或邻村不是影响农民培训效果的因素,而培训内容实用性、培训方式合理性、老师水平、培训时间安排恰当性以及培训地点的便利性是影响培训效果的因素。这些结论给予我们的政策启示是,在设计培训方案时,要注重培训内容的有效实用性,特别是要提供农民培训需要的培训内容,根据培训内容、农民偏好选择恰当的培训方式,培训地点尽量便于农民参加。也就是说农民培训方案的设计要以农民需求为导向。

第 11 章　结　语

　　本研究在综述国内外相关文献的基础上,运用扩展的计划行为理论构建了农民参训决策的概念模型。在此框架下,基于浙江省宁波市、丽水市648 份农户问卷、53 份村庄问卷和 87 份培训机构问卷,从理论和实证两方面研究了农民参训决策行为及其影响因素,揭示了农民参训决策的形成机制;重点分析了农民参训意向与参训行为背离的影响因素及其内在机制;并进一步分析了农业技能培训对农业收入的影响以及不同参训行为的绩效。本章对全文的研究结论作一总结,并提出相应的对策建议。

11.1　主要结论

　　通过对农民参训决策行为的研究,本研究得到以下主要研究结论。

　　(1)农业经营以单家独户经营为主,务农劳动力老龄化、低质化突出

　　调查数据显示,农业生产虽然已经逐渐开始向组织化生产发展,但总体上还是以单家独户生产为主,尚未形成以合作组织为载体的组织化生产模式。务农劳动力年龄大、文化程度偏低,与发展现代农业、建设新农村的要求相比,务农劳动力的文化水平仍然有很大差距。家庭经营以种植业为主,尽管出现了一些种养大户,但平均种植规模依然偏小。

　　(2)农民参训愿望强烈,但参训比例不高

　　63.1%的农民愿意参加农业技能培训,而且年龄、文化程度、是否村干

部、是否党员、是否村民代表、种养规模、种养类型、销售难易、周围用技术的氛围对农民参训需求有显著的影响;年龄越轻、学历越高、政治觉悟越高、种植规模越大、种养类型经济价值越高、销售越难、学习技术氛围越浓,参训需求越强烈。而性别、婚否、是否本地人对农民参训需求无影响。但是,农民近五年参加培训的比例仅为 49.1%,年均不到 10%;参训农户近五年参训次数为 2.06 次,年均 0.41 次。

(3)农业培训供求错位,且某些方面错位严重

在培训方式、培训老师、培训地点、培训时间安排等方面存在较为严重的供求错位。其中培训地点和培训时间安排供求错位严重,均为供给小于需求。

(4)农民培训机构设施不完善,机制不健全

农民培训机构存在设施老化、设备不足、师资缺乏、培训经费不足等问题。虽然有培训场地,但面积不大,实践操作基地少。农民培训运行机制不健全,一些培训机构不仅没有培训需求调研,也没有考核制度,培训项目管理粗放,培训效果差。

(5)心理变量对农民参加农业技能培训行为意向有显著影响

农民参训行为意向的形成主要受农民对培训的行为态度、主观规范、动作控制认知以及主观规范和行为态度交互项的影响。其中,农民对培训的行为态度起到了决定性作用,动作控制认知和主观规范次之,培训经历作用最小。此外,主观规范不仅直接影响行为意向,还通过影响行为态度间接影响行为意向。农民参加培训的机会越多、农户对自身能力的认知越强,即农民参加培训的控制认知越强,农民参训的行为意向也越强烈。邻居、朋友的意见对农民参训的影响越大,即农民的主观规范越强,农民越倾向于参加培训。

(6)农民的参训行为由参训意向和动作控制认知决定,并受其他因素影响

农民参加培训的行为意向直接作用于农民参训行为,动作控制认知也直接作用于农民参训行为。此外,性别、受教育程度、是否社员、农户与村干部关系、种养规模、是否种植粮食、培训可及性、培训信息传播方式、村庄距乡镇距离以及区域变量等对农民参训决策也有直接影响。并且,是否种植粮食、培训可及性、村庄距乡镇距离以及区域变量与参训行为意向产生交互

作用影响农民参训决策。

（7）农民参训意向与参训行为的背离既有经济激励不足的原因也有培训供给约束的原因

农户家庭经营规模、农业收入比重、是否合作社成员是影响农民行为意向转化为参训行为的重要经济激励因素。具体而言，农业收入越高的农户，其意向与行为更不会背离，这主要是因为农业收入越高，参训的收益越大越有动机参训；入社社员相比非社员而言，其行为意向与参训行为更不会背离；种养面积越大的农户，行为意向与参训行为越不会背离。农民培训供给不足和供求错位是影响农民行为意向转为参训行为的重要培训供给因素。具体而言，村镇举办培训次数越多，农民行为意向与参训行为越不会背离；农民的培训机会越多，其意向与行为越不会背离；政府对新技术的宣传力度越大，农民行为意向与参训行为越不会背离。

（8）农业技能培训对农业收入有显著影响

农民接受农业技能培训的次数越多、时间越长，其农业收入越高。有参训意向并且参加了农业技能培训的农户，其收入显著地高于其他三类农户（有意向无行为、无意向有行为、无意向无行为），并且无意向有行为的农户，其收入也高于有意向无行为和无意向无行为的农户。此外，农业技能培训既有分类收益也有选择偏差，这是农民培训收入差距的根源；不可观测变量影响农民参加农业技能培训的决策。

（9）人口特征和培训供给特征是影响培训效果的因素

农民对培训实施过程和培训的总体效果评价比较高，但农民对培训内容、培训时间安排、培训长度等方面的评价不高。影响农业技能培训效果的因素主要是：年龄、受教育程度、培训次数、培训长度、培训机构、培训内容实用性、培训方式合理性、教师水平、培训时间安排恰当性、培训地点的便利性。

11.2　政策建议

（1）提高农民的培训意识，促进其参训意向的形成

一是典型引路。要做好农民培训工作，就要努力转变农民的思想观念，使农民具有现代农业的思想，让"科技兴农"、"科技致富"的观念深深扎根于

农民心中。根据广大农民怕担风险而善于模仿的特点,大力宣传通过参加
生产技能培训增产增收的典型,发挥其典型示范和辐射带动作用,通过典型
事例提高农民的参训意向。二是政策激励。农民培训主管部门可以研究
制定一些引导农民参加培训的政策措施,让参加培训的农民可以获得相
应的政策优惠。比如取得"绿色证书"的农民,在农业项目贷款、土地流转
承包、农业科技项目招标等方面给予政策性倾斜,在创办、领办家庭农场、
农民合作社时给予扶持和优惠,通过培训后的政策激励提高农民的参训
积极性。通过这两个方面的措施,提高农民的参训意识,促进参训意向的
形成。

(2)强化政府在培训中的作用,增供给提质量

农民培训具有准公共产品的性质,政府不仅要重视农民培训工作,而且
要在农民培训的供给中发挥主导作用。一是政府不仅要重视、加强农民培
训政策法规的建设,还要建立农民培训资金的增长机制,不断加大对农民培
训的资金投入力度,切实保质保量地增加农民培训供给。二是政府要加强
培训经费的管理,一方面,要确保培训经费及时足额到位;另一方面,要确保
专款专用,使培训资金发挥最大效益。三是建立健全农业技能培训质量评
估体系。针对农业技能培训的各个环节建立一套标准化的监测和评估指
标,加强对生产技能培训执行情况的监测和评估,把监测和评估的结果作为
重要的反馈信息以此调整、优化培训方案,提高培训效果。四是调整培训补
助政策。将直接刺激农民参加培训的政策(误工补贴、交通补贴、实物等)转
变为参训后政策扶持或优惠,避免没有参训意向的参加培训,提高培训资源
的利用效率。

(3)加强农民培训机构能力建设,提高培训质量

一是加强财政投入,强化硬件设施建设。二是加强课程建设、优化课程
资源,提高培训资源的档次和质量。三是加强培训机构师资建设,引进与再
培训,更新知识,努力提高师资的水平和授课质量。通过加强农民培训机构
的培训能力建设,确保培训质量和效果,增加农民参加培训的积极性和
信心。

(4)建立培训需求动态管理机制,实现供求有效对接

按照需求决定供给的原理,从农民培训需求角度制定培训计划,真正实
现"自下而上"、"农民需求主导型"的培训模式。为此,农民培训机构应建立
健全农民培训需求的动态管理机制。通过农民培训需求调查和信息反馈机

制，随时跟进农民的培训需求，并根据农民的培训需求，结合农民自身的文化程度、经济状况等制定相应的培训项目和内容，以此来实现农业技能培训供求的有效对接。此外，提高培训信息的传播效率。制定农民培训信息发布的相关程序，确保培训信息能够让那些需要培训的农民及时、便捷地获取。

（5）大力支持农民合作社开展培训，化解意愿和行为的背离

研究发现，市场型的农民培训机构更被农民所喜欢，而且对农业收入有显著影响。特别是农民专业合作社在这方面表现得比较突出。农民专业合作社是农民自己的组织，它一头连着农民，非常清楚农民的需求；一头连着政府，便于政府管理。农民专业合作社可以在第一时间得到农民的反馈，包括农民的需求以及农民对培训的建议等；也可以在第一时间将这些内容反馈给政府，政府就可以针对这些内容采取相应的措施，使广大农民能得到预期的培训内容。这样一来，农民—合作组织—政府就连为一条线，彼此增加了了解，有助于开展适合农民需要的培训。农民专业合作社开展农民培训，不仅能够有效增加培训供给，而且有助于化解培训意愿和行为的背离。因此，建议政府部门进一步加大对农民专业合作社的扶持力度，促进农民专业合作社的发展。

（6）加强对种养大户的培训，提高培训资源的利用效率

种植规模和农业收入比重均对农民参训行为有显著影响，种养大户往往参训意向更强，参训意向与参训行为比较一致。加强对种养大户的培训，不仅有助于提高培训资源的利用效率，而且有助于农业技术在农村的扩散。因为农民的农业生产技术绝大多数是向左邻右舍有经验的农民学习。因此，开展以种养大户为主的核心农户的生产技能培训是解决当前农业科技到户率低的重要措施。要在面广、量大的培训工作的基础上，选拔一部分有一定基础的骨干农民有重点地开展技术培训，再由这些农民做给左邻右舍看，进而吸引他们学着做，从而达到让广大农民普遍掌握科学技术的目的。另外，也不能忽视对普通农民的培训。对于占农民绝大多数的普通农民来说，他们也有接受培训的权利。调查数据显示，有的农民认为影响自己参加培训的因素是没有培训机会、培训次数太少；因此要重视对普通农民的培训，增加培训机会和培训次数。

（7）尽快出台关于农民培训的法律法规，将农民培训纳入法制化轨道

借鉴国外制定的相关农民培训法律法规，结合我国农民培训工作实际

情况和已经取得的成功经验(2010 年,天津市制定农民教育培训条例),根据
农业和农村经济发展对农民科技培训的要求,制定农民科技培训的专门法
律法规,把农民科技培训工作纳入规范化和制度化的轨道,使农民科技培训
工作在法制保障下正常有序地开展。

11.3　研究展望

　　本研究是在问卷调查和案例研究的基础上完成的,按照"参训意向—参
训行为—参训绩效"的分析框架对农民参加农业技能培训的行为选择和绩
效进行了较为深入系统的研究,尤其是对农民参训意向、参训决策的形成机
制以及农业技能培训对农业收入的影响进行了深入剖析,得出了一些有价
值、富有启发性的结论。这对浙江省乃至全国调整和完善农业技能培训政
策具有重要的参考价值,对于提高农民参训积极性和参训比例、培育新型职
业农民具有重要的应用价值。但是,农民参训意向的形成及转化为参训行
为是一个非常复杂的过程,涉及农业经济学、社会学、心理学以及行为经济
学等理论知识,不仅需要综合多种理论工具,也需要整合多种研究方法,仅
仅依靠计量分析和简单的案例研究难以充分揭示其内在形成机理。因此,
今后可以采用扎根理论的质性研究方法,特别是实验经济学的研究方法
更为深入、细致和科学地研究农民参训决策的形成过程和影响因素。在
农民参训行为态度、主观规范、动作控制认知、行为意向等潜变量的测量
上,也有进一步研究的空间,准确测量潜变量直接关系到研究结论的科学
性和稳健性。

　　此外,农业技能培训绩效是一个非常重要的问题,它直接关系到农业技
能培训项目和政策的有效性,关系到培训资源的合理配置及效率。但是,由
于农业技能培训项目多种多样、培训机构良莠不齐、各地培训政策差别大、
各地财政支持力度参差不齐、培训效果显现具有滞后性等因素,使得准确、
科学地评价农业技能培训绩效非常困难。尽管本研究从主观与客观两个方
面对其进行了研究,尤其是利用异质性处理效应模型分析了农业技能培训
对农业收入的影响,但是有些问题还有待于深入研究:一是农业技能培训对
农民福利的影响。农业技能培训不仅能够提高农民的收入水平,还可以提
高农民的劳动效率,减少劳动时间,减轻劳动强度(采用新的耕作、栽培技
术),提高威信、声誉和地位(技能水平提高、帮助邻里),提高社会资本(扩大

了社会网络），这些也是农民培训带来的福利。这方面的研究有待于进一步探讨。二是农业技能培训受训对象与培训目标对象之间的匹配问题。农业技能培训的政策制定者总是希望培训计划可以有效地吸引匹配类型的劳动力参加培训，目前农业技能培训是否吸引了与之匹配的劳动力类型呢？这是一个非常重要的问题，也是一个亟待深入研究的问题。

附　录

附录 1　农民培训对农业收入影响的估计结果

附表 1　农民培训对 ln 人均农业收入影响的估计结果(N＝634)

变量	系数	标准误	T	Sig.
常数项	−2.234	0.310	−7.203	0.000
受教育年限	0.026	0.013	2.084	0.038
主要作物种植年限	0.012	0.011	1.081	0.280
种植年限平方	0.000	0.000	−1.543	0.123
培训次数	0.021	0.006	3.206	0.001
培训天数	0.029	0.016	1.797	0.073
培训效果评价	0.066	0.030	2.178	0.030
性别	0.275	0.112	2.459	0.014
是否村干部	−0.055	0.117	−0.468	0.640
是否当地人	−0.615	0.191	−3.224	0.001
务农劳动力	0.171	0.053	3.234	0.001
种养规模取对数	0.006	0.001	10.126	0.000
经营类型				
果蔬和粮食	0.844	0.125	6.775	0.000
经济作物和粮食	2.778	0.276	10.083	0.000
农资、机械、销售和粮食	1.157	0.137	8.416	0.000
是否合作社成员	0.197	0.118	1.665	0.096
村庄类型				
丘陵村和山区村	−0.124	0.117	−1.062	0.288
平原村和山区村	0.225	0.137	1.643	0.101
村距镇中心距离	−0.037	0.015	−2.484	0.013
村家庭人均收入	4.423E−5	0.000	2.775	0.006

N＝634
调整 R^2＝0.498

注:本表为全体被调查农户的数据。

附表 2 农民培训对 ln 人均农业收入影响的估计结果($N=319$)

变量	系数	标准误	T	Sig.
常数项	−1.907	0.536	−3.557	0.000
受教育年限	0.053	0.020	2.678	0.008
主要作物种植年限	0.008	0.019	0.441	0.660
种植年限平方	−8.823E-5	0.000	−0.237	0.813
培训次数	0.017	0.007	2.377	0.018
培训天数	0.033	0.018	1.810	0.071
培训效果评价	0.019	0.064	0.300	0.764
性别	0.293	0.181	1.624	0.105
是否村干部	−0.120	0.147	−0.815	0.416
是否当地人	−0.984	0.323	−3.048	0.003
务农劳动力	0.274	0.092	2.985	0.003
种养规模取对数	0.005	0.001	9.436	0.000
经营类型				
果蔬和粮食	0.916	0.199	4.615	0.000
经济作物和粮食	3.075	0.353	8.715	0.000
农资、机械、销售和粮食	1.217	0.217	5.609	0.000
是否合作社成员	0.363	0.148	2.451	0.015
村庄类型				
丘陵村和山区村	−0.185	0.176	−1.048	0.296
平原村和山区村	0.227	0.219	1.035	0.302
村距镇中心距离	−0.074	0.021	−3.552	0.000
村家庭人均收入	2.736E-5	0.000	1.113	0.267

$N=319$ 该样本是由参训农民组成的培训样本
调整 $R^2=0.501$

注:本表为被调查农户中参加培训农户的数据。

附录2　农业技能培训的农户调查问卷

农业技能培训调查问卷　　　　问卷编号：_____

调查地点：_____省_____市(州)_____县_____乡(镇、街道)_____村。

受访者姓名_____;联系方式：_____ 。

一、个人基本情况

性别：_____　　①男　②女

年龄：_____岁

婚姻状况：_____　　①已婚　②未婚

您是本地人吗：_____　　①是　②否

您的文化程度：_____　　①小学以下　②小学　③初中　④高中或中专

　　　　　　　　　　　　⑤大专　⑥本科及以上

村干部：_____　　①是　②曾是　③不是

党员：_____　　①是　②不是

村民代表：_____　　①是　②不是

1.1　村里平时和您聊天的人多吗?　　　　　　　　　　　　　　(　)

①非常少　②比较少　③一般　④比较多　⑤非常多

1.2　您与村干部的关系怎样?　　　　　　　　　　　　　　　　(　)

①非常差　②比较差　③一般　④比较好　⑤非常好

1.3　您觉得周围的大多数人可以信任吗?　　　　　　　　　　(　)

①非常不可信　②不可信　③一般　④比较可信　⑤非常可信

1.4　您参加了下面哪些组织?（可多选)　　　　　　　　　　　(　)

①专业合作社/协会　②村民代表委员会　③参与企业订单

④没有　⑤其他_____

二、家庭及生产情况

2. 您家有_____人,劳动力有_____人,其中,务农劳动力_____人。

3. 您实际种植面积_____亩,其中承包别人_____亩。2012 年您家的总收入是_____万元,其中,农业收入是_____万元,您希望农业收入是_____万元。

4. 您的劳动时间主要花费在农业生产上吗？ （　　）

①完全用于农业　②主要用于农业　③各占一半　④主要用于非农业　⑤完全用于非农业

5. 您家所从事的主要农业生产经营活动是＿＿＿（单选）；您从事这种农业生产经营活动＿＿＿年。

①种粮食　②种蔬菜　③种水果　④畜禽养殖　⑤水产养殖　⑥农机服务　⑦经济作物(药材、花卉、蚕桑、茶叶、烟叶等)　⑧农产品、农资等购销　⑨其他

6. 您在从事农业生产经营的过程中,以下成员给您提供的帮助有多大？请在相应的认可程度下画"√"。

对下面的一些说法,您的认同程度是	完全没帮助	没有帮助	一般	有帮助	非常有帮助
亲戚、朋友					
种养大户、科技示范户					
村委会					
农民专业合作社以及协会					
农业技术推广站(农技人员)					
农业龙头企业					
种子、化肥、农药等经销商(技术、信息)					

7.1　您家生产的主要农产品销售情况怎样？ （　　）

①非常困难　②比较困难　③一般　④比较容易　⑤非常容易

7.2　您周围采用农业新技术的人多吗？ （　　）

①非常少　②比较少　③一般　④比较多　⑤非常多

8. 您持有哪些农业资格证书？＿＿＿＿(多选)；总共获得＿＿＿个农业资格证书或培训证书。

①绿色证书　②职业资格证书(如农作物植保员、水产繁育工、农村经纪人等)　③培训证书/结业证书　④农民专业技术证书(农民技术员证、农民技师、高级技师等)　⑤无任何证书　⑥其他

三、培训动力及培训需求

9.1　农业技能培训对提高农业生产技能重要吗？ （　　）

①非常不重要　②不重要　③一般　④比较重要　⑤非常重要

9.2　农业技能培训对提高经营管理水平重要吗？ （　　）

①非常不重要　②不重要　③一般　④比较重要　⑤非常重要

9.3　农业技能培训对增加农业收入重要吗？ （　　）

①非常不重要　②不重要　③一般　④比较重要　⑤非常重要

10. 政府部门对农业新技术的宣传力度大吗？　　　　　　　　（　　）

①非常小　②比较小　③一般　④比较大　⑤非常大

11.1　您需要参加农业技能培训(农业生产技术、经营管理)吗？　（　　）

①完全不需要　②不需要　③一般　④比较需要　⑤非常需要

11.2　您愿意参加农业技能培训吗？　　　　　　　　　　　　（　　）

①非常不愿意　②不愿意　③一般　④比较愿意　⑤非常愿意

11.3　您会主动寻找农业技能培训机会吗？　　　　　　　　　（　　）

①肯定不会　②不太会　③一般(无所谓)　④可能会　⑤肯定会

12. 您当前需要哪些农业技能培训？_____（多选）；你最需要的培训是

_____。

您参加过下面哪些培训？_____（多选）；培训次数最多的是_____。

①新品种、肥料等　②病虫害防治　③测土配方　④田间栽培

⑤机械耕作　⑥农产品销售　⑦产后储存、加工技术

⑧标准化操作规程　⑨农产品质量安全　⑩政策法规

⑪未参加　⑫不需要　⑬其他

13. 您所在的村、乡镇或县城经常举办农业技能培训吗？　　　（　　）

①非常少　②比较少　③一般　④比较多　⑤非常多

14. 您参加生产技能培训的机会多吗？　　　　　　　　　　　（　　）

①非常少　②比较少　③一般　④比较多　⑤非常多

15.1　邻居、朋友认为应该参加培训,这对您是否参加培训影响非常大。

（　　）

①非常不同意　②比较不同意　③一般　④比较同意　⑤非常同意

15.2　村干部、科技示范户等认为应该学习农业科技,这对您是否参加培
训影响非常大。　　　　　　　　　　　　　　　　　　（　　）

①非常不同意　②比较不同意　③一般　④比较同意　⑤非常同意

15.3　家人认为应该参加农业技能培训,他们的态度对您是否参加培训影
响非常大。　　　　　　　　　　　　　　　　　　　　（　　）

①非常不同意　②比较不同意　③一般　④比较同意　⑤非常同意

四、培训供给

16. 您参加过农业技能培训吗？　　　　　　　　　　　　　　（　　）

①从来没有听说有培训　②参加过　③没有参加过

如果选择①,则停止问卷调查;如果选择②或③,请继续回答后面的问题。

17. 最近一次您有机会参加的农业技能培训,是否参加了？　　（　　）

①没有参加　②参加了

如果没有参加这次培训,您为什么没有参加呢?(多选题)　　　(　　)

① 培训内容不合适　②培训时间与农时冲突　③地点太远

④时间太长　⑤培训作用不大　⑥种田靠经验不需要培训　⑦其他

18. 这次培训信息获取的渠道是_____;您最希望通过哪种渠道获取培训信息:_____。

①村内宣传栏　②同行之间　③村干部口头传达　④村干部广播通知

⑤手机短信　⑥其他_____

19. 这次培训信息是提前几天知道的_____;如果下次举办培训,您最希望培训信息提前几天通知:_____。

①当天　②1 天　③2 天　④3 天　⑤4 天　⑥5 天　⑦6 天及以上

20. 这次培训的内容是什么?　　　　　　　　　　　　　(　　)

①新品种、肥料等　②病虫害防治　③测土配方　④田间栽培　⑤机械耕作

⑥农产品销售　⑦产后储存、加工技术　⑧标准化操作规程

⑨农产品质量安全　⑩政策法规　⑪不清楚　⑫其他

共培训_____天(不到一天按天算),培训时间是_____年_____月。

21. 这次培训的地点是_____;您最希望的培训地点是_____。

①县城　②乡镇　③本村　④就近(邻村或者附近村庄)

⑤其他　⑥不清楚

22. 这次培训的时间安排是_____;您最希望的培训时间安排是_____。

①农闲季节　②根据农业生产需要随季节安排　③没有确定时间

④其他　⑤不清楚

23. 这次培训的时间长度是_____;您最希望的培训时间长度是_____。

①半天　②1 天　③2~3 天　④4~7 天　⑤8 天以上　⑥不清楚

24. 这次培训收费吗?　　　　　　　　　　　　　　　(　　)

①完全免费　②部分免费(该培训您花了_____元)

③全额收费(该培训您花了_____元)　④不清楚

25. 这次培训有无补贴?　　　　　　　　　　　　　　(　　)

①有(____元/天或_____元/半天)　②没有　③其他　④不清楚

注意:如果参加了这次培训,则以这次培训为调查对象;如果没有参加这次培训,则以最近参加的培训为调查对象;如果从来没有参加过培训,则仅回答27~28题后半个问题。

26. 最近这次培训的培训场所是_____;你最希望的培训场所是_____。

①固定场所　②非固定场所

27. 最近这次培训的老师是_____;您最希望的培训老师是_____。

①县乡技术人员 ②聘请的专家 ③企业技术人员

④培训机构自己的老师 ⑤当地生产能手 ⑥其他

28. 最近这次培训的培训方式是_____;您最希望的培训方式是_____。

①参观学习 ②课堂讲授 ③田间示范 ④电视、广播

⑤远程教育 ⑥以会代训 ⑦其他

29. 最近这次培训的机构是_____;最喜欢哪个机构提供的培训_____;最容易获得哪个机构的培训_____。

①农技推广机构 ②成人文化学校 ③农广校(农函大)

④农民专业合作社 ⑤农业龙头企业 ⑥农民专业技术协会

⑦农民教育培训机构 ⑧不清楚 ⑨其他

30. 最近这次培训您是主动参加的还是被村镇干部、合作社社长等劝说、发动去的? ( )

①不想参加,被劝说、发动去的 ②说不清楚 ③主动参加

31. 总体而言,最近这次培训与以往的培训差异大吗? ( )

①没有差异 ②差异不大 ③差不多 ④有差异 ⑤差异很大

32. 您的邻居、朋友参加最近这次培训了吗? ( )

①参加了 ②没有参加

33. 您的家人、邻居、朋友对您参加最近这次培训的态度是什么? ( )

①非常反对 ②反对 ③一般 ④支持 ⑤非常支持

五、学习力调查

34. 您近5年来(2008年以来)共参加农业技能培训_____次,累计培训_____天(按半天计算)。

35. 请对下面有关陈述进行评价,如果您"非常同意",则在对应格内画"√",依此类推。

对下面的一些说法,您的认同程度是	非常不同意	比较不同意	一般	比较同意	非常同意
每次培训我都有明确的学习目标					
在培训中遇到困难,我会坚持培训					
对于新事物,我的接受能力很好					
对于学的东西,我知道如何把它运用到生产中					

六、培训机构与培训评估

36. 请对下面有关陈述进行评价,如果您"非常同意",则在对应格内画"√",依此类推。

对下面的一些说法,您的认同程度是	非常不同意	比较不同意	说不清楚	比较同意	非常同意
培训的内容有效实用,我能用得上					
培训时间安排得当					
培训时间长度安排得当					
培训老师专业水平高,我很满意					
培训方式(课堂讲授等)很好,我很满意					
培训设施(教室、住宿等)好,我很满意					
我到培训地点很方便					
本次培训达到了我所期望的目标					
本次培训我有很大的收获					

37. 这次培训后,您有哪些变化？对下面陈述评价,若"非常同意",则在对应格内画"√",依此类推。

对下面的一些说法,您的认同程度是	非常不同意	比较不同意	说不清楚	比较同意	非常同意
我觉得生产技能与经营管理水平有了提高					
我会将所学的技术和知识用到生产经营上					
我估计农业收入会增加					
我觉得从事农业生产的前途更好了					
我对自己从事农业生产经营更加有信心了					
我比以前更加满意农业生产状况					

38. 您是否打算再参加农业技能培训？ （　　）
①是　②否

附录3　农业技能培训的村庄调查问卷

村级调查问卷　　编号：_____

调查地点：_____省_____市_____县_____乡/镇_____村

受访者姓名：_____;职务：_____;联系电话：_____

调查员：_____　　审核人：_____

1. 本村村民小组数_____个,总户数_____户,总人口数_____人;2011年人均年收入_____元。

2. 最近的公路离村中心距离_____公里,到本乡(镇)政府所在地的距离_____公里,到本县政府所在地的距离_____公里。

3. 本村的类型属于哪种类型?　　　　　　　　　　　　　　　　(　　)

①山区村　②丘陵村　③平原村

4. 本村耕地总面积_____亩;选取最重要的4种作物分别说明:

a 名称:_____亩数:_____亩,b 名称:_____亩数:_____亩,

c 名称:_____亩数:_____亩,d 名称:_____亩数:_____亩。

5. 村民主要收入来源是什么?　　　　　　　　　　　　　　　　(　　)

①农业　②非农业

6. 本村电视/广播/通信设施状况与其他村庄相比处于何种水平?(　　)

①好得多　②好一点　③差不多　④差一些　⑤差得多

7. 本村农民参加培训的比例大概是_____%;农民科技教育培训一年大概组织_____次。

8. 农民科技教育主要是由哪些机构举办?（多选题)(　　　　),举办次数最多的是(　　　　)。

①农技推广机构　②成人文化学校　③农广校(农函大)

④农民专业合作社　⑤农业龙头企业　⑥农民专业技术协会

⑦农业局　⑧其他

9. 培训的信息是怎样传递给农民的?　　　　　　　　　　　　(　　)

①村内宣传栏　②同行之间　③村干部口头传达　④培训组织通知

⑤村干部广播通知　⑥其他

10. 农民科技教育培训是否想参加的人都可以参加？　　　　（　　）

①是　②大多数是　③一般是　④多数不是　⑤否

11. 有名额限制的培训，一般选择哪些人员参加培训（多选题）　（　　）

①种养殖大户　②科技示范户　③农村经纪人　④村干部、党员

⑤合作社成员　⑥其他

12. 农民科技教育培训收费吗？　　　　　　　　　　　　　（　　）

①不收费　②绝大多数不收费　③绝大多数收费　④收费很低

⑤收费较高

13. 农民参加科技教育培训有补贴吗？　　　　　　　　　　（　　）

①没有补贴　②大部分没有补贴　③有补贴　④补贴额度很少

⑤补贴额度较多

14. 村农民专业合作社/专业技术协会情况：

	合作社/协会名称	成立时间	谁发起的	主营业务	2011—2012 年培训农民（人数、内容）
1					
2					
3					

发起人是哪种类型？　　　　　　　　　　　　　　　　　（　　）

①村民　②发起时是村民，后来当选为村干部　③一直是村干部　④其他

15. 农业企业情况：

	农业企业名称	主营业务	2011—2012 年培训农民（人数、内容）
1			
2			
3			

附录4 农民培训机构调查问卷

农民培训机构调查问卷　　　问卷编号：_____

调查说明：选择题请在相应的选项前的方框中画"√"

访谈机构：A 农广校、远程教育等　B 成人文化学校　C 农函大　D 农民专业合作社　E 农业龙头企业　F 农技推广机构　G 民营培训机构（专家大院）

机构名称：_____　县：_____　访谈人姓名：_____

一、培训机构人员基本情况

1. 培训机构人员基本情况：

	管理人员	专职培训人员	后勤服务人员	合计
总人数				
小学文化程度（人）				
初中文化程度（人）				
高中文化程度（人）				
大专文化程度（人）				
大学及以上文化程度（人）				

二、硬件设施情况

2. 是否有固定的培训教室？　　　　　　　　　　　　（　　）

①有　②无

3. 教室地点在哪里？　　　　　　　　　　　　　　　（　　）

①县　②乡镇　③村　④其他

教室面积_____平方米，能容纳_____人。

4. 是否有教学实验场地？　　　　　　　　　　　　　（　　）

①有　②无

如果有教学实验场地：实验场地面积_____平方米（或_____亩）。

5. 有以下哪些教学设备？　　　　　　　　　　　　　（　　）

①多媒体投影仪　②电视、录像机、摄像机　③其他教学设备

6.1 是否有图书室? （ ）

①有 ②无

如果有图书室:藏书量_____册;声像资料_____种。

6.2 2011年培训机构固定资产_____万元,流动资产_____万元;农民培训经费有_____万元。其中,政府拨款_____万元;培训项目经费_____万元;收取培训费_____万元;其他_____万元。税收_____万元。

2011年培训费用支出_____万元。其中,聘请教师费用_____万元;培训教材_____万元;培训管理费_____万元;其他_____万元。

6.3 农民培训是否有补贴? （ ）

①有 ②无

如果有补贴,如何补贴:_____

三、培训操作过程

7. 培训操作的基本步骤有哪些? （ ）

①分析主要产业规划 ②农民的培训需求分析 ③制定培训计划

④教材编写 ⑤外聘教师 ⑥做培训效果分析 ⑦培训效果评估

8. 培训的方法是什么? （ ）

①开会 ②参观学习 ③课堂讲授 ④田间示范 ⑤电视、广播

⑥VCD学习 ⑦其他

9. 有无培训资料? （ ）

①有培训资料 ②没有培训资料

如果有培训资料,培训资料是什么类型? （ ）

①自己编写培训资料 ②使用现有教材

10. 培训的主要内容是什么? （ ）

①绿色证书 ②新型农民培训(农业专业技能培训)

③实用技术培训 ④学历教育(中专、大专等)

⑤转移就业技能培训 ⑥在岗务工农民培训

⑦农村实用人才培训 ⑧农村预备劳动力培训 ⑨其他

四、培训机构培训课程情况(种植业、养殖业)(请详细填写2009年及以后所开设的课程)

11. 2011 年培训机构开设的培训课程：

课程名称	教师来源(单位)	教师职称	教师学历	有否培训经验	教师是否接受过培训

12. 2011 年培训农民_____人次。其中,绿证培训_____人次;实用技术培训_____人次;学历教育_____人;职业技能培训_____人,农村实用人才培训_____人次,新型农民培训_____人次,转移就业技能培训_____人次,在岗务工农民培训_____人次,其他_____人次。

五、培训效果评价

13. 实用技术培训内容与区域农业特色类型的关联性如何？　　　(　)

①很紧密　②一般　③关联性不大

14. 绿证培训的合格率_____%;学历教育的合格率_____%;职业技能培训的合格率_____%;职业技能培训的就业率_____%。转移就业技能培训的合格率_____%,其他_____。

六、提供培训服务中面临的问题和制约因素有哪些？

(可以从以下几方面回答:培训效果,对农民增收、地方产业发展的影响;师资;经费;设施;培训管理的规范性:后续跟踪;政策和项目支持,如配套资金等)

15. 培训机构自身的优势(优势、机遇)有哪些？

16. 培训机构面临的问题(劣势、威胁)有哪些？

参考文献

[1] Aakvik , Arild , James Heckman , Edward Vytlacil. Estimating treatment effects for discrete outcomes when responses to treatment vary: An application to norwegian vocational rehabilitation programs [J]. Journal of Econometrics ,2005,125:15-51.

[2] Ajzen, I. & Driver,B. L. Application of the theory of planned behaviour to leisure choice[J]. Leisure Res, 1992, 24(3):207-231.

[3] Ajzen, I. & Fishbein, M. Understanding attitudes and predicting social behavior[M]. Englewood Cliffs, NJ:Prentice-Hall, 1980:42-94.

[4] Ajzen, I. & Fishbein,M. Attitude-behavior relations:atheoretical analysis andreview of empirical research[J]. Psychological Bulletin,1977, 34(5):888-918.

[5] Ajzen, I. & Madden, J. T. Prediction of goal-related behavior:Attitudes, intentions, and perceived behavioral control[J]. Journal of Experimental Psychology,1986, 22(5):453-474.

[6] Ajzen, I. and Fishbein, M. Understanding attitudes and predicting social behavior, englewood cliffs. NJ:Prentice-Hall Publishing Company, 1980.

[7] Ajzen, I. Attitudes, Personality, and Behavior[M]. Chicago, The Dorsey Press, 1988:5-15.

[8] Ajzen, I. Perceived behavioral control, self-Efficacy, locus of control, and the theory of planned behavior[J]. Journal of Applied Social Psy-

chology，2002，32(4):1-20.

[9] Ajzen，I. The theory of planned behavior[J]. Organizational Behavior and Human Decision Processes，1991，50(2):179-211.

[10] Ajzen，I. Nature and operation of attitudes [J]. Annual Review Psychology，2001(52):27-58.

[11] Ajzen，I. The theory of planned behavior [J]. Organizational Behavior and Human Decision Processes，1991(50):179-211.

[12] Akerlof，G. A. The market for lemons:quality uncertainty and the market mechanism[J]. The Quarterly Journal of Economics，1970，84 (3):488-500.

[13] Albanese，P. J. Psychological Foundations of Economic Behavior [M]. Praeger，New York,1988:46-52.

[14] Annandale,D. Mining company approaches to environmental approvals regulation:A survey of senior environment managers in Canadian [J]. Resooures Policy，2000，26(1):51-59.

[15] Anosike，N. & Coughenour，M. C. The socioeconomic basis of farm enterprise diversification decisions[J]. Rural Sociology，1990，55(1): 1-24.

[16] Antle，J. & Crissman,C. Risk，efficiency，and the adoption of modem cropvarieties:Evidence from the Philippines[J]. Economic，Social and Cultural Change，1990，38(4):517-537.

[17] Austin,E. J.，Willock，J.，Deary，I. J. et al. Empirical models of farmer behaviour using psychological,social and economic variables. Part B:nonlinear and expert modeling[J]. Agricultural Systems，1998，58(2):203-224.

[18] Bagozzi，R. P. & Kinunel，S. K. A comparison of Leading Theories for the Prediction of Goal-directed Behaviours[M]. British Journal of Social Psychology,1995，34(4):437-461.

[19] Bagozzi，R. P. The self-regulation of attitudes，intentions，and behavior[J]. Social Psychology Quarterly，Special Issue:Theoretical Advances in Social Psychology，1992，55(2):178-204.

[20] Baron，R. M. & Kenny,D. A. The moderator-mediator variable distinction insocial psychological research:Conceptual，strategic and sta-

tistical considerations[J]. Journal of Personality and Social Psychology, 1986, S 1(6):1173-1182.

[21] Bayard,B. & Jolly,C. Environmental behavior structure and socio-economicconditions of hillside farmers: A multiple-group structural equation modelingapproach[J]. Ecological Economics, 2007, 62(5): 433-440.

[22] Beedell J. D. C. & Rehman, T. Using social-psychology models to understand farmers' conservation behaviour[J]. Journal of Rural Studies, 2000, 16(1):117-127.

[23] Beedell, J. D. C. & Rehman, T. A meeting of minds for farmers and conservationists-some initial evidence of attitudes towards conservation from Bedford shire[J]. Farm Management, 1996, 9(6):305-313.

[24] Beedell, J. D. C. & Rehman, T. Explaining farmers' conservation behaviour:why do farmers behave the way they do? [J]. Journal of Environmental Management, 1999, 57(3):165-176.

[25] Berger I. E, Mitchell A. A. The effect of advertising on attitude accessibility, attitude confidence, and the attitude-behavior relationship [J]. The Journal of Consumer Research,1989.

[26] Bergevoet, R. H. M. , Ondersteijn,C. J. M. , Saatkamp, H. W. et al. Entrepreneurial behaviour of Dutch dairy farmers under a milk quota system:goals, objectives and attitudes[J]. Agricultural Systems, 2004, 80(1):1-21.

[27] Beuchat, L. R. & Ryu, J. H. Produce handling and processing practices[J]. Emerg Infect Dis, 1997, 3(4):459-465.

[28] Bingswanger, H. P. Attitudes towards risk:experimental measurements in rural India[J]. American Journal of Agricultural Economics, 1980, 62(3):395-407.

[29] Blan chard Chris M, et al. Do ethnicity and gender matter when using the theory of planned behavior to understand fruit and vegetable consumption? [J]. Appetite,2009(52):15-20.

[30] Bontempo R. N. , Rivero J. C. Cultural variation in cognition:The rote of self-concept and the attitude-behavior link[J]. Meeting of the American Academy of Management,1992.

[31] Casebow, A. Human motives in farming[J]. Journal of Agricultural Economics, 1981, 24(1):119-123.

[32] Conner, M. & Armitage, C. J. Extending the theory of planned behavior: Areview and avenues for further research[J]. Journal of Applied Social Psychology, 1998, 28(15):1429-1464.

[33] Fishbein, M. and Ajzen, I. Belief, Attitude, Intention and Behavior: An Introduction to Theory and Research. Addison-Wesley Publishing Company, 1975.

[34] Grossman, S. J. An introduction to the theory of rational expectations under asymmetric information[J]. The Review of Economic Studies, 1981, 48(4):541-559.

[35] Hellmann, T. & Stiglitz, J. Credit and equity rationing in markets with adverse selection[J]. European Economic Review, 2000, 44(2): 281-304.

[36] Henson, S. & Holt, G. Exploring incentives for the adoption of food safety controls: HACCP implementation in the U. K. dairy sector[J]. Review of Agricultural Economics, 2000, 22(2):407-420.

[37] Krueger, N. F. , Reilly, M. D. & Carsrud, A. L. , Competing models of entrepreneurial intentions[J]. Journal of Business Venturing, 2000, 15(5/6):411-432.

[38] Leone, L. , Perugini, M. & Ercolani, A. P. A comparison of three models of attitude-behavior relationships in the studying behavior domain[J]. European Journal of Social Psychology, 1999, 29(2/3):161-189.

[39] Lien N, Lytle L A, Kom ro K A. Applying theory of planned behavior to fruit and vegetable consumption of young adolescents[J]. American Journal of Health Promotion, 2002, 16(4):189-197.

[40] Liska, R. Emergent issues in the attitude-behavior consistency controversy[J]. American Sociological Review, 1974, 39(4):310-324.

[41] Loader, R. & Hobbs, J. E. Strategic responses to food safety legislation[J]. Food Policy, 1999, 24(6):685-706.

[42] Lynne, D. G. & Rola, L. R. Improving attitude-behavior prediction models with economic variables: farmer actions toward soil conserva-

tion[J]. The Journal of Social Psychology, 1988, 128 (1):19-28.

[43] Lynne, D. G., Shonkwiler, J. S. & Rola, L. R. . Attitudes and farmer conservation behavior[J]. American Journal of Agricultural Economics, 1988(5):12-19.

[44] Madden, T. J., Ellen, P. S. & Ajzen, I. A comparison of the theory of planned behavior and the theory of reasoned action[J]. Personality and Social-Psychology Bulletin, 1992, 18(1):3-9.

[45] Maldonado, E. S. , Henson, S. J. & Caswell J. A. Cost-benefit analysis of HACCP implementation in the Mexican meat industry[J]. Food Control, 2005,16(4):375-381.

[46] Mc Clymont, D. Decision-making process of commercial farmers in Zimbabwe[J]. Agricultural Administration, 1984, 17(3):149-162.

[47] Mudalige, U. K. J. & Henson, S. Identifying economic incentives for Canadian red meat and poultry processing enterprises to adopt enhanced food safety controls [J]. Food Control, 2007, 18 (11): 1363-1371.

[48] Nelson, P. Information and consumer behavior[J]. The Journal of Political Economy, 1970, 78(2):311-329.

[49] Notani, A. S. Moderators of perceived behavioral control's predictiveness in the theory of planned behavior:A meta-analysis[J]. Journal of Consumer Psychology,1998, 7(3):247-271.

[50] Olson, J. M. , & Zanna, M. P Repression-sensitization differences in responsesto a decision [J]. Journal of Personality, 1982, 50 (1): 46-57.

[51] Ondersteijn, C. J. M. , Giesena, G. W. J. & Huirnea R. B. M. Identification of farmer characteristics and farm strategies explaining changes in environmental management and environmental and economic performance of dairy farms[J]. Agricultural Systems, 2003, 78(1): 31-55.

[52] Patrick, G. F. Blake, B. F. & Whitaker, S. H. Farmers'goals:Uni-or multi-dimensional[J]. American Journal of Agricultural Economics, 1983, 65(2):315-320.

[53] SANDRA CAVACO DF. Estimating the Effect of a Retraining Pro-

gram on the Re-Employment Rate of Displaced Workers[R]. The Institute for the Study of Labor Working Paper,2009.

[54] Schumacher E. F. Small Is Beautiful：Economics As If People Mattered[M],London：Everyman Press,1973.

[55] Seplveda Wilmer, Maza Mara T, Mantecon Angel R. Factors that Affect and Motivate the Purchase of Quality-labelled Beef in Spain[J]. Meat Science，2008(80):1282-1289.

[56] [美]西奥多·舒尔茨.改造传统农业[M].北京:商务印书馆,1999.

[57] 白菊红.农村人力资本积累与农民收入研究[M].北京:中国农业出版社,2002.

[58] 曹建民,胡瑞法,黄季焜.技术推广与农民对新技术的修正采用:农民参与技术培训和采用新技术的意愿及其影响因素分析[J].中国软科学,2005(6):60—66.

[59] 陈华宁.我国农民科技培训分析[J].农业经济问题,2007(1):19—22.

[60] 陈梦华,杨钢桥.农户耕地投入的影响因素分析——以江汉平原为例[J].华中农业大学学报(社会科学版),2010,86(2):90—94.

[61] 陈明恩,温思美.我国农户农业投资行为的再研究[J].农业技术经济,2004(2):24—27.

[62] 陈娜菲.农民工培训意愿及影响因素分析——基于福州市的调查[D].福州:福建农林大学,2011:44—49.

[63] 陈雨生,乔娟,赵荣.农户有机蔬菜生产意愿影响因素的实证分析——以北京市为例[J].中国农村经济,2009(7):20—30.

[64] 陈志颖.无公害农产品购买意愿及购买行为的影响因素分析——以北京地区为例[J].农业技术经济,2006(1):68—72.

[65] 程萍,李兴绪,等.异质性条件下劳动力培训的效应分析——基于云南省红河州3000户家庭的数据[J].农业技术经济,2012(3):21—27.

[66] 池善聚,殷晓蓉,等.农民培训工作的成效、问题及对策——以南京市六合区农民科技培训为例[J].中国园艺文摘,2011(11):170—171.

[67] 褚冰倩,张丽,乔文峰.新型农民科技培训模式研究与探讨[J].农机服务,2011(2):257—258.

[68] 崔馥娟.政府在农民经济合作组织发展中的作用[D].重庆:西南财经大学,2007:17.

[69] 丁琳.四川新型农民科技培训绩效及其影响因素研究[D].成都:四川

农业大学,2008:34—40.

[70] 董峻.农业部副部长:让更多高素质农民成长为职业农民,新华网 http://www.sina.com.cn,2012-03-20.

[71] 杜若,张平.新型农民科技教育培训机制创新研究[J].职业技术教育,2007(7):6—8.

[72] 段文婷,江光荣.计划行为理论述评[J].心理科学进展,2008,16(2):315—320.

[73] 樊桦.农户合作医疗需求分析[D].北京:中国社会科学院,2003.

[74] 房彬,韦静.论新型农民培育的原则[J].继续教育研究,2010(10):41—42.

[75] 傅新红,宋汉庭.农户生物农药购买意愿及购买行为的影响因素分析——以四川省为例[J].农业技术经济,2010(6):120—128.

[76] 甘俊祎,颜丙昕. 创优供需平衡的农民培训工程[J].江苏农村经济,2009(2):66—62.

[77] 高翠玲,郭松明,张琳.中国农民培训效果评估研究[J].农业经济理论研究,2010(12):58—73.

[78] 高翠玲.新形势下农民培训评估指标体系的架构[J].安徽农业科技,2010,38(28):16046—16048.

[79] 高启杰.农业推广学[M].北京:中国农业大学出版社,2008.

[80] 高珊,周春芳.农村劳动力参与培训的现状及需求分析——以江苏省为例[J].安徽农业科学,2009,37(32):16021—16022,16030.

[81] 高升.农户参加培训决策行为的影响因素——基于湖南1040户农户的调查[J].湖南农业大学学报,2011(4):21—26.

[82] 巩前文,穆向丽,田志宏.农户过量施肥风险认知及规避能力的影响因素分析——基于江汉平原284个农户的问卷调查[J].中国农村经济,2010(10):66—76.

[83] 郭红东,蒋文华.影响农户参与专业合作经济组织行为的因素分析——基于对浙江省农户的实证研究[J].中国农村经济,2004(5):10—16.

[84] 郭敏,曲艳芳.农户投资行为实证研究[J].上海经济研究,2002(4):26.

[85] 韩青.消费者对安全认证农产品自述偏好与现实选择的一致性及其影响因素——以生鲜认证猪肉为例[J].中国农村观察,2011(4):2—13.

[86] 韩耀.中国农户生产行为研究[J].经济纵横,1995(5):29—33.

[87] 韩长赋.我国农业农村发展面临"七少一多"[N].农民日报,2012-10-15.

［88］何吉多.公众参与转基因食品安全管理的意愿和行为及其影响因素研究——基于武汉市洪山区的调查［D］.武汉：华中农业大学,2009：64—68.

［89］黄端祥,廖小丽,张瑛,王霞,林国文.丽水市农村信息化大篷车培训成效与启示［J］.农业网络信息,2010(3):53—55.

［90］黄宗智.长江三角洲小农家庭与乡村发展［M］.北京：中华书局,2000.

［91］黄祖辉,俞宁.失地农民培训意愿的影响因素分析及其对策研究［J］.浙江大学学报(人文社会科学版),2007,37(3):35—42.

［92］姜长云.农民的培训需求和培训模式研究［J］.调研世界,2007(10)：53—55.

［93］姜长云.我国农民培训的现状及政策调整趋向［J］.经济研究参考,2005(2).

［94］姜明伦,吴祖新.发达地区新型农民培训的创新与实践——基于宁波的探索和总结［J］.青海民族大学学报(教育科学版),2010(2):39—41.

［95］姜明伦,于敏,吴祖新.发达地区新型农民农业科技培训需求及意愿分析——基于宁波市的调查分析［J］.乡镇论坛,2009(8):14—18.

［96］姜明伦.农民生产技能需求及培训体系建设:511个农户样本［J］.重庆社会科学,2009(12):51—55.

［97］靳明,赵昶.绿色农产品消费意愿和消费行为分析［J］.中国农村经济,2008(5):44—55.

［98］柯水发.农户参与退耕还林行为理论与实证研究［M］.北京：中国农业出版社,2007.

［99］孔祥智,孙陶生.不同类型农户投资行为的比较分析［J］.经济经纬,1998(3):76—80.

［100］孔祥智.中国农家经济审视:地区差异、政府干预、农户行为［M］.北京：中国农业科技出版社,1999.

［101］李彬.潍坊市农民科技培训效果分析与对策研究［D］.北京：中国农业科学研究院,2011.

［102］李存超,赵帮宏,张丽丽.河北省农户参加农民教育培训影响因素分析［J］.农家之友(理论版),2009(2):9—10,16.

［103］李恩,张志坚,李飞.影响农民参加农业技术培训行为因素的分析——基于长春市郊区的调查数据［J］.管理学刊,2012(2):66—72.

［104］李华敏.乡村旅游行为意向形成机制研究——基于计划行为理论的拓

展[D].杭州:浙江大学,2007:23—28.

[105] 李慧敏.农民参与新型农村合作医疗的意愿和行为研究——以山东省潍坊市的实证调查为例[D].武汉:华中农业大学,2009:50—60.

[106] 李金文.基于现代农业发展的职业农民培训体系构建研究[J].农村经济,2007(11):21—22.

[107] 李静.政府在农民培训供给中的角色研究[D].贵阳:贵州大学,2007:7,13,15.

[108] 李凌.农村劳动力转移培训的保障研究[J].北京农业职业学院学报,2007(21):3.

[109] 李娜.农民技术培训过程中的问题及对策研究[D].西安:西北农林科技大学,2009:21.

[110] 李彤,董谦,刘秀娟.中国农民培训需求状况调查分析[J].中国农学通报,2008(09):528—530.

[111] 李文娟.关于农村劳动力技能培训的调查研究[D].上海:华东师范大学,2006.

[112] 李玉高,邵长芹.关于农业生产技术培训效果评估的探究[J].中国农业教育,2006(4).

[113] 林本喜,王永礼.农民参与新农保意愿和行为差异的影响因素研究——以福建省为例[J].财贸经济,2012(7):29—37.

[114] 林毅夫.小农与经济理性[J].经济研究,1988(3):31—32.

[115] 刘传江,赵颖智,董延芳.不一致的意愿与行动:农民工群体性事件参与探悉[J].中国人口科学,2012(2):87—94.

[116] 刘春生,徐长发.职业教育学[M].北京:教育科学出版社,2002:89—106.

[117] 刘纯阳,高启杰,杨亦民.人力资本对典型贫困地区农民收入的影响——对湖南西部贫困县的实证分析[J].经济与管理研究,2005(5):51—55.

[118] 刘芳,王琛,何忠伟.北京新型农民科技培训的需求及影响因素的实证研究[J].农业技术经济,2010(6):61—66.

[119] 刘芳,郑兰兰,王浩.油茶产业发展中农民培训意愿影响因素分析[J].华南农业大学学报(社会科学版),2011(7).

[120] 刘克春.农户农地流转决策行为研究——以江西省为例[D].杭州:浙江大学,2010:34—45.

[121] 刘珉.集体林权制度改革农户种植意愿研究——基于 Elinor Ostrom 的 IAD 延伸模型[J].管理世界,2011(5):93—98.

[122] 刘平青,姜长云.我国农民工培训需求调查与思考[J].上海经济研究,2005(9):77—88.

[123] 刘晔.我国农民培训工程绩效改进的经济分析[D].杭州:浙江大学,2006:11—28.

[124] 刘宇,黄季焜,王金霞.影响农业节水技术采用的决定因素——基于中国 10 个省的实证研究[J].节水灌溉,2009(10):1—5.

[125] 柳菲,杨锦秀.新农村建设中农民培训的需求调查与思考[J].农村经济,2009(12):3.

[126] 柳菲.四川农民培训需求研究[D].成都:四川农业大学,2010:3—5,13—15.

[127] 柳菲.四川省农民培训意愿及影响因素分析[J].四川农业大学学报,2010,28(1):105—109.

[128] 陆辉.农民培训产品的属性分析[J].农村经济与科技,2007(10):157—158.

[129] 罗丞.消费者对安全食品支付意愿的影响因素分析——基于计划行为理论框架[J].中国农村观察,2010(6):22—34.

[130] 罗小军.我国将在全国范围强化农民工培训[EB/OL].中国网:http://www.china.com.cn/chinese/2004/Jan/473384.htm.

[131] 马春林,李波,罗小锋.农户科技学习行为实证研究——基于计划行为理论[J].新疆农垦经济,2010(8):13—22.

[132] 马鸿运.中国农户经济行为研究[M].上海:上海人民出版社,1993.

[133] 马文忠.新农村建设中农民参与培训的意愿研究——基于南宁市江南区延安镇的调查[D].武汉:华中农业大学,2008:21—24.

[134] 马歇尔.经济学原理[M].北京:商务印刷馆,1981.

[135] 马彦丽、施轶坤.农民加入农民专业合作社的意愿、行为及其转化[J].农业经济技术,2012(06):101—108.

[136] 马克斯·韦伯.经济与社会[M].上海:上海人民出版社,2010.

[137] 莫鸣.新型农民培养模式研究[D].长沙:湖南农业大学,2009:3—8.

[138] 潘从金.新形势下贫困地区农民实用技术培训探讨[J].甘肃农业,2010(7):87—91.

[139] 潘德敏.尊重农民意愿,以农民为本开展农民培训[J].南方农村,2011

(3):87—91.

[140] 潘鸿、王臣.新型农民培训的需求与供给[J].农业经济,2009(6):
1—3.

[141] 潘贤春.加强杭州市农民培训的建议[J].杭州科技,2006(6):31—
32,43.

[142] 彭国胜,陈成文.构建中国特色农民工职业培训体系:理论依据与现实
方案[J].继续教育研究,2009(9):81.

[143] 彭国胜.家庭对青少年学生自杀意愿和行为的影响——基于湖南省的
实证调查[J].青年研究,2007(7):16—24.

[144] 钱维存.农村劳动力转移培训的课程问题与对策研究——基于江苏如
皋农村中职学校的调查[D].上海:华东师范大学,2007.

[145] 尚建军.对农民技术培训体系建设的探讨[J].农技服务,2012(4):
503—504.

[146] 沈丽娟.欠发达地区农民培训存在的问题及对策[J].现代农业科技,
2010(22):1—2.

[147] 石火培,成新华.基于 Logit 模型下农民接受"新型农民培训"的意愿
分析——以苏中地区为例[J].中国农业教育,2008(5):55—58.

[148] 石火培.新型农民培训模式的实证研究——基于如皋市农民培训意
愿和 AHP 的分析[D].扬州:扬州大学,2009:12—14.

[149] 史清华,顾海英.农户消费行为与家庭医疗保障[J].华南农业大学学
报(社会科学版),2004,3(3):1—10.

[150] 史清华.农户经济增长与发展研究[M].北京:中国农业出版社,1999.

[151] 宋圭武.农户行为研究若干问题述评[J].农业技术经济,2002(4):
59—64.

[152] 宋洪远.经济体制与农户经济行为——一个理论分析框架及其对中国
农户问题的应用研究[J].经济研究,1994(8):22—28.

[153] 宋健,陈芳.城市青年生育意愿与行为的背离及其影响因素——来自
4 个城市的调查[J].中国人口科学,2010(5):103—110.

[154] 宋丽润.北京市农民培训现状及发展对策研究[D].北京:中国农业大
学,2005.

[155] 谭铁安.农机技术培训要有新思维[J].农民科技培训,2011(4):38.

[156] 唐博文,罗小锋,秦军.农户采用不同属性技术的影响因素分析——基
于 9 省(区)2110 户农户的调查[J].中国农村经济,2010(6):49—57.

[157] 唐学玉,李世平,姜志德.消费动机、消费意愿与消费行为研究——基于南京市消费者的调查数据[J].软科学,2010(11):53—59.

[158] 田兴国,陈敏慧,崔建勋,等.基于二元 Logistic 模型的农民现代远程教育培训意愿研究——以珠三角地区农村为例[J].南方农业学报,2011(6):886—890.

[159] 童晓丽.安全农产品购买意愿和购买行为的影响因素研究——基于浙江省温州市城镇居民的实证分析[D].杭州:浙江大学,2006:17.

[160] 万松钱,鞠芳辉.绿色消费中"态度——行为意向"差距及其政策含义[J].东北大学学报(社会科学版),2012(3):212—214.

[161] 汪传艳.农民工参与教育培训意愿影响因素的实证分析——基于东莞市的调查[J].职教论坛,2012(28):37—40.

[162] 王德海,黄杰,高翠玲.农民多样化创收培训模式的建立与运行[J].农业科技管理,2007(2):27—29.

[163] 王海港,黄少安,等.职业技能培训对农村居民非农收入的影响[J].经济研究,2009(9):128—139.

[164] 王海军,李艳军.社会资本对农户新技术品种采用意愿的影响[J].湖北农业科学,2012,51(21):4937—4943.

[165] 王海忠.消费者民族中心主义的中国本土化研究[J].南开管理评论.2003(4):31—36.

[166] 王军,徐晓红,郭庆海.消费者对猪肉质量安全认知、支付意愿及其购买行为的实证分析——以吉林省为例[J].吉林农业大学学报,2010(5):586—590.

[167] 王舒娟,张兵.农户出售秸秆决策行为研究——基于江苏省农户数据[J].农业经济问题,2012(6):90—96.

[168] 王晓强.农民在学习中的心理行为特征及新型农民培训策略[J].现代农业科技,2011(6):396—397.

[169] 王秀华.浙江欠发达地区新型农民培训模式研究——以丽水市为例[J].丽水学院学报,2010,32(1):60—64.

[170] 王艳霞,戎福刚.河北省农村实用人才培训现状[J].经济论坛,2007(5).

[171] 王玉霞,周曙东.农村转移劳动力技能培训需求意愿的影响因素研究——来自江苏省的调查数据[J].南京师范大学学报(社会科学版),2010(6):62—67.

[172] 王振如,宋丽润.农业现代化和建立健全农民培训管理体系的研究

[A].北京市农民教育研究报告,2001:2—8.

[173] 王志刚. 食品安全的认知和消费决定:关于天津市个体消费者的实证分析[J].中国农村经济,2003(4):41—48.

[174] 王子珍.云南农民科技培训的效率分析[D].昆明:昆明理工大学,2008:2—7,52—55.

[175] 王存同.零膨胀模型在社会科学实证研究中的应用——以中国人工流产影响因素的分析为例[J].社会学研究,2010(5):130—148.

[176] 韦云凤,盘明英.构建新型农民培训体系,全面提高农民素质[J].经济与社会发展,2006(4):10.

[177] 卫龙宝,阮建青.城郊农民参与素质培训意愿影响因素分析——对杭州市三墩镇农民的实证研究[J].中国农村经济,2007(3):32—37.

[178] 魏树珍.四川省农民参与农村实用人才再培训的行为选择及影响因素分析[D].成都:四川农业大学,2011:22—31.

[179] 魏永东,温学飞,马锋茂.农民田间学校培训效果探析[J].宁夏农业科技,2011,52(08):108—109.

[180] 魏宇光,季东亮,李东升.新时期农民培训的特点及其模式研究[J].职业技术前沿,2011(2):4—10.

[181] 吴建辉,黄志坚,曾国根.农村人力资本投资效益实证分析的模型选择与结论综述[J].商业研究,2007(5):5—8.

[182] 吴小颖.新农村建设中农民培训效果分析——以福建省茶农为例[J].福建农林大学学报(哲学社会科学版),2011,14(4):14—17.

[183] 肖欢.我国农民培训的制约因素与对策分析[J].职业教育研究,2007(4):14—15.

[184] 辛岭,王艳华.农民受教育水平与农民收入关系的实证研究[J].中国农村经济,2007(专刊):93—100.

[185] 辛翔飞,秦富.影响农户投资行为因素的实证分析[J].农业经济问题,2005(10):34—37.

[186] 邢安刚.新型农民培训中的基层政府行为研究——以山东省苍山县为例[J].山西农业大学学报,2011(9):902—903.

[187] 徐金海,蒋乃华,秦伟伟.农民农业科技培训服务需求意愿及绩效的实证研究:以江苏省为例[J].农业经济问题,2011(12):66—72.

[188] 徐金海,蒋乃华.新型农民培训工程实施绩效分析[J].农业经济问题,2009(2):54—59.

[189] 徐金海.农民农业科技服务需求意愿与评价分析[J].科技进步与对策,2010(5):115—118.

[190] 徐琴菊.新时期强化农民科技培训工作的对策[J].农技服务,2011(11):1648—1649.

[191] 徐喜文.新型农民培养背景下农民教育发展方略[J].农业考古,2009(3):227—230.

[192] 徐勇,邓大才.社会化小农解释当今农户的一种视角[J].学术月刊,2006,38(6):5—11.

[193] 亚当·斯密.国富论[M].北京:商务印书馆,2003.

[194] 阎桂芝,王爱义.澳大利亚培训机构标准建设研究[J].成人教育,2011(2):126—128.

[195] 颜丙昕.邳州市农民培训工程绩效评价及政策建议[J].农业教育,2010(4):66—69.

[196] 杨菊花.生育意愿、生育行为、生育水平三重悖离[J].人口研究,2011(2):49.

[197] 杨磊.贵州省农民培训意愿影响因素研究[D].北京:北京林业大学,2011:30—50.

[198] 杨婷.国外农村人力资源开发与培训经验对我国的启示[J].现代商贸工业,2011(8):133—134.

[199] 杨万江,李剑锋.城镇居民购买安全农产品的选择行为研究[J].中国食物与营养,2005(10):30—33.

[200] 杨晓军,陈浩.城市农民工技能培训意愿的影响因素分析[J].中国农村经济,2008(11):46—53.

[201] 姚增福,郑少锋.种粮大户规模生产行为认知及意愿影响因素分析——基于 TPB 理论和黑龙江省 460 户微观调查数据[J].中国农业大学学报(社会科学版),2010(3):176—182.

[202] 叶静怡,薄诗雨,等.社会网络层次与农民工工资水平——基于身份定位模型的分析[J].经济评论,2012(4):31—42.

[203] 尹世久,吴林海,杜丽丽.基于计划行为理论的消费者网上购物意愿研究[J].消费经济,2008(4):35—39.

[204] 于法展,钮福祥,等.安徽省泗县农户兼业经营行为及其影响因素研究[J].云南地理环境研究,2007,19(3):103—108.

[205] 于敏.现代农业背景下农业技能培训需求意愿及制约因素分析——基

于宁波 511 个种养农户的调查[J].经济问题探索,2010(2):61—67.

[206]于敏.农业技能培训供需矛盾分析与培训体系构建研究——基于宁波市 511 个种养农户的调查[J].农村经济,2010(2):90—94.

[207]于青.农民培训方式研究[J].职教论坛,2010(22):25—27.

[208]余斌,赵正洲,王鹏.我国农民培训的特点、问题及对策研究[J].中国成人教育,2009(16):159—160.

[209]余卫东.抓实农民科技培训,引领农村科普工作[J].科协论坛,2008(9):27—28.

[210]原静. Hurdle 计数模型及其医学应用[D]. 太原:山西医科大学,2010.

[211]张春兴.现代心理学[M].上海:上海人民出版社,1994.

[212]张翠莲. 农民工培训中三大主体的参与意愿与承担能力探讨[J].农村经济与科技,2008,19(7):81—83.

[213]张景林,刘永功.农民培训效果及其影响因素研究[J].中国农业教育双月刊,2005(4):1—3.

[214]张景林. 农民培训效果及其影响因素研究[D].北京:中国农业大学,2005.

[215]张娟.农民培训产品的属性探析[J].农业经济,2007(8):67—68.

[216]张黎.从国外品牌手机的购买意愿看 Fishbein 模型的适用性以及文化适应的影响[J]. 管理科学,2007,20(1):32—37.

[217]张亮,赵邦宏.中国农民教育培训研究评述与趋势[J].中国农学通报,2012,28(11):203—207.

[218]张亮,赵帮宏,张润清.我国农民培训意愿调查分析[J].调研世界,2010(4):17—18.

[219]张亮.我国新型农民培训模式研究[D].保定:河北农业大学,2010.

[220]张林秀,徐晓明.农户生产在不同政策环境下行为研究——农户系统模型的应用[J].农业技术经济,1996(4):27—32.

[221]张路雄.中国耕地制度存在的问题及不可回避的政策选择 http://www.360doc.com/content/09/0114/11/81987_2331315.shtml.

[222]张峭,徐磊.中国新型农民培训体系研究[J].经济问题,2009(6).

[223]张社梅,王征兵,等.农民职业教育绩效评价研究[J].中国农业教育,2003(5):10—11.

[224]张桃林.让更多高素质农民成为职业农民[N].农民日报,2012-03-22.

［225］张晓丽.城乡人口首次倒挂未来农村谁种地［EB/OL］.http://www.enorth.com.cn\2012-05-04 09:08.

［226］张艳,赵晓莹,张默.辽宁新型农民培训模式存在的问题与解决对策［J］.农业经济,2010(09):78—79.

［227］张扬.影响农民职业培训效果的因素分析及政策取向［J］.职业技术教育,2009(1):64—67.

［228］赵邦宏,张亮,张润清.我国新型农民培训模式研究［M］.北京:光明日报出版社,2011.

［229］赵帮宏,张亮,张润清.新型农民培训影响因素的实证考察［J］.统计观察,2010(11):13—15.

［230］赵宝春.直接经验对自主学习意愿的影响:基于计划行为理论的应用［J］.心理科学,2012(4):921—925.

［231］赵海.教育和培训哪个更重要——对我国农民工人力资本回报率的实证分析［J］.农业经济问题,2013(1):40—45.

［232］赵建欣.农户安全蔬菜供给决策机制研究——基于河北、山东、浙江蔬菜专业户的实证［M］.北京:中国社会科学出版社,2009.

［233］赵树凯.农民工培训的绩效挑战［J］.华中师范大学学报(社会科学版),2011,50(2):1—5.

［234］赵正洲,王鹏,杨道兵,余斌.我国农民培训模式的内涵、结构及特点［J］.中国职业技术教育,2005(02):6—7.

［235］曾平.零过多计数资料回归模型及其医学应用［D］.太原:山西医科大学,2009.

［236］浙江宁波鄞州农民科技教育培训中心打造农民教育培训品牌［EB/OL］.第一食品网:http://www.foods1.com/content/302607/.

［237］郑风田.制度变迁与中国农民经济行为［M］.北京:中国农业科技出版社,2000.

［238］郑小钢.新形势下农机教育培训机构发展现状与对策［J］.农机教育,2011(1):52—53.

［239］郑子玲.农民培训现状调查与分析［R］.2011.

［240］钟菲.农户农地使用权流转意愿与行为研究——以重庆市北暗区静观镇为例［D］.重庆:西南大学,2010:48.

［241］钟甫宁,丁玉莲.消费者对转基因食品的认知情况及潜在态度初探——南京市消费者的个案调查［J］.中国农村观察,2004(1):

22—27.

[242] 周洁红,姜励卿.农产品质量安全追溯体系中的农户行为分析——以蔬菜种植户为例[J].浙江大学学报(人文社会科学版),2007(2):119—127.

[243] 周洁红.农户蔬菜质量安全控制行为及其影响因素分析[J].中国农村经济,2006(11).

[244] 周洁红.消费者对蔬菜安全的态度、认知和购买行为分析——基于浙江省城市和城镇消费者的调查统计[J].中国农村经济,2004(11):44—52.

[245] 周莉.湖南农业产业化进程中农民培训机制研究[D].长沙:湖南农业大学,2008:11.

[246] 周亚虹,许玲丽,夏正青.从农村职业教育看人力资本对农村家庭的贡献——基于苏北农村家庭微观数据的实证分析[J].经济研究,2010(8):55—65.

[247] 朱时建,潘贤春,等.杭州市农民素质状况调查及农民培训对策[J].杭州农业科技,2006(2):9—11.

[248] 朱军备,王德平.宁波10万农民"充电"政府买单[N].宁波日报,2012-01-27.

[249] 朱奇彪,陆益.构建农村实用人才培训体系的探讨[J].浙江农业学报,2012(2):250—252.

[250] 朱闻军,杨珺.全国农业广播电视学校师资队伍建设研究[J].北京农业职业学院学报,2008,22(4):76—80.

[251] 祝士苓.现阶段中国农民教育培训成就及存在的问题[J].世界农业,2008(8):60—63.

[252] 庄丽娟,贺梅英,张杰.农业生产性服务需求意愿及影响因素分析——以广东省450户荔枝生产者的调查为例[J].中国农村经济,2011(3):70—78.

索　引

后　记

　　本书是在笔者博士论文的基础上扩充修改而成的。书稿的主体内容，已于2013年4月笔者论文答辩前即完成，但随后的扩充修改工作，却进行得异常艰苦。在完成全书之际，不禁有如释重负之感，心里充满欣喜之余，也产生了些许忐忑，这主要是因为书中仍存在诸多不足。

　　在这里要衷心感谢我的博士生导师孔祥智教授，没有恩师相助我可能至今无缘中国人民大学读书，是恩师给予了我求学深造的机会。回首求学历程，导师的悉心指导和深切关怀历历在目。进入师门后，导师给予了许多学习和锻炼的机会，通过课题申报、课题研究、报告撰写，使我懂得了课题研究的整个套路，逐渐走向学术规范。没有导师的精心培育和鞭策我是不可能完成博士论文的。导师豁达宽厚的性格、严谨细致的治学态度和勤勉踏实的科研精神给我留下了深刻的印象，并将影响我今后的生活及学术生涯。对恩师的感激之情，远非语言所能表达，唯有努力前行！

　　感谢唐忠教授，没有唐老师的慷慨帮助和大力支持，我不可能顺利攻读人大博士学位，感谢唐老师慷慨无私的帮助。感谢马九杰教授，您的方法课使我受益终生；感谢曾寅初教授对论文的无私指导和帮助，尽管无法达到其要求，但却知道了努力的方向；感谢郑风田教授，您的课程不仅让我了解了农业经济的前沿知识，也让我懂得了阅读文献的重要性；感谢温铁军教授，您的课程让我重新认识了"三农"问题，拓宽了视野；感谢黄宗智教授，您的课程让我知道了如何读书和撰写读书笔记。感谢汪三贵教授、王志刚教授、朱信凯教授、刘金龙教授、谭淑豪教授、庞晓鹏副教授、刘晓鸥副教授、陈传波副教授、唐传英老师、刘婷老师等在学习和生活上的帮助。感谢浙江大学管理学院郭红东教授在工作和学习上给予的帮助。此外,感谢我的硕士生导师云南农业大学经济管理学院的蒋永宁教授,您在问卷调查过程中给予了大力帮助。

我在中国人民大学求学期间,浙江万里学院商学院的闫国庆院长、孙琪书记、鞠芳辉副院长、孟祥霞副院长、刘春香院长助理、工商系郑长娟主任和吴丽娟副主任、物流学院程言清副院长等领导经常给予鼓励,并在工作中给予照顾,点滴关怀令我终生难忘。同事张二华、赵克诚、李娜等平时为我分担了不少教学工作,使我能够有更多的时间攻读博士学位,在此表示衷心的感谢。

感谢宁波市农业局科教处宋兆祥处长、浩兵主任、李永华副处长、竺颖盈科长,慈溪市桥头镇农办、周巷镇农办,余姚市临山镇农办、河姆渡镇农办,宁海县胡陈乡农办、胡城乡水果产业协会秘书长江平、长街镇农办,奉化市西坞镇农办、尚田镇农办,象山县农业局、定唐乡农办,鄞州区新型农民培训中心李培明主任、张秋香副主任、丽水市松阳县农业局农民培训中心宋笑微科长、古寺镇农办,龙泉市塔石镇农办、兰巨镇农办,云和县凤凰山镇农办、石塘镇农办以及50多个村庄的书记或村长在调查和访谈中给予的大力支持和帮助。没有你们无私的帮助和支持我们是不可能完成这些问卷调查和访谈的。

感谢2012年暑期和我一起冒着酷暑奔走在农村调查的可亲可爱的浙江万里学院的学生们,他们是:胡志辉、叶美君、高佳楠、黄世杰、杨琪琪、周吉利、邱一朵、王张丰莹、张灵叶、莫佳杰、韩磊、王旦丹、崔迦楠、祝世敖、陆梅芳、陆晓添、秦琪、魏浩、黄佩佩等。他们不仅出色地完成了调研任务,还协助我整理问卷、拨打回访电话核实数据、录入数据,没有这些可亲可爱的学生,我不可能完成这么多的问卷调查和访谈,也不可能这么高效地完成数据的录入和整理。

感谢师门中师兄、师弟、师姐、师妹们对我的大力支持和帮助,尤其要感谢楼栋师弟在课题报告和论文撰写中给予的帮助,感谢郑力文师弟在学习和生活中给予的帮助,感谢林光杰师弟、谭玥琳师妹在农民培训机构数据处理和论文撰写中提供的帮助,感谢穆娜娜师妹对书稿的校对。感谢2010级博士班的每一位同学,特别要感谢室友周向阳同学在论文框架、结构上给予的建设性意见,感谢倪国华同学、周海川同学在论文撰写、生活中的大力支持和帮助,感谢梁青青同学、韩磊同学在学习、生活中的帮助。感谢社会与人口学院2010级博士生吕如敏、才凤伟给予的帮助,感谢财经学院2010级博士生唐龙给予的帮助,感谢博士一年级的室友信息资源管理学院 2010 级博士生鲁俊杰给予的帮助。

　　我要特别感谢我的岳父岳母,没有你们的支持和帮助,我和妻子是不可能顺利完成学业的。自从 2008 年有了可爱的小公主,岳母就不辞辛劳、耐心细致地帮我们照顾孩子。感谢妻子于敏,她和岳母承担了养育女儿的重任和所有家务,让我有足够的精力工作和学习。这些年来亏欠女儿很多,没有尽到做父亲的责任和义务,希望女儿长大后能够理解。感谢大弟弟于震、弟妹王媛媛、小弟弟于响洲,有了你们的支持和帮助,我才能够安心工作和学习,你们还带给女儿许多快乐。感谢父亲这些年来对我的理解和支持,感谢哥哥、嫂子、姐姐对我一贯的最无私的支持和帮助。家人的支持帮助和殷切期望是我不断进取的动力,其中的艰辛和幸福使我体验到大家庭的温暖。

姜明伦

2015 年 6 月于北京

图书在版编目(CIP)数据

农民参加农业技能培训的行为选择及绩效研究 / 姜明伦著. —杭州:浙江大学出版社,2015.9
ISBN 978-7-308-14963-1

Ⅰ.①农… Ⅱ.①姜… Ⅲ.①农民-技术培训-培养模式-研究-中国 Ⅳ.①F324.3

中国版本图书馆 CIP 数据核字(2015)第 177340 号

农民参加农业技能培训的行为选择及绩效研究

姜明伦 著

责任编辑	田 华	
责任校对	杨利军	
封面设计	春天书装	
出版发行	浙江大学出版社	
	(杭州市天目山路 148 号 邮政编码 310007)	
	(网址:http://www.zjupress.com)	
排 版	浙江时代出版服务有限公司	
印 刷	杭州日报报业集团盛元印务有限公司	
开 本	710mm×1000mm 1/16	
印 张	18.25	
字 数	320 千	
版 印 次	2015 年 9 月第 1 版 2015 年 9 月第 1 次印刷	
书 号	ISBN 978-7-308-14963-1	
定 价	52.00 元	